权威·前沿·原创

皮书系列为
"十二五""十三五"国家重点图书出版规划项目

汽车电子商务蓝皮书

BLUE BOOK OF
AUTOMOTIVE E-COMMERCE INDUSTRY

中国汽车电子商务发展报告
（2017）

ANNUAL REPORT ON DEVELOPMENT OF AUTOMOTIVE
E-COMMERCE INDUSTRY (2017)

中华全国工商业联合会汽车经销商商会

编　著／北方工业大学

北京易观智库网络科技有限公司

社会科学文献出版社
SOCIAL SCIENCES ACADEMIC PRESS（CHINA）

图书在版编目（CIP）数据

中国汽车电子商务发展报告.2017／中华全国工商
业联合会汽车经销商商会，北方工业大学，北京易观智库
网络科技有限公司编著.－－北京：社会科学文献出版社，
2017.10
（汽车电子商务蓝皮书）
ISBN 978－7－5201－1349－6

Ⅰ.①中…　Ⅱ.①中…②北…③北…　Ⅲ.①汽车－
电子商务－研究报告－中国－2017　Ⅳ.①F724.76－39

中国版本图书馆CIP数据核字（2017）第220951号

汽车电子商务蓝皮书
中国汽车电子商务发展报告（2017）

　　　　　　　　中华全国工商业联合会汽车经销商商会
编　　著／北方工业大学
　　　　　　北京易观智库网络科技有限公司

出　版　人／谢寿光
项目统筹／吴　敏
责任编辑／宋　静

出　　　版／社会科学文献出版社·皮书出版分社（010）59367127
　　　　　　地址：北京市北三环中路甲29号院华龙大厦　邮编：100029
　　　　　　网址：www.ssap.com.cn
发　　　行／市场营销中心（010）59367081　59367018
印　　　装／三河市尚艺印装有限公司

规　　　格／开本：787mm×1092mm　1/16
　　　　　　印　张：21　字　数：318千字
版　　　次／2017年10月第1版　2017年10月第1次印刷
书　　　号／ISBN 978－7－5201－1349－6
定　　　价／128.00元

皮书序列号／PSN B－2015－485－1/1

本书如有印装质量问题，请与读者服务中心（010－59367028）联系

汽车电子商务蓝皮书编委会

策 划 人 高 珩

特 别 鸣 谢（按姓氏笔画）

马晓威　王升德　王仁举　王　洋　王辉宇
王　磊　卢五波　田　毅　孙铭训　孙　杨
朱伟华　刘　彬　刘新旭　刘　昊　许行宇
许英博　杨天宇　杜　洋　吴晓欢　邵京宁
张剑南　张后启　张　旭　张振华　苗　刚
周　槟　姚军红　高　珏　高俊明　高　峰
浦明辉　袁婷婷　郭　广　郭　超　郭　鑫
钱正荣　徐　源　曹　刚　黄修鲁　董　旭
谢　磊　谭　奕　戴　琨　魏士钦　魏　征

摘　要

　　"汽车电子商务蓝皮书"是关于中国汽车电商发展的综合系列报告丛书。《中国汽车电子商务发展报告（2017）》是在北方工业大学、北京易观智库网络科技有限公司、尼尔森市场研究有限公司等的支持下，由全国工商联汽车经销商商会组织多位行业专家共同撰写、准确而全面论述中国汽车电商发展现状及趋势的著作。

　　全书分为总报告、产业篇、专题篇、附录等四个部分。总报告分析了中国汽车电商市场发展现状与特点。基于 2016~2017 年中国汽车电商主要细分市场的现状，预测了未来中国汽车电商的发展态势。

　　产业篇分析了新车电商、二手车电商和后市场电商的发展特点、行业现状、热点事件、发展趋势以及典型企业发展情况。研究显示，三大细分市场在经历快速发展的同时，展示出不同的特点，呈现不同的发展态势。

　　专题篇围绕互联网出行、新能源汽车销售模式和汽车金融等热点主题展开专题研究。各专题报告梳理了市场发展基本情况、主要特点，预测了未来的主要发展趋势，并对典型企业情况开展了案例研究。

　　本书发布了 2016 年至 2017 年上半年中国汽车电商（含世界汽车市场）发展的大量数据，预测了 2017 年全年到 2020 年中国汽车电商的发展趋势，提出了很多推动中国汽车电商发展的政策建议。研究报告为汽车电商企业、汽车传统企业、汽车相关管理部门以及科研机构研究中国汽车电商提供了参考。

Abstract

Blue Book of Automotive E-commerce is a series of reports on the development of China's Automotive E-commerce industry. With the support of North China University of Technology, Automotive Internet Research Group of Analysys and Nelson Market Research Ltd. , The Annual Report of China Automotive E-commerce Development (2017) is an authoritative and comprehensive work providing accurate and comprehensive information on the development situation and trend of China's Automotive E-commerce industry, and was written by industry experts organized by China Auto Dealers Chamber of Commerce.

The book includes four parts, including general report, industry report, special report and appendix. The general report analyzes the present situation and characteristics of China automotive e-commerce market. Based on the main market segments' analysis of China automotive e-commerce in 2016 as well as 2017 , this part has predicted the development trend of China's automotive e-commerce.

The industry report analyzes the development characteristics, current situation, hot events, market trend and typical enterprises' development about new-car, used-car and auto aftermarket of China automotive e-commerce market. The research shows that with the rapid growth, these three market segments have different characteristics, and different developments will gradually occur in the future.

The special report focuses on the study of three hot topics involving Internet travel, sales models of new energy vehicle and automobile finance. This part has described the basic situation and the main features of each market, forecasted the future development of their respective trends, and analyzed some typical enterprises' situation.

The book publishes a mass of data on the development of China's auto e-commerce (including global auto industry) between 2016 and the first half of 2017, predicts the development trend of China's auto e-commerce from the second half of 2017 to 2020, and proposes a lot of policy advices that are beneficial to the development of China's auto e-commerce. It also provides important reference for automotive e-commerce enterprises, traditional automotive enterprises, administrative authorities of the automotive industry and research institutes to study China's automotive e-commerce.

目 录

Ⅰ 总报告

Ⅱ 产业篇

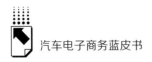

Ⅲ 专题篇

Ⅳ 附录

皮书数据库阅读 **使用指南**

CONTENTS

I General Report

II Industry Reports

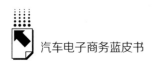
汽车电子商务蓝皮书

III Special Reports

IV Appendix

总 报 告

General Report

B.1
中国汽车电商行业发展
总体情况（2017）

摘　要：　本报告介绍了"新零售"的概念，指出汽车电商正在加速向
　　　　　汽车"新零售"转型。在此基础上，分别介绍了新车电商、
　　　　　二手车电商、后市场电商、互联网出行和新能源汽车销售模
　　　　　式等领域的基本特征与发展趋势。

关键词：　汽车电商　"新零售"　场景化　汽车生态圈

一　"新零售"成为电商发展新趋势

（一）互联网持续普及，网络购物呈现消费升级趋势

根据中国互联网络信息中心（CNNIC）发布的报告，截至 2016 年 12

月，我国网民规模达 7.31 亿人，2016 年新增网民 4299 万人。互联网普及率达到 53.2%，中国网民规模已经相当于欧洲人口总量。移动互联网发展依然是带动网民增长的首要因素。2016 年，我国新增网民中使用手机上网的群体占比达到 80.7%，互联网向低龄、高龄人群渗透趋势明显。

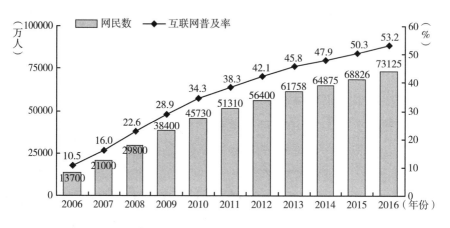

图1 中国网民规模和互联网普及率

资料来源：中国互联网络信息中心。

与此同时，我国网络购物人数不断增加，到 2016 年 12 月，用户规模达到 4.67 亿，占网民的比例为 63.8%。其中，手机网络购物用户规模达到 4.41 亿，占手机网民的 63.4%。网络购物成为网民在手机端最经常使用的 APP 应用类目之一，淘宝应用占比达到 24.1%，仅次于微信和 QQ 两大即时通信工具。人们逐渐形成了网上支付的消费习惯，截至 2016 年 12 月，我国使用网上支付的用户规模达到 4.75 亿。

网络购物市场消费升级特征进一步显现。一是品质消费，网民愿意为更高品质的商品支付更多溢价；二是智能消费，智能化商品网络消费规模相比 2016 年有大幅度增长；三是新商品消费增长迅猛。除国民人均收入提升、年轻群体成为网络消费主力等因素外，电商企业渠道下沉和海外扩张也进一步推动了消费升级。

2016 年中国电子商务进一步提速，完成换道超车。电子商务是中国互联网产业第一个稳定超越美国而稳居世界第一的重要领域。2016 年 3 月 31 日，阿里巴巴的商品交易总额超过 3 万亿元，全年营收超过沃尔玛公布的 4821 亿美元（收入）。3 万亿元已经达到中国消费品零售总额的 10%，这也代表全球服务业进入一个新的转折点。2016 年，天猫"双 11"当天交易额超过 1207 亿元，刷新世界纪录。以平台为代表的服务业，开始替代无平台的服务业，代表了未来经济发展的新引擎。

（二）电商行业进入"新零售"发展阶段

马云在 2016 年 10 月云栖大会上提出了"新零售"的概念，认为电子商务发展到今天开始走入新的阶段，未来纯电商将会消失，线上线下和物流将紧密结合。"线下的企业必须走到线上去，线上的企业必须走到线下来，线上线下加上现代物流合在一起，才能真正创造出新的零售起来。"

"新零售、新制造、新金融、新技术和新能源五个方面将影响到各行各业，以前传统五通一平将会变成新的五通一平，'五通'就是是否通新零售，是否通新制造，是否通新金融，是否通新技术，是否通新能源；'一平'就是你是否能够提供一个公平创业的环境和竞争的环境。"

马云提出的"新零售"在 2016 年电商行业发展中有所体现。一是线上线下融合，向数据、技术、场景等领域深入扩展，电商企业正在加快与实体零售企业合作，探索在数据、供应链、支付、物流、门店、场景、产品等全方位实现整合互通和优势互补。伴随融合的不断深入，线上线下边界模糊化、零售业态碎片化、消费场景智能化的全新商业形态正在形成。二是 C2B（Customer to Business）代表的新制造正在形成，在服装行业、家装行业等已经实现了生产的个性化、定制化、智能化。三是互联网金融与行业发展深度结合，蚂蚁金服、京东金融等正在建立普惠金融体系，让信用产生财富。四是新技术，特别是数据信息资源。数据资源竞争白热化，菜鸟物流与顺丰物流数据接口之争，线上平台与线下企业开展投资合作等市场行为无不反映出数据已经成为互联网时代商业竞争中企业重要的无形资产和制高点。五是新能源，近些年以电能、风能、太阳能为代表的新能源正在逐步取代传统的化石能源。

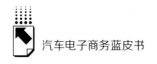

二 汽车电商行业加速转型

（一）汽车电商适合"新零售"发展要求

"新零售"被认为是"以互联网为依托，通过运用大数据、人工智能等先进技术手段，对商品的生产、流通与销售过程进行升级改造，进而重塑业态结构与生态圈，并对线上服务、线下体验以及现代物流进行深度融合的零售新模式"。

"新零售"意味着未来线上和线下边界将变得模糊，"新零售"的本质不是线上或者线下，而是让线上线下融合，本质上是体现以用户为中心，一是实现成本效率，二是提升购物体验。具体到汽车行业，新零售主要有以下特征。

1. 线上线下同款同价

目前阻碍汽车电商发展的一个重要因素是线上线下价格不一致，随着线上线下及物流的融合，未来汽车电商将会在线上线下提供一致的价格给用户，减少用户的疑虑。

2. 终端提供叠加式体验，促生新业态

未来的汽车电商流量入口将没有线上与线下之分，线上线下都会成为入口，线下也是重要的体验场景，消费体验和定制化服务将成为线下最主要的两大功能。

3. 消费场景多元化

消费者的消费渠道逐步分散化，打破传统的以4S店为主的销售渠道，未来消费场景不仅仅是4S店，也可能是某些大型商场或者商业中心、大型零售店，甚至是用户附近的社区，"新零售"也将是精细化运营的零售。

4. 实现全渠道融通

新零售将从单向销售转向双向互动，从线上或线下转向线上线下融合。因此新零售要建立"全渠道"的联合方式，以实体门店、电子商务、大数据云平台、移动互联网为核心，通过融合线上线下，实现商品、会员、交易、营销等数据的共融互通，为顾客提供跨渠道、无缝化体验。

（二）汽车电商企业尝试"新零售"模式

汽车电商企业在"新零售"模式上积极探索。神州买买车、优信与车享家具有一定的代表性。

在新车电商领域，神州买买车积极开展线上线下双线布局，联动发展。从2015年成立初期，就定位于线上线下相结合的汽车电商平台。神州买买车有自己的电商平台，还入驻天猫等主流电商平台，在全国150个城市开设线下实体门店，覆盖了全国25个省份。神州买买车主要是汽车超市，可以出售各类车型，利用在线金融工具为用户提供"0首付、低月供、灵活尾款"的金融方案。通过线上线下融合联动，神州买买车收集分析大数据，为用户画像，精准把握消费行为变化，从而有针对性地制定、优化营销和服务方案。

2017年6月，优信集团发布了新的品牌构建计划，提出了新的企业宗旨：让拥有好车变得更简单。优信集团旨在推动行业的大流通，让消费者可选可买的二手车更多、更便宜，通过专业能力让消费者买到的二手车更放心，用车更轻松。在二手车电商领域，优信二手车在2017年6月上线了全国直购业务，突破地区限制，对异地车源也提供远程看车、议价、运送以及过户、检测、售后质保等一整套服务。优信集团希望用三到五年的时间，建立强大的二手车基础服务能力，包括检测能力、仓储和物流能力、全国手续流转能力、售后保障能力、金融衍生业务能力，未来会投资20亿元自建物流体系，到2020年建立20个中心仓与100个分拨仓，渠道下沉到四、五线及县级城市，实现2000家终端门店，还要与地方政府协力提高二手车异地流转手续办理的效率，缩短办理手续时间，让二手车异地落档更便利。

在车享家网络平台或移动端"车享宝"APP上，车享家可以提供众多的汽车维修保养服务，通过门店服务预约的形式，将消费者导流到线下的服务网点，由车享家自建的数百家门店提供相应的保养养护、美容维修等服务。车享家的线下门店并不仅仅为车主提供洗车养护服务，还将全面切入车享平台各个业务领域，成为整个车享品牌旗下业务的线下入口。从高频的汽车保养服务切入，带动二手车、汽车租赁、车主会员业务等服务的运作，最后实现整个环节的打通，为用户在养车、用车、卖车以及车主服务全生命周期的问题提供一站式的解决方案。车享家直营门店2017年预计达到约1500家，到2020年车享家将通过加盟认证的方式计划增至约10000家门店，并在全国形成由1500家中心店、7000家社区店和1500家综合店构成的实体服务网络。

（三）新零售推动汽车生活的场景化，加快建立汽车生态圈

在新零售的推动下，汽车电商更注重如何根据消费者需求把不同的产品组合起来，尽可能提供一站式服务，也因此突破了以往产品一旦被生产和售卖，商业行为即告结束的局限性。另外，在已知用户当前消费场景的前提下，基于大数据分析其潜在消费可能，再通过线上入口推介相关服务，为实现汽车产品和服务的跨界关联、交叉销售提供了可行性。

易观认为，随着行业间跨界融合的速度加快，商家与消费者黏性互动增加。未来可通过挖掘线下场景价值，展开线下场景营销从而激发新的需求，再与线上平台进行对接，最终完成线下销售；或者先发掘线上场景价值，再为消费者提供搜索、支付、社交和地理位置相关服务或信息资讯，最后推动线下消费，如图2所示。

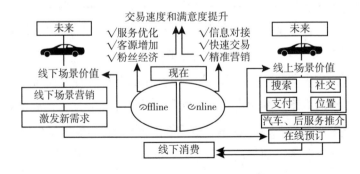

图2　新零售的汽车场景化交易趋势

在新零售时代，互联网工具能够让企业和消费者建立一个实时连接、互动的关系。互联网带给汽车行业的不仅是单纯的技术支持或者营销创新，更重要的是将汽车概念毫无违和感地融入消费者的生活圈、朋友圈。适时为消费者提供需要的产品或服务，企业更易于与消费者形成一种情感关联，从而获得巨大的社群势能。

由于消费者在汽车生活中不同场景、时段的价值取向会有所改变，为应对人们个性化、多样化的用车和出行需求，汽车行业将提供更加丰富的产品和服务。这也意味着随着消费者情况的变化，与汽车相关的生活场景将会裂变出更多的细分市场。这些细分市场不仅包括与汽车生活直接相关的细分市场，也包括为场景化提供技术服务、数据支持的市场，例如，智能入口、基础数据、交易服务、城市出行等。

在未来，消费者除了将汽车视为出行的搭载工具，往往还将其视为最优路线或者一站式服务方案的提供载体。例如，在出行就餐场景中，消费者使用车载导航时想要知道的不仅是如何到达想去的餐厅，还有附近的停车场位置及空余车位数量、最近的加油站等。驾车、停车、加油等不同用车场景被组合起来，才形成了车主完整的出行需求。无论是新车、二手车还是后市场电商，为迎合消费者多样化的用车需求，会针对不同场景的消费领域积极拓展业务。

在汽车"新零售"时代，依托车联网相关技术的发展，新车、二手车、后市场电商汽车消费不同场景中提供的服务、产品被联系起来。以智能硬件为例（见图3），新车电商将智能硬件与新车捆绑销售给车主，此后智能硬件通过收集车主用车数据，为车辆管理提供了数据支持，这些收集的数据信息结合车主违章记录又可以作为进行维修保养的参考依据，未来如果车主进行二手车交易，那么这些数据将对汽车的估值产生影响。

因此，在汽车消费场景化下，汽车生活分场景外延辐射，裂变出更多的细分市场。随着新车、二手车和后市场各电商平台在这些细分市场的业务覆盖范围产生重合，汽车产品和服务实现跨界关联、交叉销售，汽车生态圈互联亦逐步形成。

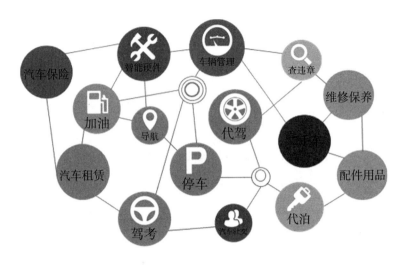

图3　汽车生活场景

三　新车电商企业探索新的模式

（一）新车市场持续增长，但市场面临变局

近年来，我国汽车销量持续增长。2016年，汽车销量超过2800万辆，同比增长13.65%。根据多家行业机构预测，未来几年居民购车需求仍会非常旺盛，新车市场仍有较大发展空间。未来市场用户会以"85后""90后"为主，这些用户会追求性价比，能够接受以租代售等新的模式。

2017年7月1日，新的《汽车销售管理办法》施行，汽车流通业将进入一个新时代。但目前主机厂、经销企业还处于观望阶段，市场渠道变化会经历一个发展的阶段和过程。未来市场渠道建设，很可能会依据企业的品牌定位发生变化。新政实施后，一些大众化的汽车品牌将探索4S店外销售汽车的更多元的渠道，销售汽车不再必须品牌授权，汽车超市、汽车卖场、汽车电商等新渠道将成为新的汽车销售形式。

（二）新车电商步入解决交易流的2.0时代

新车电商已经走过了解决信息流的1.0时代。1.0时代，新车电商平台主要为来平台看车的消费者提供车辆信息等，并把购车线索导流给线下经销商。

自2016年以来，新车电商开始迈入解决交易流的2.0时代，在2.0时代，新车电商需要解决好交易流的问题。更具体来看，新车电商需要具备以下特征：一是线上具有丰富的、可选的汽车产品；二是全面覆盖线下的交付能力；三是线上线下的价格实现统一。

没有实现以上三者的一些电商模式发展并不理想，例如，汽车之家宣布放弃自营电商业务；车风网由于资金链断裂，结果倒闭。

（三）新车电商交易量逐步增加，新的模式涌现出来

利用"双11"的市场销售机会，2016年易车、汽车之家宣布新车订单量分别达到138970辆和134225辆，天猫则销售近10万辆汽车。这些车辆在实际销售中，仍然会有部分订单流走。一些采用新模式的公司新车电商销售也在发力，如神州买买车2016年上半年新车销量达到6万辆，一猫汽车网2016年新车销售完成了6000辆销量。

2016～2017年，新车电商逐渐涌现出三类探索新趋势：第一类，如国美在线、行圆汽车和砖头汽车，这些企业通过新车电商平台整合全产业链各环节资源做产业"赋能者"；第二类，如一猫汽车网、神州买买车开设线下门店挖掘新商机，通过线上线下联动的方式，从"电商"走向"店商"；第三类，如"弹个车"等，布局汽车金融，以融资租赁等方式带动汽车销售，切入交易流。

（四）四类电商平台各具特色，共同进化

当前新车电商主要有四种类型，包括综合电商平台型、汽车垂直网站型、厂商自建型和初创型新车电商平台。

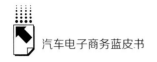

综合电商平台型,如天猫、京东、苏宁、国美等,经营的汽车种类很多。综合电商平台更加注重线上线下的联动,业务范围在逐渐向乡镇和农村市场延伸,移动端的布局也在大规模发力。

汽车垂直网站型,如易车、汽车之家等,在流量上具备了天然的竞争优势,正在逐步通过线下门店布局或汽车金融向交易属性更强的模式方向发展,充分发挥平台已有的用户流量规模优势,带动新车电商业务的快速发展。

厂商自建型新车电商将重点形成线上线下联动的效应,希望实现定制车辆线上销售,与传统车辆形成区隔,也有很多企业努力打通二手车、后市场等多场景全平台。但从整体看,自建型新车电商很多停留在数字化营销层面,由于目标多元化,离交易2.0时代要求的、清晰的电商发展模式还有一定的差距,尚处于摸索前行的阶段。

初创型新车电商平台商业模式更加多样化,很多初创企业将阵地转移到三、四、五线城市。也有很多企业瞄准了汽车业全产业链,不仅强调销售新车,还引入二手车置换、汽车金融保险、维修保养、延保业务等。

四 二手车电商快速发展

(一)二手车电商交易规模持续上升,ToC模式占比略高于ToB模式

2016年,国内二手车总体交易量达到1039万辆,年交易量首次突破千万辆,成为行业新里程碑。中央关于解除二手车限制迁入的政策经过相关部门的不断推动,在各地逐步贯彻实施,促进了二手车跨区域流通。

2016年,二手车电商交易量达144.4万辆,行业渗透率达到13.89%。其中ToB模式二手车电商交易量共60.6万辆,占比为41.97%,ToC模式成交量达83.8万辆,占比为58.03%,ToC模式占比略高。由于电商平台大规模的广告投入,更多消费者愿意在电商平台上选购二手车,加上国家推出的

促进二手车交易便利的政策逐步得到实施，这些都刺激了面向 C 端用户的二手车交易。

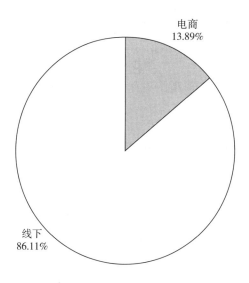

电商
13.89%

线下
86.11%

图4　2016 年中国二手车电商渗透率

资料来源：易观。

ToC 模式中 C2C 模式占比为 16.9%，B2C 模式占比为 83.1%。ToC 模式成交量中，由于 B 端车源量大，消费者选择更多，因此 B2C 仍然占据行业的主要市场份额。

ToB 模式以 B2B 为主，占比为 71.8%，C2B 模式在 ToB 模式总交易量中占 28.2%，较 2015 年的 35.6% 出现了较大幅度的下降。C2B 模式库存周期长、资金成本高、市场波动大等因素导致成交量减少。而 B2B 模式，车源相对集中，交易效率高，成交量也相对较高。

（二）二手车电商平台顺应用户需求，推出了更多的配套服务

由于二手车非标属性以及信息不对称、诚信度低等行业痛点，用户对二手车电商平台提出了更高的要求。2016 年，众多二手车电商平台不断完善服务环节，从售前的二手车评估、检测，到交易中的金融服务，包括售后的

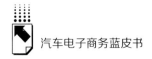

质保、物流服务等，多方位地改善用户体验，摸索赢利模式。

消费者对识别车况质量有一定难度，因此除了售前的车辆检测外，对车辆售后质保也更为关注。不少二手车电商平台推出了延保服务，让消费者买得放心。

二手车跨区域流通考验二手车电商平台的线下服务能力，用户对手续办理的便利和效率要求越来越高，因此，不少平台相继开始线下扩张和渠道下沉。

（三）第三方服务平台凭借数据优势快速发展，受到资本市场重视

随着互联网技术在二手车行业的深度应用，第三方服务平台在二手车的车况鉴定、估价、金融征信等方面积累了海量数据，大数据技术和人工智能在二手车市场的应用更加广泛。第三方服务平台凭借数据资源，通过大数据分析处理技术对市场数据进一步挖掘，提供估价、车况鉴定等专业服务。

从2016年到2017年上半年，资本市场加大对二手车第三方服务平台的投入，比如，车300一年内获得两轮融资，每轮融资多达1亿元。车鉴定、精真估等平台也相继获得数千万人民币的投资。

（四）二手车金融快速发展，推动二手车电商服务升级

2016年3月30日，中央出台《关于加大对新消费领域金融支持的指导意见》，明确支持二手车金融服务的发展。众多二手车电商平台在汽车金融领域开始业务布局，针对不同交易主体的需求，凭借自有资金或者通过与银行建立合作方式，为经销商和个人消费者提供金融服务。一方面降低了二手车交易门槛，另一方面也增加了平台的营收来源。

个人买家选购二手车存在分期付款、延保、融资租赁等需求，车商的金融服务则是库存融资，需要大量资金投入批量经销，可见二手车金融市场空间巨大。目前国内二手车金融渗透率为5%，比起新车金融渗透率30%有较

大差距。

2016 年二手车金融市场规模达到 5000 亿元，随着二手车评估认证技术的进步，新服务模式的探索，以及风控体系逐渐成熟，预计 2020 年国内二手车金融市场规模将达到 1 万亿元。

（五）2017年起二手车电商市场进入发展关键时期

二手车交易属于低频消费场景，更多的二手车电商平台开始涉足新车、后市场领域，进一步辐射全产业链。2016 年二手车电商经历了资本寒冬，存活下来的平台通过转型升级、布局产业链上下游来提高生存能力。部分在资金实力、用户规模、车源量、交易量和综合服务等方面具有优势的二手车电商平台摸索出了较为清晰的商业模式。而实力较弱、规模较小的电商平台选择战略合作、合并等方式来提升竞争力。2017 年二手车行业的整合和兼并仍将继续，如何快速实现赢利是企业生存的基础。

五　汽车后市场电商模式积极探索中

（一）汽车后市场电子商务发展空间巨大

截至 2017 年上半年，全国汽车保有量达到 2.05 亿辆，预计 2018 年，中国汽车的平均车龄有望超过 5 年。根据发达国家汽车市场的发展规律，一旦车龄超过 5 年，汽车后市场有望迎来新的繁荣，汽车后市场行业被视为黄金产业。

汽车后市场的概念有广义和狭义之分，广义主要分为车主服务、洗车服务、维修保养服务、汽配用品供应与销售、金融、保险、延保、二手车、租赁、改装、俱乐部等细分领域；狭义则多指洗车、维保、汽配等细分领域。广义的汽车后市场规模在 2015 年底就超过 2.5 万亿元规模（见图 5）。

从狭义的汽车后市场看，以维修市场为主，2016 年底也接近万亿元规

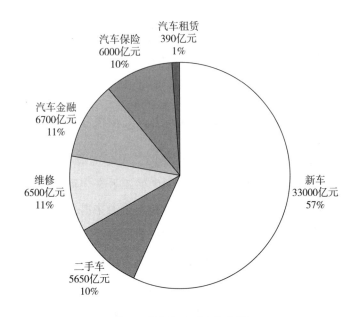

图5 我国汽车后市场规模

资料来源：根据 Truecar、交通部、德勤报告、中国保险行业协
会、罗兰贝格、中国汽车技术研究中心等的信息整理。

模。在后市场保养、易损、维修、事故四类配件中，维修件由于配件单价较
高，且更换较为频繁，在后市场配件中价值占比最高，达到41%。保养件
及易损件替换频次高，市场份额在20%以下。事故件市场份额为23%。

（二）汽车后市场电商用户体验较好，消费者习惯开始养成

传统汽车后市场产业链包括多层级的生产商和代理商，产业链长、环节
众多导致流通成本高、速度慢且价格不透明。互联网模式下的后市场商业模
式大幅缩短了汽配的经销流程，生产厂商经过电商平台，通过维修厂商3个
环节到达消费者手中，中间的流通成本降低，服务效率明显提升。

根据易观提供的数据，2016年中国汽车后市场各季度电商用户渗透率
均超过13%，较2015年有明显的提高，且各季度呈现逐步提高的趋势，到
2016年第四季度渗透率达到16%。未来1~2年，随着后市场电商平台在线

下服务的不断完善以及应用场景的不断丰富，加上消费者消费习惯的强化，后市场有望进一步互联网化，后市场电商行业规模将不断扩大。

（三）B2B 电商发展速度较快，平台技术成为企业竞争的重要手段

2016 年，汽车市场 B2B 电商约 20 起获投事件，其中汽配交易平台 8 家，为 B2B 电商的发展起到巨大促进作用。中驰车福 B 轮融资 5 亿元，康众汽配 B + 轮 1 亿美元，巴图鲁 C 轮超过 1 亿美元。

汽配行业配件 SKU 数量庞大，精准的配件匹配是 B2B 平台企业的核心竞争力所在，一些 B2B 企业在大胆尝试大数据等新的信息技术，通过建立系统的配件数据库，提高匹配率，构筑行业壁垒。

（四）B2C 平台主要以供应保养件、易损件为主，维修保养服务平台正在向 O2O 转型

汽车配件 B2C 电商平台的产品种类不断丰富，销售模式逐步成熟。

越来越多 B2C 平台向 O2O 转型，在线下延伸涉足维修保养服务相关业务。如车享家、途虎、汽车超人、e 保养等加大线下实体店的布局。一方面，逐步规范服务标准，更好地服务车主；另一方面，深化服务场景，针对不同用户需求提供不同的服务内容。

（五）后市场企业进入精细化运营阶段，产业链延伸和供应链建设成为重点

后市场烧钱补贴时期基本结束，各平台将在已有的商业模式下深度布局，行业逐步回归商业本质，进入综合实力比拼阶段，提升用户体验，获取赢利成为企业重点关注要素。汽车后市场电商服务在配件准确率、配送及时率以及保养效率等各个方面有较大的提升。

上门保养企业通过共享车辆资源、加大 B 端用户服务、提升物流效率等提高了企业的收支平衡水平。

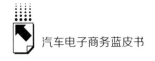

很多企业不断向上游进行业务延伸，与品牌厂商直接建立合作，进一步减少产业链中间的经销环节。

六　互联网改变了出行方式

（一）互联网出行进入高速发展期

互联网出行是指基于出行场景的互联网服务，主要包括互联网专车、分时租赁、共享单车以及基于互联网的长短租服务、拼车和代驾等。

我国互联网出行发展经历了探索期和启动期两个重要的发展阶段，目前正在进入高速发展期。互联网出行的产业链正在形成，主要包括软件层、硬件层、商业层和应用层。互联网出行巨头已基本完成城市交通O2O平台的建设，细分领域服务商继续扩大规模，构建基于自身主要产品的互联网完整出行生态圈。

从2016~2017年互联网出行的发展看，互联网专车市场相关政策落地，市场稳定发展。汽车分时租赁市场受到更多关注，共享单车市场异军突起，长短租、拼车、代驾市场趋于成熟。

（二）新政影响到互联网专车发展，但市场格局趋于稳定

2016年至今，中国互联网专车市场呈现如下特点。

一是互联网专车市场仍在持续发展。截至2016年12月，互联网专车用户规模为1.68亿人，比2016年上半年增加4616万人，增长率为37.9%，网络预约专车用户在网民中占比为23.0%，比2016年上半年提升5.8个百分点。

市场寡头化格局趋于稳定。滴滴、神州专车、首汽约车和易到等组成的寡头化格局已定，主要企业会保持稳步增长。2016年专车交易规模为1327亿元，根据预测，2017年将达到2756亿元，到2020年将超过4600亿元。

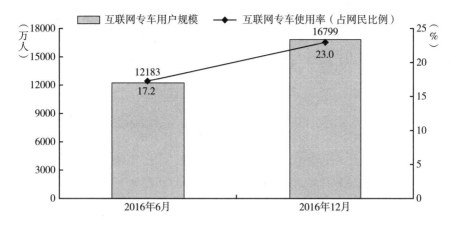

图6 2016年互联网专车用户规模与使用率

资料来源：中国互联网络信息中心。

（三）分时租赁市场正在加快发展

2016年，分时租赁市场发展呈现以下特点。一是众多企业看好分时租赁，纷纷进入这一市场，2016～2017年相继出现了几十个新的汽车分时租赁品牌；二是投资者看好分时租赁市场，多家新兴企业获得了融资，一度用车、Ponycar、一步用车等几家企业单轮融资达到上亿元；三是很多运营企业都在寻找经营模式和经营方法的创新，提高经营效率，降低运营成本。

根据易观预测，2017年分时租赁市场交易规模将达10.64亿元。预计到2020年，中国分时租赁市场将继续保持高速发展，市场规模亦将进一步扩大。

（四）共享单车规模急剧扩大，改变了人们最后一公里的出行方式

自2016年以来，共享单车市场规模急剧扩大。共享单车飞速发展的背后离不开资金的支持，包括腾讯、阿里等投资者纷纷看好这一领域，共享单车启动了"烧钱"模式。

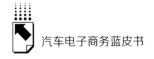

共享单车的发展给人们生活带来显著的变化，交通拥堵得到一定程度的缓解，公交、出租车行业、专车市场也都不同程度地受到共享单车的影响。但共享单车在给用户出行带来便捷的同时，也引发了各种社会问题和交通问题，如乱停乱放、人为损坏严重和押金管理不透明等。

（五）互联网出行未来将逐步改变人们的传统出行方式

互联网出行未来将呈现以下趋势。

一是市场规模将保持高速增长。未来，共享、智能、新能源将成为互联网出行产品和服务的关键要素。在技术、资本、政策的推动下，现有的互联网出行领域将深化变革。随着产品创新和运营模式创新，未来更多、更便捷的出行方式将会出现，市场会进一步细分。

二是汽车技术的进步，特别是无人驾驶技术、新能源汽车技术快速发展，将促使分时租赁成为互联网出行的主要应用场景之一；互联网专车、分时租赁、巴士领域将更多可能地使用新能源汽车。

三是分时租赁被越来越多的企业关注，也受到政府政策的支持。运营是分时租赁公司企业发展的重要基础，具有竞争力的企业将会通过技术创新、管理创新和商业模式创新解决好运营问题，提高运营效率。与此同时，增加分时租赁汽车指标、停车费减免政策等在内的政策支持需要加快落地。

七 新能源汽车开启销售模式变革

（一）多重因素推动销售模式的变革

自 2000 年以来，以 4S 店模式为主的汽车销售模式支撑中国汽车市场成为全球最大的汽车市场。但以 4S 店为主的销售模式正在发生潜在的变革，主要源于以下三个方面的原因。

一是新能源汽车的发展。新能源汽车不仅在产品结构、技术上与传统汽车明显不同，消费者对新能源汽车的需求、使用方式也有很大不同。而且新能源汽车的维修保养等相对简单，使经销商在后续服务上可获得的利润较低，这些都决定新能源汽车需要采取新的销售模式。

二是传统4S店模式下厂家与经销商矛盾激化，较难协调。新《汽车销售管理办法》的出台带来最重要的变化就是要打破以品牌授权为核心的4S店销售模式垄断汽车市场的局面。

三是汽车电商发展较为快速。线上线下一体化的模式提升了传统线下模式的服务效率和服务水平。

（二）新能源车企以用户为中心，主动寻求销售模式变革

产品技术重大变革，往往意味着产品、产业价值体系的重塑，其中也包括销售体系和销售模式变革。以特斯拉为代表的新兴汽车企业为代表，以互联网思维改造传统销售方式，更加重视以用户为中心，贴近用户，追求用户体验和用户价值的最大化。

例如，特斯拉使用直销模式而非分销模式，直销模式实现了离消费者更近、降低成本、零库存等目标。特斯拉还为用户提供家用充电桩、目的地充电桩和超级充电站，构建车桩一体化与生态化服务模式。

（三）传统经销商将新能源汽车作为新的业务增长点

传统经销商看到了新能源汽车产业发展的机会，纷纷进入这一新兴市场。庞大集团建立了"新能源电动汽车一条街"，并进入新能源汽车分时租赁领域。万帮新能源提出"垂直业务链"模式，建立了自己的充电服务品牌——星星充电。

随着品牌竞争的日趋激烈，厂商布点越来越多和消费者的日趋理性等，新能源汽车经销行业仅用一年多的时间走过燃油汽车十多年的历程，迅速从"蓝海"进入"红海"。传统4S店模式的弊端很难通过销售新能源汽车得以消除。

（四）各类企业进入新能源流通行业，探索新的销售模式

一些互联网企业、媒体公司和产业链相关企业利用新能源汽车的销售契

机进入流通行业，"汽车超市""汽车大卖场"等新销售模式开始在新能源汽车上探索实践。联合电动的"汽车超市"集合了北京在售的全线电动汽车品牌（不包括特斯拉），免去消费者往返于各个品牌店的奔波之苦，同时，还为消费者提供电动汽车试驾、信息咨询、车辆选购、充电桩安装咨询、保险和上牌等一站式服务。富电集团采用"车桩联动"模式，以建立的充电基础设施为根基，进军新能源汽车销售行业。

（五）未来新能源汽车销售发展趋势

第一，政策影响仍会持续。未来两年我国将实施"油耗 + 新能源积分"的汽车"双积分制度"。这一制度比单纯的财政补贴制度更加科学，操作也趋于市场化，双积分制度不仅有利于新能源汽车市场的培育，也有利于为销售模式变革创造稳定的环境。

第二，新能源汽车会出现三种不同的渠道模式。一是传统汽车企业利用原有渠道销售新能源汽车；二是传统企业或新兴企业为新能源汽车新建专门的渠道；三是渠道自营。企业未来会更加重视自身规划和战略，开展不同的渠道建设方式。

第三，从未来看，汽车超市、展厅、汽车大卖场和电商等非 4S 店销售业态比例将逐渐上升，形成与 4S 店并存的多种业态竞争的发展局面。一、二线城市，可能出现多业态混合的销售局面；在三、四、五、六线城市，4S 店重资产模式较少，经销商将以轻资产模式运营。

第四，在移动互联网时代，无论是厂家还是经销企业，都希望通过互联网与消费者建立深层次的联系。很多企业正在积极布局，希望加快生态圈的建设，积累足够的参与者人数，打造新能源汽车生态圈。

产　业　篇

Industry Reports

B.2

中国新车电商2017年发展报告

摘　要：　本报告记录了新车电商2.0时代的发展情况，分析了现阶段主要市场主体的多种转型与探索，展现了新车电商在争议中如何成长。报告描述了2016~2017年新车电商企业大事、热点政策，描述当下，并对未来发展趋势做出预测。

关键词：　新车电商　综合电商平台　垂直电商平台　"新零售"

一　2016~2017年新车电商发展概况

（一）新车市场发展概况

1. 新车市场进入稳步增长阶段

近年来，我国汽车销量持续增长。2016年，汽车产销分别为2811.88

万辆和2802.82万辆，同比增长14.46%和13.65%，产销增速同比分别提升11.21个百分点和8.97个百分点。其中，乘用车产销分别为2442.07万辆和2437.69万辆，同比增长15.50%和14.93%。截至2016年，中国汽车保有量达1.94亿辆。

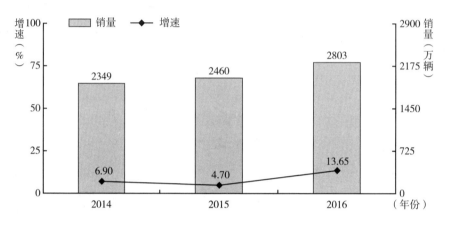

图1 2014～2016年新车销售增长情况

资料来源：中国汽车工业协会。

2017年上半年，根据中国汽车工业协会数据，汽车产销分别完成1352.6万辆和1335.4万辆，同比增长4.6%和3.8%。其中，乘用车产销分别为1148.27万辆和1125.03万辆，同比增长3.16%和1.61%，增速比2016年同期减缓4.16个百分点和7.62个百分点。

根据中国汽车工业协会预测，2017年汽车产销量或达2940万辆，增速预计保持在5%左右。随着下半年传统购车旺季的到来，以及国家对1.6L以下排量乘用车购置税75%的优惠政策将在年底退坡，2017年汽车产销量增长5%的预期目标完成问题不大。根据国外汽车发展规律以及国内市场的发展情况，很多机构预测，未来几年居民购车需求仍未饱和，购车需求旺盛，新车市场仍有较大发展空间。

2.《汽车销售管理办法》将推动销售渠道变革

根据全国工商联汽车经销商商会2016年调查，汽车销量增长并没有给经销商带来利润的增加。从经销商盈利情况看，经销商生存情况堪忧，2016年前三季度，有45%的经销商处于亏损状态，盈利的仅有41%（见图2），说明新车经销商行业已经成为低利润、高经营风险的行业。

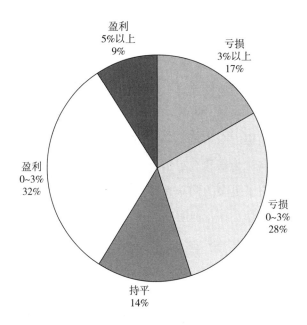

图2　2016年前三季度经销商盈利情况分析

资料来源：全国工商联汽车经销商商会。

目前中国以4S店为主体的汽车经销商体系存在的主要问题是布点过多，特别是在一、二线城市，随着一、二线城市市场趋于饱和，加上店面成本不断升高，市场竞争激烈，企业生存困难。三、四线城市及县镇级地区汽车销量增长较好，但还难以完全支撑4S店发展所需的规模。

经销商的经营困境从侧面反映了汽车销售品牌授权单一体制已经不能适应市场发展的内在需求。垄断性经营问题日益凸显，市场竞争不充分，流通效率不高，零供关系失衡，汽车及零部件价格虚高，服务质量下降等问题越来越突出，行业需要新办法促进供给侧改革，维护消费者的利益。

2017年4月14日，商务部网站上登出2017年第1号令《汽车销售管理办法》（以下简称"新《办法》"），新《办法》于2017年7月1日起施

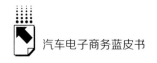

行。这标志着2005年出台的《汽车品牌销售管理实施办法》（以下简称"旧《办法》"）将退出历史舞台，汽车流通业将进入一个新时代。

新《办法》在多方面实现了重要突破，主要体现在以下四个方面。第一，从根本上打破汽车销售品牌授权单一体制，销售汽车将不再必须得到汽车品牌授权；第二，标志着汽车流通体系真正进入社会化发展阶段，新《办法》提出国家鼓励发展共享型、节约型、社会化的汽车销售与售后服务网络；第三，有助于更好地发挥汽车消费的顶梁柱作用，使其成为激活汽车市场活力的一把钥匙；第四，有利于促进汽车流通全链条协同发展。

新政实施后，销售汽车不再必须获得品牌授权，汽车超市、汽车卖场、汽车电商等新渠道将成为新的汽车销售形式，消费者除在厂家授权的4S店内能买到汽车外，有了更多的购车途径。实际上，在新《办法》未出台前，各种新销售渠道就已经存在，但明确的政策出台无疑给了新销售渠道更大发展空间。

（二）新车电商的内涵

随着互联网与实体经济的深度融合，电商与非电商模式的区别已经越来越小。新零售时代的到来除了将加速线上线下的融合外，也将加速渠道多样化，提升厂商售车效率和消费者的购车效率，最终实现消费升级。新零售时代的到来并不代表电商已死，而是当越来越多的企业开始将互联网技术应用到实体经济时，从某种程度上来说，便也没了电商与非电商的区别。那么，对新车电商的讨论还有什么意义？

首先，在产业升级的大背景下，互联网技术的应用发挥着十分重要的助力作用，新车电商是汽车行业发展过程中形成的销售新渠道。当以4S店模式为代表的经销商不断转型寻找出路时，新车电商也在经历转型阵痛，并形成了一条自身探索的脉络，因此，有必要对其进行记录，以便形成历史性参考。

其次，在整个汽车行业运行的链条中，汽车销售是不可或缺的一个环节，2016年新车销量取得了非常不错的成绩，新车电商所起到的作用也逐渐增强。值得注意的是，新车电商在自身发展过程中的经验探索更加凸显出经营者在汽车流通行业所必须遵守的规则，对未来汽车销售渠道的发展方向给以一定程度的指引。

最后，2017年7月1日，新的《办法》正式执行，这意味着以4S店为代表的单一品牌授权模式将成为历史，汽车流通行业进入新时代。汽车超市、汽车卖场、汽车电商的潜力将被进一步释放，它们也将迎来新的发展机遇，在此，展望未来新车电商的发展趋势十分必要。

在此背景下，电商和新车电商都应该重新定义。随着互联网技术的深入应用，电商已不再是指狭义的 e-business，即交易双方不谋面进行的线上交易，而是指 e-commerce，即只要对传统行业原有的信息流、交易流和物流中的其中一流进行互联网化即可被称为电商。

因此，新车电商是指企业搭建的新车线上销售平台，其将互联网技术与线下4S店和物流体系相结合，为购车消费者提供新车购买服务。一般来说，线上电商平台主要承担信息展示、营销、集客、导流、交易、物流等与汽车销售相关的所有或部分功能，消费者通过线上销售平台完成资讯、下单等订购流程后，可在相应的线下4S店支付尾款、提车或要求物流送车上门。

需要注意的是，越来越多的汽车电商平台更愿意用"汽车产业互联网平台"自称，更强调当汽车交易离不开线下服务场景时，互联网平台必须更加尊重行业发展规律，注重线下；同时，也更强调新车电商平台关注全产业链条，显示融合新车、二手车、后市场各链条环节的雄心。

（三）新车电商的发展阶段

根据易观智库的 AMC（应用成熟度曲线）模型，目前我国新车电商市场还处于市场启动期，并将在2018年进入高速发展期。

AMC 模型是以时间为参照系，从市场价值等多个维度对产业发展成熟度及产业发展阶段进行分析的模型，基于 AMC 模型可以对所有市场发展成熟度进行精准刻画，定义市场发展阶段，描述市场特点及未来发展趋势。

针对新车电商市场的 AMC 模型，新车电商分为四个阶段：探索期、市

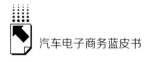

场启动期、高速发展期和应用成熟期。这一模型能大致描述新车电子商务市场的发展现状并预测未来的发展趋势。

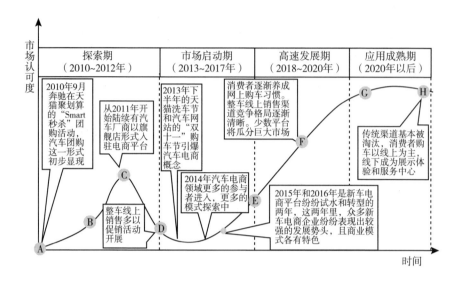

图3 中国新车电商市场 AMC 模型

资料来源：易观。

一般来说，电商的搭建都需要解决信息流、交易流、物流，但由于汽车属于高单价产品，短期无法实现信息流、交易流和物流三流合一，越到后端，互联网化程度越深，而每一个"流"均对应着一个发展时代。目前，新车电商已经走过了解决信息流的1.0时代，如汽车之家、易车、天猫等电商平台在1.0时代已探索出成熟的商业模式，获得了不少收益。这一阶段，新车电商平台主要为来平台看车的消费者提供车辆信息等，并把购车线索导流给线下经销商。

目前，新车电商正迈入解决交易流的2.0时代，一些新车电商难免在探索中走弯路。2015～2016年，各类新车电商平台纷纷试水和转型，有不惜血本烧钱补贴获取客户做大流量、野心勃勃做直营业务的，也有投钱盯住三、四线城市建立线下门店的，等等。

但在2016年，多家新车电商遇到发展瓶颈：3月，阿里汽车事业部宣布不再卖车；5月，平行进口车新车电商"买好车"宣布转型做"卖好车"；7月，汽车之家在股权风波及原有高管团队的离职后，放弃自营电商业务；易车大量裁员，关闭了旗下的易车商城，放弃直营买断车业务；上汽车享网逐步调整，将新车业务定位在特价车和定制车销售方面；8月，曾经被估值10亿元的初创企业车风网，由于资金链断裂，最终倒闭。

新车电商试图介入交易流迈向2.0时代时，遇到了不少困难，事实告诉我们，在我国汽车流通行业固有的经营体系下，直接通过电商平台解决交易流并不现实，必须要在解决现有汽车流通行业痛点的基础上做改革创新。

2016～2017年，新车电商逐渐涌现出三类探索新趋势：第一类，通过新车电商平台整合全产业链各环节资源做产业"赋能者"，释放三、四、五线城市二级经销商的潜力，例如，国美在线、行圆汽车和砖头汽车；第二类，开设线下门店挖掘新商机，通过线上线下联动的方式，从"电商"走向"店商"，例如，苏宁易购、一猫汽车网；第三类，重金布局汽车金融，以融资租赁等方式带动汽车销售和切入交易流，如易车（依托易鑫的体验式汽车消费产品"开走吧"）、神州买买车、二手车电商大搜车旗下品牌"弹个车"。

当2.0时代解决好交易流后，真正利用O2O解决汽车物流，才能迈向3.0时代。汽车行业资深分析师钱文颖认为，随着移动互联网、第三方支付的发展，新车电商平台正开始利用汽车金融切入交易流，未来还将利用O2O等方式切入汽车物流。新车电商在短短三四年内经历了快速迭代，且每次迭代速度都在加快。

（四）2016～2017年新车电商发展的特点

1.新车电商发展速度较快

随着新车电商逐渐走向成熟，其对新车销售的拉动作用越来越强。据易车、汽车之家、天猫三家官方微博提供的数据，2016年"双11"疯狂购车期间，易车订单总量138970辆，订购总额212.07亿元，参与品牌140多个，参与车型1100多个。汽车之家实现了订单总量134225辆，交易总额

196.92 亿元，订单量同比增长 150% 的成绩。天猫售出近 10 万辆车，相当于线下 1000 家 4S 店 1 个月的销量总和。

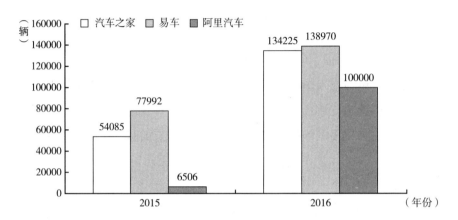

图 4 2015～2016 年新车电商三巨头"双 11"销量

资料来源：根据企业公布数据整理。

在 2017 年上半年的"618"促销中，在融资租赁等金融方案的刺激下，如天猫、苏宁这样的新车电商平台给出了较好的成绩单。根据天猫汽车数据，2017 年 6 月 18～20 日，天猫汽车共售出 3 万多辆汽车。其中"天猫开新车"业务在三天内通过融资租赁缴纳首付或全款的车辆达 3000 多辆。苏宁易购线上汽车销售业绩更是增长了 435%。

尽管新车电商最初真正引人注目是源于 2013 年的"双 11"，但是新车电商已经不仅在"双 11""618"促销中发光发热，而且在常态化新车销售中发挥作用，且越来越注重布局全产业链，建立交易闭环，打通新车、二手车、汽车金融等业务，为消费者提供更加全面的服务。

2. 新零售带来线上线下深度融合

在"新零售"背景下，不少传统电商开始走向线下开设门店，从"电商"走向"店商"，"脱虚向实"，寻求线上线下完全融合的新零售业态。比如，亚马逊在 2016 年 12 月在美国开设了它的第一家实体超市 Amazon Go。顾客进入商店后只须扫描手机上的 Amazon Go 软件，从货架上拿取或者放回商品，然后可以径直出门。无独有偶，阿里巴巴在 2017 年 7 月初也开设了第一家线下门店，通过"支付门"对顾客在店内消费的商品进行自动结算扣款。

当各家电商平台在新零售的浪潮下大力走向线下时，新车电商们也多有动作。无论是国美、苏宁这样的电器销售起家的平台还是一猫汽车、砖头汽车、牛牛汽车、花生好车这样的新兴创业企业，都对新零售有自己独特的理解，并加速线上线下的融合的步伐。如何充分将线上数据与互联网技术与线下交付场景、物流等进行一体化结合，成为汽车新零售必须解决的问题，无疑，这是产业的再一次变革升级。新车电商正在迎来巨大发展机遇，推动行业前进的将是能够进行跨界思维和创新性思维的企业。

3. 新《办法》释放市场活力

2017 年 4 月 14 日，新《办法》出台，4S 店权威地位不在，消费者将可以拥有更多话语权倒逼行业升级，汽车超市、汽车卖场和汽车电商谁能在满足消费新需求方面有所突破，谁就能在新政策环境下获得更大发展空间。

新《办法》的出台实施，激发了更多新车电商的创业者的创造力，释放了行业活力，行圆汽车、砖头汽车等新车电商创业企业陆续启动。还有一些在前几年早早布局新车电商，但一直处于探索中的初创企业在 2017 年也找到了适合自己的发展路径，且更加坚定了信心，并逐渐形成闭环交易。闭环型新车电商指的是将线上流量与线下供应链深度融合——先让消费者线上看价、选车、支付定金，再到线下交付中心付款取车——让消费者完全在一个闭环里完成交易。这就更需要新车电商在做好线上运营的基础上拥有能够落地的线下门店，不少初创型新车电商平台都看到了三、四、五线城市的消费潜力，因此通过开设门店的方式促进渠道下沉，完成线上线下的互动和融合。

2017 年 7 月 1 日，新《办法》正式落地，7 月 15 日，苏宁顺应新趋势打响新《办法》实施以来的新车电商变革"第一枪"，在南京开设首家汽车超市。苏宁采取线上线下联动的 O2O 汽车模式，用户在线上看车选车，在选中心仪车型后，可在线下苏宁汽车超市门店直接体验试驾，享受一站式的售前及售后服务。此前，国美以管家式服务平台让商户入驻无忧，并开通线

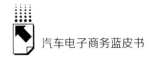

上线下两级渠道管理，计划开发 31 家省代理商，整合覆盖全国七个大区 5000 家汽车销售渠道。

不少新车电商都在用不同的方式响应新《办法》，很多新营销思路、新销售模式在行业中显现，新车电商可创新的空间更大。尤其是随着我国汽车产业的发展波峰来到三、四线城市，广大活跃在三、四线城市的二级经销商，其能量没有得到充分释放，传统 4S 店不能完成渠道下沉的任务，这些也给了新车电商可发挥的空间。如一猫汽车网在 2016 年已经在三、四、五线城市建立了 1000 家线下门店。目前，一、二线城市土地价格和人工成本不断上涨，4S 店倒闭，退网现象开始逐步显现，而三、四、五、六线城市居民收入不断提高，他们将逐渐进入家庭购车阶段。三、四、五、六线城市汽车渠道规范化整合以及分销模式去中间化将给新车电商以巨大机会。

由于以 4S 店为代表的品牌授权模式在我国已经拥有非常深厚根基，其主体地位不会动摇。因此，新车电商平台的发展重点还应在如何服务好经销商及其车企，如何促进更加高效、便捷的汽车销售方面。

新《办法》虽然在政策层面完成了对新模式、新业态的"解绑"，但并没有进一步出台细则，这就需要由各级主体充分发挥市场活力，积极创新与探索。未来如何发展，要靠厂家、经销商和第三方服务商如新车电商等市场主体的共同努力。新车电商根本上动摇传统汽车经销商在汽车交易中的地位，至少短期内是不可能的，新车电商更多的是以一种补充形式存在。打通线上线下、以大数据为基础、拥有高效流通销售体系的汽车"新零售"将是未来中国汽车消费主力模式。

4. 通过整合资源提升行业效率

中国汽车经销体系经过几十年发展，已经形成巨大的网络，但前几年在一、二线城市的大规模扩张给 4S 店带来了过高的经营成本，随着一、二线城市汽车销量逐渐饱和，高成本难以摊销。对消费者而言，4S 店的象征已经从原来高端品质服务变成不透明乱收费，消费者对 4S 店的信任度逐渐下降。

易观国际认为，新车电商平台的快速发展，不仅能帮助消费者简化购车流程，降低时间成本，降低购车成本，提高服务透明度，提高个性化程度，提高服务体验；还能帮助经销商、4S店提高获客效率，提高用户管理效率，增加增值服务机会，提高运营效率，降低营销成本，缓解库存压力，降低财务风险和资金成本，从而提高经销商和4S店的收益。

例如，天猫汽车商城提供了好车抢购、车秒贷、维修配件、爱车打扮、安全出行、电子导航、美容清洗、汽车防爆隔离膜、汽车儿童安全座椅、汽车保养、汽车改装专家等多种产品和服务，既解决了汽车消费者在购车资金、成本控制方面的需求，又提供了汽车售后的维修、保养、美容清洗等多项服务，通过O2O的方式，实现了消费者购车、用车满意的效果。同时，天猫汽车商城组织天猫汽车节，与海马商城等平台进行合作，通过新浪微博推广海马品牌汽车，取得了汽车销售和推广的成功。

随着新车电商行业的发展，对消费者而言，汽车产业互联网化不仅能有效提升消费者购车的效率，提高经销商和4S店的收益；还能够将主机厂商、经销商和4S店、汽车保养维修服务商、消费者等资源整合起来，为消费者提供一条龙的汽车服务，解决消费者在汽车售前、售中和售后的需求。

而新车电商平台的快速发展，将形成B2B新车电商平台和B2C新车电商平台两大产业生态。例如，车享新车、庞大集团、吉利汽车蓝色商城等B2B新车电商平台的发展，将有效促进汽车主机厂商与经销商、4S店的关系发展，有利于汽车的流通，提高汽车销售效率。一猫、神州买买车、团车网、易车、好买车等新车电商平台的发展，将有效整合汽车主机厂商、经销商、消费者以及其他利益相关者的资源，为汽车消费者提供更优质的购车服务，提升产业各服务商的经营效益。

5. 汽车金融挖掘市场潜力刺激消费

根据罗兰贝格数据，2015年，我国汽车金融渗透率为35%；根据德勤最新信息，2016年我国汽车金融渗透率已接近40%。我国汽车金融行业已开始走进成熟期，未来我国汽车金融渗透率还将继续上升。另据调查机构J. D. Power发布的2017中国经销商汽车金融满意度研究（DFS），随着越来越多的汽车金融公司进入市场，消费者贷款购车接受度正不断提高。

2016年是业内公认的汽车金融元年，汽车金融成为不少新车电商平台探索切入交易流而迈向 2.0 时代的选择。汽车之家在平安集团进入后搭建了金融平台，用数据与技术支持金融机构的风控。易车旗下的易鑫集团先后与中泰证券、中国农业银行、中国工商银行等达成战略融资合作，并与华泰保险集团推出国内首单汽车金融险资 ABS，后又在 2017 年 5 月与包括腾讯、易车、东方资产和顺丰创始人王卫在内的战略投资者，签署了高达 40 亿元的投资协议，让易车总裁、易鑫集团创始人兼 CEO 张序安发出"江湖已变，电商登台"的声音。易车目前的业务除了为汽车经销商提供交易服务外，还为消费者以及银行、汽车金融公司、保险公司等金融机构提供汽车互联网金融平台服务。

在天猫 2017 年"618"活动中，二手车电商大搜车旗下品牌"弹个车"依靠金融方案，日订单突破千辆。神州买买车也在汽车金融方面创造性地推出了"先享受后买车"的全新汽车消费模式，消费者可以选择"低首付、低月供、尾款自由"的购车金融方案，大大降低了购车门槛。此外，如国美汽车、行圆汽车等平台也通过与第三方汽车金融公司的合作，帮助二级经销商解决资金难等问题。

金融服务可以有效刺激 C 端用户消费需求，汽车金融方案的引入将吸引更多消费者在新车电商上购车，方便多样的金融方案选择也挖掘了潜在消费者，还可以满足 B 端的资金需求，升级产品体系，刺激行业发展。但也应该注意，"一个脱离了交易场景的金融是一个破棍子而不是杠杆"，在行圆汽车创始人邵京宁看来，新车电商若想做好汽车金融绕不开三点：更深入交易场景，资金获取更便宜，获客成本更低。

6. 投融资规模明显提升

与 2015 年相比，2016 年新车电商领域投融资在规模上有了较大提升。其中，2016 年 6 月，腾讯、百度、京东联手 PAG 战略投资易车 3 亿美元成为新车电商的重要事件。

2016 年下半年，新车电商创业创新融资达到新的规模。其中，车享网的融资规模超过 1 亿元，淘车无忧的融资规模达到 1.2 亿元。卖好车的融资规模达到 2000 万美元。

从新车电商的投融资轮次来看，有两家主要的新车电商企业进行了 A 轮融资，说明新车电商企业在探索中寻找到可行的且能够赢得资本市场青睐的更加新颖的商业模式。随着新车电商企业的不断发展，这些企业未来会采用更丰富的融资方式获得资金，从而促进新车电商平台的快速发展。

表1　2016年至今融资情况

时间	企业	轮次	金额	投资方
2016 年 3 月	省心宝汽车	A + 轮	4000 万元	比特大陆、观泽资本
2016 年 3 月	牛牛汽车	A 轮	1050 万元	中骏资本、九合创投
2016 年 4 月	小马购车	B 轮	1500 万美元	执一资本、联创策源、乾源资本
2016 年 6 月	易车	IPO 上市后	3 亿美元	腾讯、百度、京东、PAG
2016 年 7 月	喜跃汽车	种子轮	未透露	赛马资本
2016 年 8 月	易鑫集团	战略投资	5.5 亿美元	腾讯、百度、京东、易车等
2016 年 8 月	车镇	Pre-A 轮	3000 万元	启斌资本
2016 年 9 月	便宜车	Pre-A 轮	数千万元	未透露
2016 年 10 月	车享网	A 轮	上亿元	未透露
2016 年 10 月	卖好车（买好车）	A + 轮	2000 万美元	创新工场、北极光创投、茂信资本
2016 年 12 月	花生好车	战略投资	未透露	京东
2016 年 12 月	智选车	A 轮	千万级	某上市公司
2017 年 1 月	一猫汽车网	B 轮	4 亿元	力勤资本
2017 年 2 月	神州买买车	战略投资	46 亿元	神州优车
2017 年 3 月	卖好车	未透露	30 亿元	数十家银行
2017 年 5 月	易鑫集团	战略投资	40 亿元	腾讯、易车、东方资产（国际）和顺丰创始人王卫
2017 年 5 月	行圆汽车	天使轮	3 亿元	中骏资本
2017 年 6 月	恭喜发车	A 轮	8000 万元	鑫澄投资、策源创投
2017 年 6 月	省心宝汽车	Pre-B 轮	数千万元	比特大陆、胖猫创投
2017 年 7 月	砖头汽车	Pre-A 轮	4000 万元	星河集团
2017 年 7 月	牛牛汽车	B 轮	1.1 亿元	凯泰资本、中骏资本

二　各类电商平台发展情况

本报告主要将新车电商平台分为综合电商型、垂直网站型、车企和经销

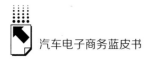

商自建型、初创型企业四类，而这四类新车电商平台各有特色和优劣，也都在不断进化中（见表2、图5、表3）。

表2　新车电商各商业模式定义及特点

模式分类		模式定义	特点	典型企业
综合电商型新车电商		开放性的新车线上销售平台，可接受不同形式的汽车销售主体入驻，包括主机厂、授权经销商、二级经销商或者其他类型的汽车电商	这类平台不参与整车销售的交易流程，仅提供信息、数据、金融等方面的服务支持，帮助企业完成整车销售	天猫、京东、苏宁、国美
垂直网站型新车电商		以获取销售线索为导向的在线平台，通过PC端网站、移动端APP、微信或社交媒体等方式来获取更高精准度的潜在消费者，并将其导流至线下4S店进行后续的看车和交易	这类平台较汽车垂直网站传统导流方式而言，线索更精准，转化率更高，且根据成交结果收费。易车、汽车之家正在向交易服务转型	易车网、汽车之家
车企和经销商自建型新车电商		由车企或经销商集团自建的整车在线交易的电商平台	这类平台由厂商独立运营，获取流量并树立品牌，最终实现线上平台与线下自有实体资源的有效联动。但该平台在车源方面仅提供旗下自有品牌车型，车源品牌丰富化程度较低	上汽集团、长城汽车、东风汽车、庞大集团
初创型企业电商	团购型新车电商	利用在线平台聚集对某品牌某款车型具有购买意向的消费者群体，当消费者人数达到一定数目后，由平台的专业人员组织定时定点到店看车并议价	通过消费者人数形成的购买量大的优势来提高议价能力	团车网
	自营门店型新车电商	线上平台运营的同时在线下布局自营的实体店，为线上客户提供看车、提车和咨询等服务，真正实现整车交易的O2O闭环	摆脱了对传统线下4S店的依赖，能够最大限度地保留自有客户资源，为后续业务开发提供了流量基础。但由于模式偏重，资金压力大	一猫汽车网、神州买买车

图5　新车电商领域的主要参与者

表3　新车电商主要参与者优劣势分析

分类	典型代表	优势	劣势
综合电商平台	天猫 京东 苏宁 国美	• 电商品牌效应,强大的资金实力 • 互联网及移动互联网流量入口 • 平台优势,具备支付、数据、金融等方面的服务能力	• 用户聚焦能力弱 • 原本线下资源整合度不足,但近两年个别平台开始加大线下投入力度
垂直网站型网站	汽车之家 易车 车讯网	• 多年汽车网络媒体的用户积累,精准覆盖潜在购车用户 • 对潜在购车用户的属性、行为和需求有更精确的把握 • 与各品牌各区域的经销商有较为深入的合作	• 媒体属性强,交易属性偏弱,但积极引入金融服务 • 不掌握车源,容易受限于车源方的制约
车企和经销商集团	上汽集团 庞大集团 吉利汽车 东风日产	• 掌握定价权,拥有线下经销网络 • 成熟的线下服务体系,给用户提供良好的购车体验 • 新车市场集中,大企业有强势的市场话语权	• 仅提供旗下自有品牌车型和产品,车源品牌丰富化程度较低 • 缺少互联网基因 • 获取用户流量成本高
初创型企业	一猫汽车网 团车网 行圆汽车 砖头汽车 好快保	• 灵活性较强,更能快速响应用户需求 • 互联网意识强,思维更加活跃,整合资源意识较强	• 流量、资金等方面实力较弱 • 用户流量规模小

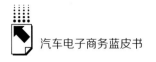

（一）综合电商平台

1. 代表企业：天猫、京东、苏宁、国美

综合电商平台型新车电商的典型代表企业有天猫、京东、苏宁、国美等。这四家是目前国内主要综合电商平台，经营的商品种类多，业务覆盖范围包括众多一、二、三线城市。在新零售的浪潮下，综合电商平台型新车电商也多有转型，更加注重线上线下的联动，业务范围在逐渐向乡镇和农村市场延伸，移动端的布局也在大规模发力。

平台型 B2C 电商的领先企业——天猫，最早涉及整车业务，依托阿里巴巴在支付和金融领域的优势，已经开始尝试为购车消费者提供线上支付、汽车金融、汽车贷款等相关服务。

自营型 B2C 电商平台的领先企业——京东，在新车业务领域也展开了大规模投入，2015 年 1 月，京东联合腾讯战略投资易车 15.5 亿美元布局汽车业务，京东成为易车第一大股东，而京东官网汽车频道直接链接到易车相应的整车电商平台，显示了京东对新车电商领域的重视程度，京东、腾讯将能从易车网获取精准的消费流量以及庞大的车企数据库。

传统零售连锁转型电商的代表企业之一——苏宁，已基本完成由纯线下业务向 O2O 业务的转型。经历转型阵痛之后的苏宁，开始积极探索布局更广泛的业务领域，除了与联合电动合作，在一些门店一层售卖多品牌新能源车外，还试图进一步打通线上线下，并在 2017 年 7 月 15 日，在南京新街口开设首家汽车超市，成为新《办法》落地后第一个在新销售渠道方面有所突破的电商平台。

传统零售连锁转型电商的代表企业之二——国美，打出了"新渠道、新零售"口号，并抓住了移动互联网带来的第三次消费升级机会。3 月 28日，国美汽车会以国美"新零售 6＋1"战略实现市场破局，聚焦汽车流通行业，搭建线上线下双渠道营销体系，希望塑造新零售利益分享生态圈。5月 24 日面向多地进行代理商招募，以管家式服务平台吸引商家入驻。

2. 主要发展模式及趋势

综合电商平台在新车电商领域的定位是成为一个用户聚集平台，凭借巨大的用户流量优势为其他新车相关企业（包括车企、经销商集团以及其他类型的新车电商）提供丰富的用户流量资源。天猫、京东这类平台仅提供线上的车型展示和营销集客的平台服务，由企业自主运营各自的旗舰店，并且不参与任何线下交易环节，也不会直接为4S店进行导流。他们布局新车电商业务并不局限于新车销售这一个环节，在汽车金融、汽车后市场方面也有所布局，刺激消费，带来了更大的发展空间。

但苏宁、国美除发展线上平台以外，由于其在家电零售连锁方面的多年积累，线下门店网络健全且深入三、四线城市，相比天猫和京东拥有更扎实的渠道优势，而且其也更早地搭建了线上平台，在新零售时代线上线下深度融合等方面都更有优势，更利于线上线下互动，尤其是在新《办法》出台后，更加注重在汽车零售方面开启新模式，在新车电商方面多有探索和侧重。在可以想见的未来，新零售时代的到来必然会改变汽车销售方式。

（二）垂直网站型电商平台

1. 代表企业：汽车之家、易车

以汽车之家、易车等为代表的汽车垂直网站，以汽车资讯吸引用户流量，以广告服务获取收入，具有很强的媒体属性。由于汽车网络广告市场规模增加，竞争加剧，行业发展出现瓶颈。与此同时，汽车电商行业却在慢慢兴起，个别实力较强的汽车垂直网站开始在新车电商领域展开布局，积极探索从媒体属性平台向交易属性平台的转变。

2014年以来，汽车垂直网站在新车电商领域的业务布局愈发明显，易车推出惠买车、易车商城和易车惠，汽车之家推出车商城等，但仍处在商业模式的探索阶段。2015年汽车之家的新车电商基本起步，借助行业的"强势入口"地位，将平台优势充分整合到汽车电商领域，汽车之家正积极从信息模式向交易模式转型。同时，汽车之家构建其生态系统，通过生态系统中各环节间的相互整合来发挥协同作用。

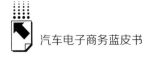

但在 2016 年，汽车之家和易车度都放弃了直营电商业务，由于不赚钱难赢利，两家上市公司不得不放弃。而以直营业务探索打通交易流失败的主要原因在于，两家新车电商平台之前的主要赢利方式在于为经销商提供导流服务，而做直营业务无疑与经销商形成了直接竞争，自身得不到好车源，线下服务能力不强，因此即使补贴烧钱上亿元依然难以赢利，并没有解决汽车流通行业的痛点，没有形成闭环交易，放弃直营业务在情理之中。

放弃直营业务后，汽车之家和易车并没有停止探索接入交易流，而是在汽车金融、大数据等方面进一步发力。前者依托平安集团在金融方面的优势，搭建金融平台，用大数据控制风险，为平台客户提供更安全的金融服务；后者通过易鑫集团的几次战略投资，实力雄厚，以此激发产业潜能，挖掘消费潜力。无论是汽车之家利用 AR 技术办线上车展，还是易车加强大数据运营，汽车之家和易车正在探索如何利用前沿科技更好地顺应行业发展。

此外，以易鑫为例，其线下体验店扩张计划正在全国范围内拉开，目前已有 68 家体验店开业，分布在北京、上海、郑州、青岛、大连、广州、新疆等地，在不久的将来将超过 200 家，服务覆盖全国大部分城市。易鑫体验店为消费者提供汽车金融产品、新车二手车交易、汽车金融产品、租赁、保险、保养、轻维修、车品等一站式综合服务，可算是适应新车电商在新销售变革下，线上线下形成闭环的有效途径。

2. 主要发展模式及趋势

垂直网站型电商在新车电商领域布局主要以导流型商业模式为主，为车企或经销商提供精准的销售线索，并导流潜在购车者。

一方面，导流型新车电商平台通过互联网途径（包括 PC 端、APP 端、微信公众号等）来获取有明确购车意向的人群，为其提供车型展示、比价询价、订金支付等服务。

另一方面，平台与线下的 4S 店建立合作关系，能够为 4S 店销售人员提供大量潜在客户的相关信息，销售人员可通过在线咨询服务或电话等方式报价并争取消费者到店交易。这类平台的收入主要来自交易分成，即对于消费者通过平台完成预约并最终实现成交的订单，平台能够从该订单中获得一定比例的佣金。

垂直网站型电商平台需要具备获取大量有购车意向的用户流量的能力，易车、汽车之家这类汽车垂直网站通过多年汽车媒体平台的发展，已经积累了巨大的用户资源，在流量上具备了天然的竞争优势。同时，凭借经销商营销平台的业务覆盖大量 4S 店，因此在将用户导流至 4S 店的过程中能够较其他初创型企业更好地把控 C 端和 B 端的资源情况，并进行有效的匹配。

垂直网站型电商平台将逐步通过线下门店布局或汽车金融向交易属性更强的模式方向发展，充分发挥平台已有的用户流量规模优势，带动新车电商业务的快速发展。

（三）车企和经销商自建平台

1. 代表企业：上汽集团、吉利汽车、东风日产、庞大集团

随着汽车行业互联网化不断发展，国内各大车企和经销商集团纷纷发力汽车电商，其中颇具代表性的是上汽集团车享网、吉利汽车蓝色商城、东风日产车巴巴、庞大集团电子商城。

2014 年 3 月，车享网正式上线，依托上汽集团探索 O2O 汽车电商模式。2015 年 9 月，上汽集团推出线下服务连锁品牌车享家以及 APP 车享，试图打通后市场各链条。2016 年 2 月，车享宣布 2016 年第一季度将缩减人员 25%，同时计划调整业务重心，更倾向于后市场方向。2016 年 4 月，车享已踏上了"定制化"的道路，打造汽车电商差异化竞争力。2017 年 7 月，车享家门店数量将近 1000 家，"车享家汽车商城"也于当月启动，用于新车销售。有业内人士分析称，上汽车享家主要专注在后市场，并在近年多开设门店，而这些门店将来将不仅做售后服务，还会与车享网线上线下联动，助力新车销售。

2016 年 12 月 28 日，吉利汽车蓝色商城正式上线，首批开售车型为吉利热销 SUV 博越。10：00 整正式开抢，仅 75 分钟后，2017 辆全部售罄，一炮打响。售车方式采用线上下单、线下提车的模式，虽然是"厂商直销"却没有影响 4S 店的利益，且用户可以实时查询订单状态。

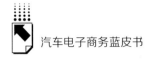

东风日产于2015年8月正式上线"车巴巴",打通天猫旗舰店和微信平台,实现互联网多屏互动效果,连接消费者与终端销售,通过在线金融交易缩短成交时间。车巴巴通过优惠的购车价格和便捷的购车服务为购车消费者带来更好的购车体验。

庞大汽车电子商城作为第一家经销商集团自建的电商平台,通过与车讯网达成汽车电商战略合作,整合各自的线下网络布局优势与互联网资源优势,实现优势互补,开拓O2O整车电商业务,提升用户体验,从而提高业务销量。

2. 主要发展模式及趋势

车企和经销商自建的新车电商平台以厂商自建型电商平台为代表。厂商自建型电商平台区别于其他类型平台的关键是,该类平台由自建厂商(车企或经销商)直接建立并负责平台的运营维护和管理(或委托第三方电商服务型企业代为运营)等。消费者在线上选购车型、下单并支付订金,线下前往销售网络的4S店等看车、支付尾款并提车,同时由线下销售网络为消费者提供售后服务。

由车企主导的自建型新车电商平台主要通过线上渠道实现自有品牌汽车的销售,通过自有电商平台打通与线下经销网络之间的连接。由经销商集团主导的自建型电商平台的运营方式与车企类似。但经销商集团下的经销网络拥有不同的汽车品牌,相比于车企而言,经销商集团的自建电商平台能够为消费者提供更加丰富全面的汽车品牌,促进需求端和供给端的匹配效率不断趋于最大化。

目前,汽车新零售正迎来变革,新车电商平台也多有转型创新,但对比之下,大部分车企和经销商自建电商平台则有被边缘化的趋势。2016年上线的广汽丰田自建电商平台丰云惠,目前提供的服务仅局限于展示和咨询,其主要功能仍然局限于集客、销售线索收集。2015年上线的东风日产车巴巴平台向前迈出了一小步,开始涉水B2C,其中"东风日产归国留学生购车"贴上厂家直销的标签,另有两种金融产品——延保和车险可实现在线交易,不过车险销售为阶段性活动。而上汽集团旗下车享网则干脆将业务转向汽车后市场，以实现与各品牌4S店的和谐共存。①

未来，厂商自建型新车电商将重点形成线上线下相联动的效应，形成完整的O2O闭环，同时，应加强打通二手车、后市场等多场景全平台的服务模式，打通平台间的信息共享，为用户提供一站式的完整的购车服务。

（四）初创型企业发展情况

1.代表企业：一猫汽车网、团车网、行圆汽车、好快保

随着新车电商的发展进入市场启动期，新《办法》出台及新零售带来的行业变革，众多初创型企业纷纷顺势而为，以不同商业模式进入新车电商领域，其中以自营门店型新车电商平台—猫汽车网、团购型新车电商平台团车网和第三方赋能型新车电商平台行圆汽车为主要代表。

自营门店型新车电商平台——一猫汽车网，是2014年底成立的以媒体性质起家的一家电商平台。在逐步由媒体属性向交易属性转变中，一猫汽车网定位于具备导购性质，聚焦在打通线上线下实现O2O交易闭环的汽车电商平台。一猫汽车网看到了我国汽车销售渠道下沉的趋势，并进行了"有效赋能整合"升级，2016年，一猫汽车网已建立了1000家线下店，预计在2017年，门店数量将达到3000家，建立全国三、四、五、六线城市的线下店网络，从"电商"走向"店商"。

团购型新车电商平台——团车网，成立于2009年，截至2015年底，团车网拥有合作4S店超过2000家。通过"聚合真实购车需求，统一与4S店砍到低价"的团购模式，以达到对购车低价的追求。团车网已蜕变为年交易新车量近20万辆、GMV超过300亿元的大型汽车互联网平台，同时在部分城市还覆盖了二手车和后服务的衍生交易。

第三方赋能型新车电商平台——行圆汽车，成立于2016年12月，行圆汽车为汽车生产企业及汽车经销商提供汽车车源批发服务、汽车互联网营销

---

① 21世纪经济报道（广州）：《汽车电商加速线下布局　汽车金融成撬动市场支点》，http://auto.163.com/17/0627/08/CNU59GGM000884MM.html。

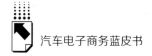

服务、经销商互联网运营服务。行圆汽车主要业务有三个部分，位于上游的库存融资平台，中游的媒体渠道平台，以及下游的流量变现平台。2017 年 5 月，行圆汽车宣布完成 3 亿元天使轮融资。

撮合交易型电商平台——好快保。2016 年 11 月，好快保正式上线汽车销售业务，从后市场单一保养模式进入汽车销售领域，并开展集汽车销售、保养、保险、汽车金融与车品商城于一体的综合模式，服务的重点从 C 端用户转向 B 端综合汽贸。好快保利用母公司媒体资源背景，从东风日产、一汽大众、一汽丰田、广州本田、广州丰田、北京奔驰、上汽等汽车厂商获取尾货、库存车和定制车辆，为合作的综合汽贸和 4S 店提供车辆，为其有效解决车源信息不对称问题，快速撮合交易，并为商家提供保养、保险产品和竞价服务、垫款服务、个贷和库存融资服务，全面提升综合汽贸的运营效率，目前主要在山东、河北和贵州等地开展运营。

2. 主要发展模式及趋势

目前，我国汽车产业正进行前所未有的变革，随着新《办法》的出台，国家鼓励发展共享型、节约型、社会化的汽车销售和售后服务网络，新车电商将有更大的发展空间。不少初创企业纷纷借势进入新车电商领域，如行圆汽车、神州买买车、大搜车旗下品牌弹个车、砖头汽车、牛牛汽车、花生好车、好快保等。但初创企业在资金链、发展模式上还多不稳定，曾经估值 10 亿元的车风网由于自营型商业模式过重，资金链断裂，于 2016 年 8 月停业倒闭。2016 年 5 月"买好车"更名"卖好车"，从亲自卖车转向帮助经销商卖车。

初创型新车电商平台是最活跃的一个群体，商业模式更加多样化，但在近两年也逐渐呈现两个共同的趋势。一个趋势为，顺应汽车消费潜力来到三、四线城市的大势，将阵地转移到三、四、五线城市。从当前整个中国乘用车销售的数据来看，在零售的终端市场上，2016 年将近 2400 万辆的销量里实际上有四成是来自没有拿到品牌授权的经销商。① 这些初创型新车电商

---
① 《V 车界：行圆汽车总裁槐洋：新政策下，汽车应该这么卖!》，http：//www.sohu.com/a/156616741_171087。

平台更加注重与线下场景的联系，或者与当地门店达成紧密合作，或者自建或加盟门店，达成更完整的线上线下交易闭环。另一个趋势为，更加强调做第三方赋能平台，对汽车销售的各个链条进行整合，且瞄准了汽车业全产业链，不仅强调销售新车，还引入二手车置换、汽车金融保险、维修保养、延保业务等，以实现更加优化的销售模式。

未来，初创型新车电商平台或将进行更加残酷的竞争，近一年新进入的创业企业尤其要注意保证资金链顺畅和模式创新的准确，抓住产业变革的机遇。两种趋势将在未来更加凸显，并开花结果，改变现有汽车销售模式，助力打通产业链。

三　新车电商领域热点事件

2016年

●2月，车享宣布2016年第一季度将缩减人员25%，同时计划调整业务重心，更倾向于后市场方向。

●3月，阿里汽车事业部宣布不再卖车，要把汽车业务的重心转向汽车金融市场，并做好车主服务。

●4月，车享踏上"定制化"道路，打造汽车电商差异化竞争力。

●5月，平行进口车新车电商"买好车"宣布转型做"卖好车"，服务经销商。

●7月，汽车之家在股权风波及原有高管团队离职后，放弃自营电商业务。易车大量裁员，关闭了旗下的易车商城，放弃直营买断车业务。

●8月，曾经被估值10亿元的初创企业车风网，由于资金链断裂，最终倒闭。

●11月，"双11"疯狂购车期间，易车订单总量138970辆，订购总额212.07亿元，参与品牌总数140多个，参与车型总数1100多个。

汽车之家实现了订单总量134225辆，交易总额196.92亿元，订单量同比增长150%的成绩。

天猫售出近 10 辆台车，相当于线下 1000 家 4S 店 1 个月的销量总和。

• 12 月，行圆汽车信息技术有限公司成立，分别为汽车生产企业及汽车经销商提供汽车车源批发服务、汽车互联网营销服务、经销商互联网运营服务。

• 12 月 28 日，吉利汽车蓝色商城正式上线，首批开售车型为吉利热销 SUV 博越。10：00 整正式开抢，仅 75 分钟后，2017 辆全部售罄。

2017年

• 1 月 11 日，一猫汽车网宣布 2016 年建立了 1000 家线下店，预计 2017 年将建 3000 家，建立全国三、四、五、六线城市的线下店网络。

• 3 月 28 日，国美宣布以管家式服务平台让商户入驻无忧，并开通线上线下两级渠道管理，计划开发 31 家省代理商，整合覆盖全国七个大区 5000 家汽车销售渠道。

• 4 月 14 日，商务部网站上登出 2017 年第 1 号令《汽车销售管理办法》（以下简称新《办法》），新《办法》于 2017 年 7 月 1 日起施行。这标志着 2005 年出台的《汽车品牌销售管理实施办法》将退出历史舞台，汽车流通业将进入一个新时代。

• 5 月 24 日，国美面向多地进行代理商招募，以管家式服务平台吸引商家入驻。

• 6 月 29 日，易鑫集团正式推出了淘车品牌，以汽车大数据智能交易系统为核心驱动，基于海量大数据智能交易平台，全面整合易鑫集团所有线上交易资源，为消费者提供涵盖新车、二手车交易及汽车增值服务在内的一站式汽车交易体验。

• 6 月 18~20 日，天猫汽车共售出 3 万多辆汽车。其中"天猫开新车"业务在三天内通过融资租赁缴纳首付或全款的车达 3000 多辆。二手车电商大搜车旗下品牌"弹个车"依靠金融方案，日订单突破千辆。苏宁易购线上汽车销售业绩实现增长 435%。

• 7 月 1 日，《汽车销售管理办法》正式落地实施，汽车电商迎来发展新时期。

● 7月15日，苏宁顺应新趋势，在南京新街口开设首家汽车超市。

● 7月21日，车享家开设汽车商城，承接车享平台的互联网业务和品牌势能，提供多品牌、多车型的销售服务。

四 新车电子商务市场发展趋势

（一）年轻消费群体崛起推动创新发展

汽车价格不断下降，而消费者的收入和消费水平不断提高，消费者网购商品的金额总体呈现高单价转变趋势。由于新车的产品标准化程度非常高，网购汽车的便捷性已经逐渐被年轻消费者所接受，这将会促进新车电商行业更加快速地发展和完善。

目前，以90后为主体的年轻消费群体已经崛起，他们对互联网的熟悉度和认可度更高，线上购车的接受度也更高，会对新车电商不断提出新需求，并会不断促进新车电商的业务创新、模式创新。比如，对汽车金融的需求会更强烈，对个性化追求更为执着，在自我表达意识上具有更强烈的渴望他们希望新车电商能带来定制化新产品。

未来将会有越来越多的年轻消费群体有释放购车的需求，新车电商或许会成为他们第一次购车的首要选择，因此，通过互联网平台与大数据技术了解年轻消费者的习惯非常重要，挖掘年轻消费群体的新需求将是新车电商必须做的功课。

（二）定制化、差异化运营的道路适合新车电商

尽管《汽车销售管理办法》已经出台落地，但在以4S店为代表的传统渠道依然占主体地位，车企为了保护固有经销商渠道，依然不敢直接给予新车电商车源，新车电商更拿不到紧俏车型。在此背景下，新车电商就需要走定制化、差异化运营的道路，在4S店无法发光发热的方面提升自身竞争力，解决行业痛点。

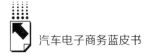

在车源方面，新车电商作为创新渠道，未来可在定制化车型的售卖方面发力，这既可以产生吸引消费者的独特产品，还不会与传统渠道产生直接竞争，比较有发展空间。

在重点发展区域方面，由于4S店在一、二线城市的布局已经形成了较为密集的网络，但在三、四线城市还有很大消费潜力亟待挖掘，因此新车电商可着重满足这些地区消费者或车商的需求。

（三）汽车金融将发挥更重要的作用

目前，重金布局汽车金融，以融资租赁等方式带动汽车销售和切入交易流的新车电商参与者们开始涌现，无论是线上还是线下的创新渠道也都在以汽车金融为杠杆撬动新车销售。

未来，新车电商接入汽车金融将发挥更重要的作用。"先享受后买车"的全新汽车消费模式将大大降低消费者的购车门槛，"以租代售""融资租赁"在汽车金融的支撑下将帮助新车电商吸引更多年轻消费者，也将促进新车销量，并带动二手车业务的发展。同时，为三、四、五线城市的经销商提供金融服务也将是新车电商切入交易流非常重要的业务，是新车电商挖掘更大消费潜力的一个把手。

此外，金融与大数据的深度融合，未来不仅将进一步养成消费者线上购车的习惯，也会让新车电商能更加准确地获知消费者或车商的信誉，从而控制运营风险。

（四）大数据全产业链融合发展

大数据技术在新车电商领域的应用将在未来更加深入。随着互联网技术的不断升级，大数据在新车电商领域的应用将进一步增强，且将在未来成为新车电商想要做大做强而不能忽略的方向，新车电商平台对消费者浏览内容进行记录分析，并实时更加精准地推送更加适合消费者、满足消费者需求的内容，进而提高其购车的成功率。此外，大数据也将带动新车电商全产业链的融合发展。

未来，一些新车电商企业可能将不只在新车销售方面发力，而是在二手车、汽车金融、汽车保险等方面全方位布局，并形成联动作用，最终建立围绕汽车生活的生态圈，从消费者的大数据消费行为出发，为其提供更加丰富的服务。

此外，形成交易闭环，促进线上线下融合发展也是新车电商的必然选择，汽车新零售将从单向被动销售转向双向获客，从纯线下发展为线上线下全渠道融合。目前，不少新车电商都在以不同方式布局线下门店，希望线上提高运营能力并获取更大的用户流量，线下提高服务能力并全面提升用户体验。充分利用各自具备的线上互联网资源优势、线下销售网络布局和规模的优势，实现线上线下的优势互补，完善O2O交易闭环。但还应注意的是，线下门店还应在满足产业需求的基础上建立，否则容易产生过剩渠道，关键在于是否以大数据为基础线上线下融合，而不在于是否为自建门店。

五　新车电商企业案例

（一）神州买买车案例

1. 发展概况

神州买买车是神州优车旗下的全国性大型汽车电商平台，采取线上信息交流平台和线下实体交易相结合的模式，为客户提供高性价比的汽车销售服务。2016年5月正式上线。除官方网站外，神州买买车已入驻天猫等主流电商平台，并在全国150个城市开设线下实体门店。

神州买买车主打爆款新车销售，打造并行于4S店外的汽车电商平台。2016年"双11"当日，神州买买车科鲁兹单品订单金额近3.6亿元，总订单金额突破8亿元。其中，科鲁兹经典单品在线预订量更是达到8965辆。活动期间，天猫神州买买车旗舰店流量持续占据天猫平台汽车会场榜首，排名天猫汽车单品销量第二。

2017年1月9日，在90分钟的天猫直播中，仅天猫神州买买车旗舰店

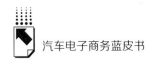

科鲁兹经典单品总订单金额就突破 2.28 亿元，在线预订达 2717 辆，平均每分钟售出 11 辆，打破了天猫汽车历史成交纪录。

2. 商业模式

神州买买车的产品以新车为主，以准新车（二手车）为辅，商业模式主要是针对目前 4S 店布局的不足。传统 4S 店体系主要源于品牌授权，面临较大的成本压力。

神州买买车则是利用神州优车集团协同效应，凭借集团与主机厂的强议价能力，与国内主流整车厂商、4S 店、进口商建立合作，并以包销和代销的形式，通过全国线下门店、网络销售给线上导流的终端消费者。覆盖从车源、供应链、门店、消费者、汽车后市场服务及旧车处置的全用车周期。

与导流型及其他电商相比，神州买买车在购车、提车以及售车等方面的服务，对 4S 店的脱离更彻底，其更像是一套平行于 4S 店之外的销售渠道。目前，在神州买买车平台上，可以买到别克英朗、别克威朗、大众新朗逸、大众凌渡、广汽传祺 GS4 等主流热销车型。

与传统渠道及其他汽车电商平台相比，神州买买车在汽车金融方面创造性地推出了"先享后买""0 首付"等全新汽车消费模式。不仅提供"低首付、低月供、灵活尾款"的金融方案，为了让更多消费者提前享受有车生活，还提供"0 首付"的全新金融购车方案。还款期限包括 24 期、36 期、48 期。同享 4S 店正规售后保养，同时还在不同阶段推出优惠活动，如送 iPhone7、智能电视和双开门冰箱。

以别克英朗 2017 款 15N 自动豪华型新车为例，厂商指导价为 13.69 万元。在神州买买车可以"0 首付"购买，36 期贷款月还款额度为 2493 元左右。最后再支付 4.77 万元尾款，购车成功还能获赠 iPhone7。

此外，神州买买车平台还有准新车售卖，也有不同金融产品可选，比如，不同比例的首付和不同期限的贷款。在准新车方面，神州买买车承诺 7 天无理由退换，两年不限里程质保。

以丰田凯美瑞 2013 款 200G 自动经典豪华版为例，车龄 3 年，行驶里程

4 万~12 万公里。新车厂商指导价为 19.4 万元，神州买买车销售价格为 12.79 万元，为新车价格的 65%。选择 "0 首付"、48 期还款期限，每月仅需 3560 元左右。

3. 核心能力

神州买买车拥有强大的线上线下资源，主要包括流量、数据、用户、后服，以及车源、供应链、实体店、保险、金融。其竞争优势主要表现在业务闭环、全国性布局、产业链整合、多品牌高效率四个方面。

业务闭环：线上流量资源和线下网络互补，线上线下相结合，完成闭环交易。

全国性布局：网点覆盖全国地级以上城市、各类消费者，覆盖面广、纵度深，能弥补厂商渠道的不足。

产业链整合：全面整合供应链各环节资源，并提供全线产业链服务，满足客户买车及后续服务需求。

多品牌高效率：为消费者提供多样化的选择，提高单店销售率。

可以说，比传统 4S 店更懂互联网，比互联网更懂 4S 店。

4. 运营情况

目前，神州买买车共有超过 3000 名员工。神州买买车正在逐步建立一套较为完善的管理体系，包括下沉的时候如何与合作方合作，如何管理好员工，如何规范线上线下的服务流程等。此外，除了线上流量，神州买买车还有很多线下流量，邀约到店转化也是运营重点。

5. 发展规划

依托神州优车集团在汽车领域多年的资源和产业协同优势，神州买买车将秉承 "更高品质，更低价格，更多保障" 的运营目标，联合战略合作伙伴，通过线上线下相结合的 O2O 模式，构建中国最大的汽车电商平台，提高流通效率，改善客户体验，迎接汽车流通领域新变革。

6. 总结

神州买买车从自建渠道入手，将汽车销售线上线下实现更精准契合。但目前公司业务还处于大幅投入阶段，未来神州买买车能否实现盈利，能否实

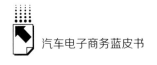

现集团各业务板块的协同，还需要企业在模式不断创新的同时，不断提高运营水平。

（二）易车案例

1. 企业概况

易车公司成立于 2000 年，2010 年在纽交所正式挂牌上市，是中国汽车互联网最早的开拓者之一。易车公司目前主要业务是为中国汽车用户提供专业、丰富的互联网资讯和导购服务，并为汽车厂商和汽车经销商提供互联网营销解决方案，希望帮助用户提升在购车和用车过程中的全程体验。

易车当前的主要业务包括媒体业务、交易服务业务以及数字营销服务业务。在媒体业务上，到 2017 年第二季度，易车网 PC 端、移动站的日均 PV 分别达到 1.49 亿、1.46 亿，每日为超千万的用户提供汽车资讯。

在交易服务业务方面，2016 年，易鑫平台的交易量超过 26 万辆，总交易规模超过 270 亿元。2017 年 6 月易鑫正式推出了淘车品牌，以汽车大数据智能交易系统为核心驱动，为消费者提供涵盖新车、二手车交易、汽车金融及汽车增值服务在内的一站式汽车交易体验。

2017 年 8 月 15 日，易车发布了其截至 2017 年 6 月 30 日的 2017 财年第二季度业绩。营业收入为人民币 21.71 亿元（约 3.20 亿美元），同比增长 54.7%。毛利润为人民币 13.98 亿元（约 2.06 亿美元），同比增长 62.2%。其中交易服务业务收入达到人民币 9.23 亿元，同比增长 188.1%；广告与会员业务收入达到人民币 10.10 亿元，同比增长 13.1%。

2. 商业模式

（1）打造生态体系

易车致力于打造成为中国消费者首选购车平台，定位是为用户提供选车、看车、买车、用车、换车的一站式便捷服务，与此同时，为厂商和经销商提供整合解决方案。围绕汽车行业整个生命周期，易车已布局形成大生态体系，以媒体平台与交易服务平台两大平台为支柱，以大数据为贯穿两大服务平台的核心驱动力。

图6　易车生态系统

　　易车交易平台通过媒体平台获得更大流量与更优质的销售线索；通过智能大数据，把各项服务精准推送到潜在购车用户身边，提升成交转化率。生态系统内各个模块互相协同扶持，实现优势效应叠加。

　　（2）媒体业务模式

　　易车网主体是汽车网络导购平台，通过对媒体平台、产品平台和互动平台这三大平台的全面整合，实现了对汽车消费全过程的覆盖，易车网在数百个城市提供本地服务，率先利用全 IP 定向技术精确服务用户。

　　针对用户与日俱增的多种需求，易车网提前布局，通过内容库、图片库、视频库、车型库将丰富的资讯提供给用户。在内容库方面，易车通过一系列活动，增强原创内容，把脉用户痛点，给出有效解决方案。易车还建有测评库、高清图片库、专业视频库、VR/AR 车型库等。

　　易车网为汽车厂商和区域经销商提供整合营销解决方案。易车网整合自身优势资源，以营销管理及应用后台、广告营销系统、线下行销手段以及网

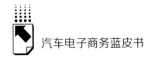

站编辑运营系统四大系统为营销手段，为汽车厂商、厂商大区、经销商三级商家提出一系列整合营销方案。易车网成为汽车厂商和区域经销商整合营销解决方案提供商。

易车惠是易车旗下媒体化电商平台，为汽车厂家搭建一个站内线索换成交的电商通道。易车惠采取"易车+京东"的双平台运营思路，以汽车厂家品牌旗舰店、专项定制化促销为亮点，通过今日疯抢、新车预售、每周特卖、爆款车、品牌日、代金券等促销形式，帮助厂家高效精准集客，推动易车将海量潜在购车人群转化为电商成交用户。2016 年，易车惠共收到整车支付订单量 15 万辆，整车成交超过 10 万辆。

（3）交易服务模式

易车旗下易鑫集团已经发展成为国内规模领先的汽车互联网交易平台。易鑫获得腾讯、京东、百度、易车等战略投资人注资约 100 亿元。目前，已完成智能数据、风控管理、资产管理三大中心布局。2016 年，易鑫平台的交易量超过 26 万辆，总交易规模超过 270 亿元。现在易鑫平台的线上用户单月购车需求逾 600 亿元，业务范围遍及全国 300 多个城市。

易鑫集团于 2017 年 6 月正式推出了淘车品牌，为消费者提供涵盖新车、二手车交易及汽车增值服务在内的一站式汽车交易体验。易鑫线上的汽车消费产品分为两大类：一类是自营业务，如"开走吧"，提供贷款的资金为易鑫自有；另一类是平台业务，包含媒体业务、保险、联合放贷等。易鑫跟银行合作的联合贷，银行出资金，易鑫获客，双方联合风控，易鑫的主要角色是撮合交易，并提供过户、抵押、贷后管理。

"开走吧"是为 90 后量身定制的体验式汽车消费产品，消费者最低只需 1 万元，即可开走新车，且在使用一年后，可买可换。"开走吧"为消费者提供极为高效的线上审批支持，消费者只须提供身份证、驾驶证两个证件，便能轻松开走车辆。

淘车的核心业务分为新车、二手车、车服务和体验店四大板块，可以满足用户购车全生命周期的完整需求。

在新车板块，汽车是高价消费品，对资金占用相对较高，且对越来越多的年轻消费者而言，他们往往担心购买一辆新车后贬值太快，或者一年后喜新厌旧，想要再换又会苦于囊中羞涩。为打消消费者这一系列疑虑，淘车推出了极为灵活多样的消费方式。如即将上线的"开走吧"二期产品系列。

在二手车板块，淘车通过自身生态体系内优质用户置换升级产生的"第一手"的二手车，还为广大消费者提供涵盖选车、检验、购车、售后在内的全程陪同服务。此外，淘车平台还将推出"淘车认证车源"，提出无重大事故14天可退可换的承诺，为用户提供逾百万辆有质量保障的放心车源，目前淘车二手车服务已覆盖全国300个城市。此外，在二手车行业，车源分散，大多二手车经营者都是中小车商，它们没有雄厚的资金实力去撬动更多资源，而资源在这一行业即意味着获客能力。为破解这一困境，淘车全面赋能车商，提供线索及资金支持，实现端到端的立体服务及高效的网络营销整合方案。

在车服务方面，淘车以"人＋车"大数据为核心，挖掘消费者在购车、用车过程中的交易及服务需求，并整合与车相关的增值服务资源，为消费者提供"善解人意"的购车解决方案。

此外，作为淘车互联网汽车交易的线下零售门店，易鑫体验店将搭建线上线下的沟通桥梁，为消费者提供汽车超市服务，以满足消费者在此实现多品牌的新车、二手车交易落地需求。目前体验店的数量已近百家，覆盖全国主流汽车消费市场，未来网点计划将遍及全国。

3. 核心能力

易车的核心能力主要体现在经销商服务能力、大数据两大方面。

在经销商服务能力方面，易车积极赋能厂商经销商，服务汽车上下游产业，帮助2万家经销商寻找2000万购车用户，帮助5000万汽车从业者连接2亿汽车消费者。

易车还打造了"易湃"这个中国首家专注于汽车行业营销管理系统的软件供应商。公司基于先进的营销原理模型，通过搭建汽车营销管理开放平台，向汽车厂家和经销商提供了覆盖汽车消费全生命周期的软件应用服务，实现了全面的汽车消费者接触点管理，以及汽车营销全流程的透明化管理。

2017年易湃创新性地推出"易湃伙伴",打造全新的移动营销模式,推动汽车营销体系转型升级,结合移动互联网技术、社交环境变革传统汽车经销商、从业人员营销管理方式。截至2017年第二季度,易湃已覆盖全国95%的经销商,其中,付费会员21559家,易湃成为非常具有影响力的经销商网络营销解决方案供应商。

在大数据方面,易车可以实现实时、精准、全面的"人+车"数据。在2017年第一季度,易车调整组织架构,组建智能运营中心,进行旗下各业务板块数据系统平台的规划与研发,最终用数据为汽车营销赋能。而这次最新的大数据的动作,主要有两大关键:一是由以往的静态数据变为可实时动态跟踪的数据库;二是基于跨界实现真正对用户汽车消费进行全生命周期的覆盖。

易车最核心的资产是数据资产。易车在汽车行业有17年积累,拥有实时、精准、全面的"人+车"数据,有对汽车市场很好的认知与把控。

易车的数据中比较重要的是用户数据,其中可分为两大部分。

其一是用户行为数据:不仅局限在易车体系里的产品,还有线上线下联动的所有资源,充分利用股东方的资源,跟踪用户的基础行为和相关信息。易车通过整合包括腾讯、京东、百度在内的股东数据、自有汽车数据、汽车金融数据以及其投资企业的数据,把"人+车"的多维度数据结合起来,实现精准营销。

其二是用户的交易数据相关,信用、消费能力层面:这是更深层次的数据,信用能力、消费能力、资产能力的整套机制。易车可以在建立起基础的动态数据库后,看到用户大概承受的价格范围,对于什么时候消费,大概的商业产出是多少,会有合理清晰的把控。这方面易车优势突出,聚集了汽车行业非常全的数据。

无论是媒体业务还是交易业务,易车的核心目标都是精准用户获取以及之后的服务提供。大数据能帮助易车智能实现从"人找服务"到"服务找人",在提升销售线索转化与变现能力方面能发挥重大作用。

大数据之于易车媒体平台而言,意义在于目前信息传播环境的冗杂繁多且碎片化，如何基于智能推荐和大数据推荐的应用，实现内容层面的智能分发，从以前的用户主动搜索内容变成主动推送用户需要的内容，这将成为媒体平台的核心竞争力。基于全网最全面、最实时的汽车相关数据和用户行为数据，易车能更高效地打造新一代营销工具，提升用户体验，推动媒体业务营收增长。

对于交易平台，最全的动态消费者用户数据库能洞悉消费者的购买路径，分析用户购买行为，帮助易车挖掘购车用户在不同阶段的潜在需求，从而精准提供新车购车、汽车金融、二手车置换和保险的汽车消费全生命周期服务。

大数据对易车自身价值不菲，同步也辐射在对其服务的汽车厂商的价值体现上。

汽车厂家目前销售费用逐年增多，主要是因为目前获取精准用户的效果不好把控，获客成本更高。伴随着中国汽车消费升级完成，PC 互联网过渡到移动互联网阶段，获客成本目前是每年递增。易车能帮助汽车厂商提高营销效率。当在消费用户的获取上，用户和车型数据慢慢打通后，效率不是几倍的提高，是量级的提高。

易车流量变现的途径，最直接的是厂家广告投放，可以使效率更高。另外两方面，一是获取更多用户，二是提高用户身上的消费额。易车最终将形成全行业的数据基础服务平台，是一个数据提供方，汽车厂商是数据使用方。

4. 未来规划

易车围绕以媒体平台和交易服务平台为核心的双平台战略，还积极进行战略投资布局，累计投资了 30 多家汽车产业链公司，如爱代驾、车轮、ETCP 等汽车垂直领域的领跑者，形成了覆盖用户选车、买车、用车、换车等汽车消费与生活全周期的业务布局，在汽车领域开展全面服务。

李斌表示："致力于将易车打造成为中国消费者首选购车平台的同时，我们将继续聚焦以下三个方面：流量、销售线索转化率及媒体业务和交易服务业务的变现能力。在流量方面，近期，我们与百度移动及 PC 端阿拉丁和今日头条达成战略合作，这将有助于巩固并加强我们的流量与销售线索质量，同时进一步强化易车品牌。为了提高转化率和变现能力，我们应用易车最全面、最实时的汽车相关数据和用户行为数据，不断提升竞争力，搭建全国领先的汽车大数据平台。大数据能够帮助我们挖掘购车用户在不同阶段的潜在需求，从而精准提供汽车金融、二手车置换和保险等高附加值的交易服务。同时，凭借大数据优势，易车将打造新一代营销工具，提升用户体验，推动媒体业务营收增长。通过不断推进这三大战略，易车各业务板块的协同效应将会更加明显，从而进一步促进公司成长。"

未来，易鑫集团规划践行全球先进的汽车消费智能化交易理念，洞察中国消费者需求，为其提供更优质的一站式汽车交易体验，打造领先的汽车互联网交易平台。

5. 总结

易车是我国最早的汽车互联网企业之一，在汽车媒体业务、汽车交易服务业务上做到了行业领先，在此基础上，易车建立起独特的汽车生态体系，并积极在产业链上下游开展合作与战略布局。易车提出要进入汽车互联网的3.0时代，围绕"连接用户，提升体验"的战略方向，在移动互联网与人工智能时代持续发力，继续引领汽车互联网行业的发展。

（三）一猫汽车网

1. 发展概况

一猫汽车网由王辉宇创建，于2014年上线。

一猫目前已经获得三轮融资，其中天使轮融资6000万元，A轮融资1.2亿元，2017年1月完成B轮融资4亿元，总融资额高达5.8亿元。

一猫汽车网对外发布数据，截至2017年6月底，一猫线下店布局已达1957家，覆盖全国27个省级行政单位、300个地级市、1315个区县级城市，实现了三、四、五、六线城市的全面覆盖。同时，线上商城直营车源方面已经与北京现代、长安汽车、英菲尼迪、东风日产、东风雷诺、东风标致、东风风神、奇瑞汽车、天津一汽、一汽奔腾等十几个汽车品牌建立稳定的合作关系。

一猫汽车网聚焦于新车用户需求，为用户解决"买什么车，什么价买，在哪里买"三大痛点，提供"帮选车、帮买车、特价买"服务，并由此形成"资讯＋导购＋商城＋线下店"的一站式O2O模式。

2. 商业模式

商业模式被定义为"企业如何创造价值与获取价值"，具体包括四个组成部分：一是为谁创造什么价值，包括市场细分、顾客价值、顾客维护、渠道通路；二是如何创造价值，包括企业的关键业务和核心能力；三是如何与利益相关方合作，包括合作伙伴与合作方式；四是如何获得收益，包括成本与收入。

一猫汽车网的商业模式如图7所示。

重要合作 • 汽车厂家 • 线下加盟店 • 媒体	关键业务 • 媒体 • 导购 • 线上商城 • 线下渠道	价值主张 • 解决顾客"买什么车，什么价买，在哪里买"三个痛点 • 提供"帮选车、帮买车、特价买"服务	顾客关系 • 一猫汽车网 • 一猫手机APP • 售后服务	市场细分 • 4S店无暇或无力顾及的三、四、五、六线城市想买车的顾客
	核心资源 • 钱 • 人脉 • 对汽车行业的洞察		渠道通路 • 线上下单 • 线下加盟店、直营店	
成本结构 • 人力成本			收入来源 • 新车销售	

图7 一猫汽车网的商业模式

（1）为谁创造什么价值

一猫的顾客是4S店无暇或无力顾及的广大三、四、五、六线城市想买车的顾客。顾客可在PC端一猫汽车网与手机端一猫APP线上下单预定，然后到目前已覆盖全国5大区、27个省份、925个区县的1000家的一猫线下

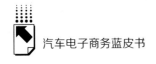

店付款取车。线下店以加盟店为主，也包括直营店。

（2）如何创造价值

一猫共有媒体、导购、线上商城和线下渠道四大关键业务。一猫具备三大核心资源：钱、人脉和行业洞察力。首先是钱。一猫已经获得三轮融资，其中天使轮融资6000万元，A轮融资1.2亿元，B轮融资4亿元，总融资额高达5.8亿元。其次是人脉。一猫创始人王辉宇1996年就进入汽车行业，在汽车4S店工作过，从事过咨询和媒体等多项工作，在汽车行业积攒了广泛而深厚的人脉。最后是行业洞察力。一猫创始人王辉宇从事汽车行业相关工作20多年，经历三次汽车相关创业，对汽车行业的长期深刻理解与洞察为其创业形成了非常好的积累。

（3）如何与利益相关方合作

一猫的合作伙伴是汽车厂家、线下加盟店、媒体。与合作伙伴同舟共济。首先是与汽车厂家合作。一猫帮助汽车厂家解决了"渠道不能下沉、非主流车型难消化、新旧车型切换难"三大痛点；同时一猫解决了三大痛点并大规模采购，能拿到较大折扣优惠，实现了"双赢"。其次是与线下加盟店合作。一猫能拿到中小汽车经销商难拿到的车源，同时也通过车源控制加盟店。最后是与媒体合作。一猫使用"1＋X＋N"与媒体合作。"1"即一猫汽车网；"X"为一猫核心媒体联盟。对于核心媒体联盟的打造，一猫制订创业基金计划，投入5000万元，扶植50家左右的新媒体。"N"为一猫汽车网地方媒体联盟。该联盟由一猫城市站和区域媒体联盟组成，依托联盟在区域深耕细作的用户基础及影响力，达成一猫汽车网在全国各个区域信息更快速、更有效的收集与发布，并通过活动的发起，达成更为接地气、更精准的新车交易撮合。

3. 如何获得收益

一猫汽车网依次建立四大核心业务——资讯＋媒体、导购、线上商城、线下渠道，按照王辉宇的比喻，类似于一个"画大象"的过程，如图8所示。

一猫首先从资讯与媒体切入汽车电商行业，主要原因有两个：一是对接

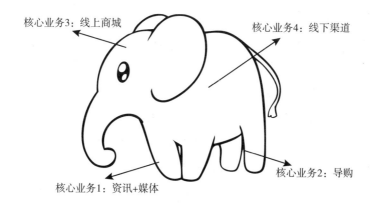

核心业务3：线上商城

核心业务4：线下渠道

核心业务1：资讯+媒体

核心业务2：导购

图8　一猫核心业务

厂家资源；二是获取用户信息。第一，对接厂家资源。汽车行业是一个较传统、严谨的行业，利润较稳定，不太容易主动拥抱汽车电商这样的新事物，获取厂家人脉等资源较难。然而，各个汽车品牌发布新车时，均需要各大媒体报道。一猫作为汽车新媒体的代表，深受厂家重视。通过双方的合作，一猫成功对接厂家资源。第二，获取用户信息。用户在 PC 端的一猫汽车网或手机端的一猫 APP 注册，其搜索、对比各种车型，购车询价、试驾预约等信息都会被一猫在后台分析，得出用户的购车偏好，并在线上培养出一批忠实"粉丝"。

　　一猫采用"精原创 + 大聚合"模式开展资讯 + 媒体业务。一猫拥有 80 多人的汽车原创内容团队。"今日头条"的成功，标志着媒体聚合时代的到来。借鉴这一思路，一猫使用"精原创 + 大聚合"的模式开展新媒体业务，已与 200 多家自媒体达成合作，后者的内容均在一猫平台发布。当前，一猫媒体业务使用"MTU"战略，即"MGC + TGC + UGC"。MGC（Media Generated Content）是指媒体产生内容；TGC（Trainer Generated Content）是指产品培训师（导购师）产生内容；UGC（User Generated Content）。其中 TGC 为一猫独创，能与其导购业务有效结合，形成联动优势。2016 年，一猫形成了新媒体阵列下 352 万日均 UV（独立访客量）、1500 万日均 PV（页面浏览量），原创文章篇均 35 万评论量、500 + 阅读量，413 家媒体网络联

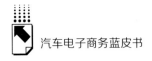

盟的综合媒体影响力。

在"资讯＋媒体业务"之后，一猫开展汽车导购业务。一猫为什么要做汽车导购，用户的痛点在哪里，一猫发现：用户在网上得不到真实的价格，到店端时，经销商往往变卦。而用户在某 4S 店又得不到"多车同时比较"和"公正的导购"等服务。现有的团购模式，由于赢利模式的驱使，不能为用户提供更有价值的服务，基本上是一种"中介佣金"模式，是反互联网思维的。因此，一猫导购应运而生。

2016 年 1 月，一猫"960 买车帮"发布，其定位是"巡回全国 960 万平方公里的 O2O 品牌导购活动"。一猫 960 买车帮的导购核心是引导。通过一猫汽车自有媒体及合作媒体群，影响消费者购车意向；通过后期的客户维护、口碑扩散、持续互动等运作，助力品牌推广传播。其落地形式，是利用线上资源汇聚消费者，然后通过线下巡回活动，在各个城市做落地推广，把资讯的培养、线上的集客①以及线下经销商都会集起来，撮合订单。一猫通过线上报名，线下帮买活动，汇聚众多品牌、海量车源，承诺新车购买用户实现当地"底价"，并打造出用户容易做出购车决策的场景。同时，一猫的导购师是专业的、公正的，不会只说一个品牌好，而是客观地比较各个车型的优劣。2016 年，一猫买车帮全年自营 42 场，提供精准汽车销售线索 60721 条，撮合成交 12417 辆，线索转化率达 16.5%。

通过导购业务，一猫成功把线上用户引流到线下，初步实现线上线下融合。在资讯＋媒体、导购业务之后，一猫于 2015 年 11 月发布汽车电商战略，建立线上商城。一猫发现，各大汽车网站都没有跑出传统的"流量模式"，即以收广告费作为赢利的模式，并没有多少创新，最后大都演变成一场电商秀。其缺点在于，这是一种反互联网思维的模式，互联网最大的特点就是去中介化，但这种中间交易的撮合模式不但没有去掉中介，反而增加了

---

① 集客是指在一定时期内，集合有共同需求的人，一起直接从厂家采购所需产品，减少中间商的层层加价，从而使商品的价格更低。

一层中介，最终还是消费者受到了损失。数据表明，现有流量模式成交转化率非常低，最高不超过1%。只有自建线上商城与线下渠道，才能使自营的媒体流量与导购线索的价值最大。基于以上考虑，一猫发布其汽车电商战略，即专注于新车购买的"导购＋自营电商"模式。

一猫采取"导购＋自营电商"模式开展线上商城业务，并称其为"销量模式"。与传统的"流量模式"不同，"销量模式"由线上线下两部分构成，线上有一个非常强大的综合性大型电商网站，线下构建实体城市店面。互联网加上品牌经营介入，使整个渠道运营更规范，从而构建了一个完全的封闭型的、自营型的O2O汽车电商的渠道模式。与其他同业网站对比，一猫"销量模式"的最大不同在于，它真实地构建了一个平行于4S渠道的以电商为主的新型渠道。

最后，一猫开展线下渠道业务。线下渠道越广，象身越大，且象身把之前的资讯＋媒体、导购、电商三大业务全部联系起来，一猫由此形成"资讯＋导购＋商城＋线下店"的一站式O2O模式。

一猫线下渠道主要使用加盟店的形式，加盟店的好处是"快、轻"。加盟店的主要弊端是不好控制，但由于车源的不可替代性，一猫成功地利用车源控制加盟店，取得了良好效果。一猫利用了加盟店的优势，同时克服了其弊端，其线下渠道发展迅猛。

一猫认为，汽车电商最大的护城河不是钱，而是"know how"。仅观察一猫的前两大核心业务（媒体、导购），一般人还很难明白一猫的商业模式。等到后两大核心业务——线上商城和渠道建立之后，一猫已经将自己的四大核心业务全部打通（媒体、导购、线上商城、线下渠道），为汽车新车电商开拓了一条路径。

4. 未来发展规划

2017年，一猫汽车计划和15个品牌进行合作，加快在全国三、四、五、六线城市的网络布局，预计建成约3000家线下加盟店，进一步完善线下销售渠道，计划销售5万辆新车。未来3～4年计划打造1万家线下店，并覆盖全国所有2634个区县镇的线下渠道"诺亚方舟"。这些店面都是2S

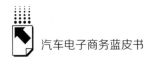
店的标准，即满足销售、汽车的交付，以及部分售后需求。除了汽车销售与交付，一猫汽车的线下店还经营汽车改装等周边业务，但是尚未涉及售后维修业务。

5. 总结

一猫汽车网为新车电商探索了一条新路。一猫汽车网创造性地将媒体、导购线上商城和线下渠道四大环节整合到一起，建立O2O的全场景经销模式。一猫的成功经验，来自其对行业痛点的认识，以及寻找了一条融合各方利益、实现价值创新的途径。

（四）车享新车

1. 企业情况

车享创立于2014年3月，是上汽集团全力打造的汽车电商平台，旗下关联业务包括车享新车、车享二手车、车享付、车享家、车享配等。

车享新车于2015年6月底上线，是车享旗下专属的O2O整车销售电子商务服务频道，旨在为用户提供价格透明、品质保障、安全便捷的一站式购车服务。为满足不同人群个性化的用车需求，车享新车结合前装配置硬定制和后装软定制，推出了"差异化＋个性化"的"享定制"产品系列。依托上汽集团旗下数千家汽车经销店的资源优势，实现真正的电商闭环，带给用户最享受的买车体验，随心购，由你享。2016年，车享实现了整车4万辆的销售，营收实现35.7亿元，"享定制"品牌完成了7248辆销售。

车享家汽车商城是车享平台旗下的全国连锁实体服务网络，承接车享平台的互联网业务和品牌势能，致力于成为消费者身边的汽车生活体验商城，旨在为汽车用户提供可信赖、个性化、专业化的综合汽车品牌，以汽车品牌的多样化、车型产品的丰富性为特色，为用户提供安全、便捷的一站式购车体验。

2. 商业模式

车享平台在网站的新车销售和推广中，主要采用了实体直营店的在线宣传推广、享定制、"88节"、品牌旗舰店等模式进行销售和推广。在实体直

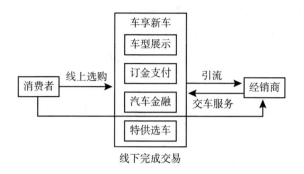

图 9　车享新车运营模式

营店网站模块中,网页列出车享在各地的不同直营店,用户点击某个直营店后,就可以看到直营店中的促销车型,并可以进行在线订购。

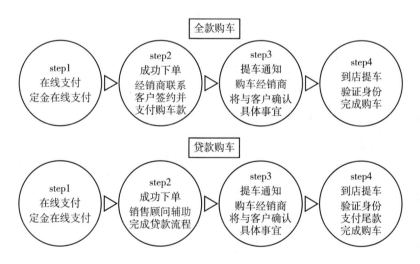

图 10　车享新车用户购车模式

2016 年 12 月 15 日,车享新车重磅推出"享定制"系列产品与服务,期望为客户带来定制化的全方位呵护与用车服务体验。为深入挖掘不同消费者的用车需求,车享新车委托尼尔森进行调研,并基于调研结果打造"享定制"系列产品与服务,以满足具有不同生活方式与价值主张的消费者的差异化需求。

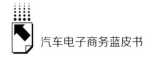
作为汽车集团背景的电商平台，车享兼具传统汽车行业血统和互联网的基因。通过两年半多的电商平台积淀，车享可以通过在线大数据的深入挖掘更精准地把握用户"个性化"需求，车享可以把这种需求更保真地传递给汽车厂商，甚至更直接地参与整个产销过程。

车享新车希望能够通过定制化一方面避免与传统渠道同质化竞争，避免价格战；另一方面也希望能够通过全渠道获得用户。

车享新车的车源不仅仅是上汽品牌，还包括非上汽品牌。两者比例大致为7∶3，车享家汽车商城的定位是以上汽品牌为主，但不会做单一的品牌授权模式。

3. 核心能力

车享的一个核心优势是依靠上汽集团，具有较强的资金优势、企业资源优势，能够在定制车辆上获得厂家的支持。

与此同时，车享还具有较强的网络，能够实现集采优势。车享家汽车商城的模式中，车享家总部实现集采，如果一个4S店每月卖几十辆车，合并在一起，采购规模可以达到上千辆，从而实现规模效应，降低单车采购成本。

4. 运营管理

2017年，在网络布局上，车享家汽车商城将采用以点带面的扩张策略。比如，其在每个省最多只做5家，以这些店为核心，再去发展下一级网络。车享家汽车商城主要定位在三线以下城市。车享家汽车商城虽然承担了4S店的部分职能，但在此之上，还具备集采、行商和线上导流的特点。

车享家汽车商城要求其销售与管理人员，深入县乡镇，铺设他们的二级销售网络。车享汽车商城也重视线上带来的销售机会，包括车享网、汽车之家等，这些信息可以导流到实体店。

5. 未来规划和总结

车享家汽车商城是车享平台旗下的全国连锁实体直营店，2017年全国开业50家门店，未来3年预计开业200~300家。

根据车享战略，未来会在满足用户基础服务需求的同时，提供更多延伸服务解决方案。未来希望在10万亿元的汽车服务市场规模下，完成千亿级的销售收入与服务收入。

（五）国美汽车

1. 企业情况

2017年3月底，国美正式宣布进军汽车市场，对外发布了汽车战略合作招商方案，内容涵盖整车、二手车、汽车后市场等，将采用线上线下相结合的服务模式销售汽车及相关产品。汽车整车销售已于2017年5月在国美在线正式上线。2017年7月国美宣布，即将在全国旗下的1700家门店售卖汽车。

2. 商业模式

国美的商业模式是希望完成线上线下一体化结合的汽车销售服务平台，既不同于汽车互联网平台企业，也区别于一般的汽车大卖场。国美汽车希望打造开放式的服务性平台，为所有加盟的主机厂、经销商合作伙伴、衍生服务配套企业提供更高效的工具，提升他们的效率，让整个汽车产业链更加通畅。

在线上，国美通过汽车频道中的焦点图集中展示了各类整车及产品，并以整车展示为主。在线上将有第三方汽车销售公司入驻，公司数量较多，车型也较为丰富。未来将包括整车服务、车载电器和养护配件等内容。线下部分，国美重在对自己的实体店进行改造，试图为线下试乘和销车预留更多空间。

该商业模式中，国美与厂家和经销商合作，由厂家提供不同车型，经销商也会提供相应的销售服务。国美汽车平台上，将通过C端用户和B端用户，对车型或服务进行评价，实现产品与服务的优胜劣汰。通过反馈加速厂家与厂家之间、服务商与服务商之间的竞争，并迭代升级平台的产品和服务。

国美汽车业务的开展，将实施三步战略。第一步，搭建加盟网络。国美未来会在全国的门店进行布局。目前已经覆盖超过20个省份。

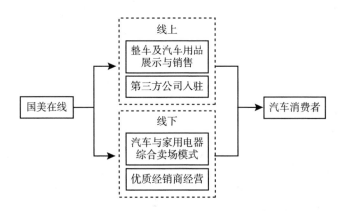

图11　国美在线"线上+线下"汽车服务模式

第二步，国美搭建新的供应链通路，这条供应链通路不仅包括整车产品，还包括车周边产品，如机油等，并通过全球采购为汽车经销商提供。

第三步，国美未来将对资源进行交叉整合，建立二手车网站、汽车保险专业平台等，帮助加盟商把自己的资源纳入平台，并为行业的其他优秀公司提供支持。

3. 核心能力

一是品牌。汽车销售必须要有强的信誉背书，而国美品牌成立30年，具有较好的认知度和知名度。

二是门店资源。国美拥有1700家线下门店，对一、二、三、四线城市进行了全覆盖。

三是资金实力。国美自1987年开展业务至今从事家电业务，形成较好的资金流通，国美旗下的国美金控，也会对国美汽车提供全力支持。

4. 运营管理

国美汽车团队包括互联网、供应链、汽车行业的人员，目前人员超过300人，主要从事国美汽车产品技术平台的搭建。

国美电器也积极地改造线下服务。国美旗下的1700多家门店中，将有部分门店进行"汽车+家用电器的综合卖场模式"改造。国美电器卖场一层会独立出来做汽车业务，由优质的经销商负责经营。

国美利用 79 家可以存放千辆车的超大型物流仓库，开展车辆存放与物流配送，未来将涵盖整车销售、汽车金融、二手车、汽车保险、出行服务、汽车用品、维修保养等全汽车产业链，为汽车用户提供全国连锁"统一品牌、统一服务标准、统一服务承诺"的销售服务体系。

5. 未来规划

2017 年 8 月、9 月，国美计划在门店尝试汽车业务。到 2017 年底，全国将建成 5000 家国美汽车加盟店。广东将会有 200 家挂着国美 Logo 的加盟店，以及约 600 家汽修、精品、美容、新能源车充电桩等汽车后市场网点开业。

6. 总结

国内汽车流通市场日益壮大，《汽车销售管理办法》的颁布对汽车流通行业具有积极的促进作用，为国美汽车创造了较好的发展机会。国美具有广泛的零售网点，有互联网销售的经验积累。国美汽车未来会对现有的汽车经销商销售模式产生较大的影响。

（六）行圆汽车案例

1. 企业情况

北京行圆汽车信息技术有限公司成立于 2016 年 12 月，由原易车总裁邵京宁创立，致力于打造成中国汽车产业的互联网平台服务供应商。

行圆汽车为汽车生产企业及汽车经销商提供汽车车源批发服务、汽车互联网营销服务、经销商互联网运营服务。业务体系涵盖新车、二手车、汽车金融、汽车保险及汽车后市场等汽车全产业链。

到 2017 年 7 月，公司员工达到 700 多人，已经建立了汽车大全媒体资源，提供 APP 和 WAP 两种方式。此外还开发了行圆智慧云的 1.0 版本系统，为 B 端用户提供相关管理系统和软件工具等。

公司发展势头强劲，在三个月的时间内，已实现几千辆车的交易量，到 2017 年 5 月，获得了 3 亿元的风险投资。

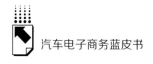

2. **商业模式分析**

行圆汽车目前所采用的商业模式是产业互联网服务模式，提供从制造生产环节到售后服务的整体服务。公司通过整合资源，为主机厂商、汽车经销商（4S店和综合店）、汽车购买客户提供优质的服务。

行圆商业模式主要源于对当前销售体制存在的弊端以及未来发展趋势的认识。目前新车销售中，出厂价和经销商售价差价越来越小，通过新车销售难以获得较大的利润。随着国内汽车4S店受《汽车品牌销售管理办法》约束的放开，经销商多品牌销售已经成了大势所趋。与此同时，传统垂直媒体的导流成本越来越高，需要建立能够适应移动互联时代、买方市场、主动服务的新的销售体系。

行圆汽车主要打造三大平台，一是库存融资平台，二是媒体渠道平台，三是流量变现平台。

行圆汽车通过库存融资平台，与金融、保险等机构进行合作，将信贷产品、保险产品绑定在汽车销售过程中，通过金融产品的销售提升企业的盈利。由于国内的汽车经销商在销售、经营中都需要大量的资金，为了解决汽车经销商的资金问题，行圆汽车通过库存融资平台，与国内银行以及其他金融机构进行合作，帮助汽车经销商（4S店和综合汽贸店）实现汽车授信业务，从而使汽车经销商获得更多的资金支持。

行圆汽车与国内汽车主机厂商、汽车电商平台进行合作，获取良好的汽车资源，为汽车经销商的车源提供可靠的支持。行圆汽车通过平台化经营的模式，整合汽车主机厂商、金融、保险、物流、仓储等各方面的企业资源，使主机厂商实现良好的汽车销售与流通；并为经销商提供汽车金融、物流、仓储等各方面的服务。

新车电商以面向消费端的业务为主，包括零售和售后服务。行圆汽车提出的产业互联网，不仅要服务消费者，还要服务主机厂和经销商，让现有的产业链资源发生化学反应。改变以往不同机构相对独立的状态，在产业端形成统一调配。

行圆汽车平台化服务中的另一个主要平台是媒体渠道平台。这个平台主

图12　库存融资平台服务模式

要面向有营销需求的品牌厂商以及经销商。行圆汽车会为经销商推出会员年费型产品，结合广告、活动和成交促进服务等，给经销商提供营销解决方案；并将汽车经销商（包括4S店和综合店）与客户紧密地联系起来。由于国内的经销商多采取封闭式销售的模式，经销商一般较少主动寻找客户。为了帮助经销商更好地寻找到客户并实现销售，行圆汽车的媒体渠道平台通过汽车经纪人的模式，深层次地了解客户在汽车购买和售后服务中的各类需求。

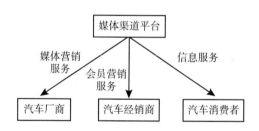

图13　媒体渠道平台服务模式

当前4S模式中，用户转化率较低，一般为2%～4%。为解决这一问题，行圆汽车计划推广汽车经纪人模式以提高用户转化率。经纪人是一种新的工作机制，在经纪人模式下，汽车销售不再单纯是坐商模式，而是一种行商模式。经纪人会针对汽车客户的需求，有针对性地推荐客户选择品牌4S店或汽车综合经销商进行汽车购买；并为客户推荐个性化的汽车售后保养、维修等各类服务。

经纪人模式不仅会大大降低员工成本，还可通过经纪人来联系销售和售后维保，可以支撑多品牌销售。在经纪人模式下，汽车经销商的经营机制将发生转变，经纪人是单点连接，其背后将会有庞大的团队来对经纪人做支撑，满足用户需求。行圆汽车的媒体渠道平台通过汽车经纪人的模式，能够提高汽车经销商的经营管理和销售推广水平，同时提高汽车经销商的售后服务质量，为客户提供更为满意的汽车购买和售后服务。

再次，行圆汽车通过流量变现平台为汽车厂商和经销商提供全网域汽车营销服务，帮助各主要流量节点和场景完成其在汽车行业的流量变现。平台通过账号体系，获取现有客户和潜在客户的服务需求信息，进行自然而然的推送。同时，通过媒体渠道平台，寻找高质量、高流量的服务合作伙伴，为现有客户和潜在客户提供良好的汽车售中和售后服务，使汽车购买者在汽车购买和使用过程中，都得到良好的服务体验。流量变现后，配以媒体渠道平台，实现上下游的连接。

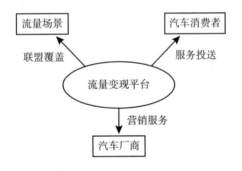

图14 流量变现平台服务模式

3. 企业运营

行圆汽车主要包括库存融资平台、媒体渠道平台和流量变现平台，相应的，公司成立了库存融资事业部、媒体渠道事业部和流量变现事业部。

库存融资事业部主要处理汽车主机厂商、经销商、物流配送、仓储等企业的关系整合。媒体渠道事业部主要推进汽车销售、售后服务以及主机厂商的品牌推广。流量变现事业部通过与高质量、高流量的战略合作伙伴进行合作，更好地推进汽车品牌推广和汽车后市场服务。

公司团队来自不同的业务领域，不仅包括来自互联网基因公司的员工，还有物流、保险、互联网等不同领域的员工。公司希望能够整合不同员工的丰富经验，同时也追求不同业务领域的合力，塑造公司的核心能力。各类人才的招募和培养，目标是能够与经销商建立强对接，实现资源交互、商品交互和系统交付。

4. 未来规划

行圆汽车未来的主要任务是根据汽车产业和新零售发展的特点，重新整合诸多商业要素，形成全新的汽车营销及销售体系，一边连接传统的汽车产业，另一边连接迅猛发展的互联网行业。通过效率提升，提高服务群体的满意度，快速做大规模，整合现有的产业资源，实现平台的快速放量。

公司规划2017年实现8万辆交易量，2018年实现50万辆，2019年达到200万辆。

5. 总结

行圆汽车属于创业公司，公司基于汽车行业未来的变革趋势，提出构建产品互联网平台的模式，通过规模化采购，高效的媒体活动，同时服务B端和C端用户，提升行业效率。行圆汽车的发展模式具有一定的前瞻性，未来的主要挑战在于如何快速聚合和整合好相关资源，形成规模化的平台运营。

（七）好快保

1. 企业情况

考米爱车（北京）电子商务有限公司，成立于2014年9月22日，总部设在北京。2015年1月22日，考米爱车推出了"好快保"——互联网汽车保养O2O电商服务平台，线上交易业务正式开启。

目前业务拓展至汽车销售、汽车金融、汽车保养、汽车保险、车品商城五大板块。截至2017年6月，好快保现有合作汽贸18000多家、4S店6000多家，合作主机厂有上汽、东风、奇瑞、华晨等。保养板块目前全国有直营店30家，加盟商超过500家，合作修理厂超过2400家。

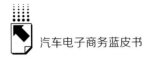
2. 商业模式

（1）市场痛点

一、二线城市汽车消费饱和，各大车企产品、渠道下沉速度加快，三线至五线城市成为决战关键点，目前销售占比超过 50%，4S 店由于运营成本高，很难覆盖区县乡镇市场，大量综合汽贸店应运而生。综合汽贸店销量快速攀升，同时产生大量新车车源需求。4S 店与综合汽贸店车源信息不对称，信息沟通效率低下，沟通面窄，进而产生了大量资源商低买高卖，阻碍信息流通并增加了信息流通成本。

与此同时，4S 店竞争激烈，盈利惨淡，厂家压库，资金周转困难，完不成任务拿不到奖金返利。在资金吃紧的大环境下，传统汽车销售行业被银行列为不鼓励甚至限制类行业。综合汽贸迎来机遇，但因无优质抵押物，银行不放贷，苦于规模小难做大，资金和车源成其最大痛点。

（2）撮合交易

好快保提供新车整车销售和汽车买卖双方商家的撮合交易。具体包括如下几点，一是在线交易。全国百万交易在线匹配，通过好快保平台更快销售 4S 店车源，更快满足汽贸方需求。截至 2017 年 6 月，公开数据显示，交易量达到 20 万辆次。二是订金担保。买方通过好快保第三方平台给卖方支付订金，为买方规避订金风险。三是物流提车。好快保平台的物流服务，帮助买方从全国各地调车，同时为卖方将交易扩至全国。四是垫款提车。好快保为综合汽贸提供垫款服务，解决综合汽贸资金周转难题。五是自营专区。好快保与主机厂多年合作，为平台每个用户直接提供优质一手车源。

（3）供应链金融服务

一是库存融资。好快保库存融资是指融资经销商将在库符合条件车辆，按照融资租赁的要求，进行车辆监管，通过融资租赁的方式，获得资金的一种融资行为；好快保库存融资旨在解决融资经销商因库存占用资金的问题，缓解车商日常运营时面临的临时性或周期性的资金需求。

二是 CALL 车贷。好快保 CALL 车贷类似于汽车厂家为 4S 店提供的批量采购车辆金融服务，适用于广大综合汽贸的批量车源采购，旨在解决综合汽贸店资金不足与车源供给问题。

（4）汽车后市场业务

好快保作为全球最大的石化公司美国老世界工业公司中国区总代理，平台所用养护用品，均来自老世界原装进口，而且搭配国际品牌滤芯，从供应链源头确保产品品质保真，为车主提供高品质的汽车保养服务。好快保的O2O汽车后市场保养模式相比传统保养模式不仅省去了中间商的渠道成本，而且直接让利消费者，从而真正实现了价优物美的高品质汽车保养。

（5）生态系统

好快保搭建了集汽车销售、金融、保养、保险、车品商城于一体的综合汽车生态平台，各业务板块互为集客开口，效率更高，获客成本更低。

图15　好快保发展生态圈

3. 核心业务

随着新的销售管理办法实施，市场上出现了多种新型销售渠道，例如，汽车超市、汽车卖场、汽车电商等，但是车源供方只有两个渠道：主机厂和4S店。好快保致力于打通4S店与综合汽贸之间车源信息流通，同时努力加强与主机厂的合作，帮助主机厂开发空白市场，推进渠道下沉。

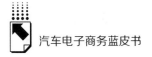

值得一提的是，综合汽贸的两大需求是靠谱车源和低成本运营资金，好快保只提供主机厂和4S店靠谱车源，同时提供库存融资和CALL车贷，帮助汽车创业者成就梦想。

4. 发展愿景

随着各板块客户的不断沉淀，好快保正展开全产业链布局。通过打造汽车后市场生态链服务和线下实体商业的合纵连横，未来好快保业务将建成一个互相支撑、共生共荣的生活服务类平台。

5. 总结

好快保针对市场痛点，以汽车后市场为起点，切入汽车销售服务，构建了将汽车保养、汽车销售、汽车金融和汽车保险融为一体，线上线下结合的汽车生态圈。通过建立标准服务及优质服务，以信任和服务优势为生态的转化基础，将消费者紧密地集结在好快保的平台上，为客户提供集用车场景化及金融、保险、用品、保养和维修服务于一体的汽车生命周期呵护。公司商业模式逐步清晰，面临的挑战是如何在激烈的市场竞争中实现盈利，并逐步强化对合作伙伴的影响力。

B.3
中国二手车电商2017年发展报告

摘 要： 本报告总结了2016～2017年中国二手车电子商务市场的发展
情况，对二手车电商的行业发展环境以及二手车电商发展特
点进行了总结。结合企业情况，深入分析了二手车电商模式
发展及二手车电商行业趋势，并对典型企业进行了案例分析。

关键词： 二手车电商 C2B 交易服务 B2B 交易服务 C2C 交易服务
B2C 交易服务

一 二手车电商发展概况

本报告主要研究范围为二手车在线交易市场以及二手车数据服务、信息
服务、估值检测服务等市场。

（一）二手车市场发展情况

1. 2016～2017年二手车市场发展情况

行业统计数据显示，2016年中国二手车总体交易量达到1039万辆，比
2015年增长10.3%。二手车行业增长速度高于新车增长速度。

2017年1～6月全国二手车共交易583.7万辆，比2016年上半年增长
21.5%，交易车型以基本型乘用车为主，交易量占所有车型的比重为
59.6%。其中国内生产的车交易534万辆，进口车交易49.7万辆。

从车龄分布来看，3～6年车型是交易的主力，占43.8%，其次是3年
以内的准新车，同比增长了4.5%。

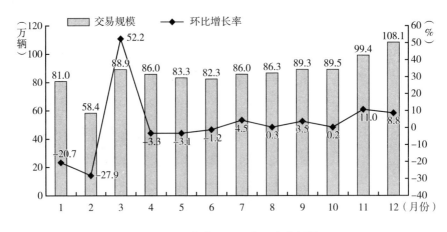

图1 2016年中国二手车月度交易量

根据车源江众的统计数据,从二手车交易地区看,2016年本地交易数量较高的省份依次是广东、山东、江苏、浙江、河南和四川,均超过10万辆。

从二手车交易迁出地看,主要迁出地区包括北京、浙江、江苏、广东、上海、四川、安徽等地,其中北京居首,超过10万辆。

从流入量看,山东位居全国第一,辽宁、河南、内蒙古、广西、江苏、安徽等依次下降,流入量均超过4万辆。

2. 影响二手车市场发展的主要因素

近几年,二手车市场发展快速,主要因为以下几点。

(1)汽车保有量很高

根据公安部公布的数据,截至2017年6月底,全国汽车保有量达2.05亿辆,2017年新增汽车登记量达1322万辆。全国有49个城市汽车保有量超过100万辆,有23个城市超200万辆,有6个城市超300万辆,前十位城市依次是北京、成都、重庆、上海、苏州、深圳、天津、郑州、西安、东莞。

(2)政策环境不断改善

2016年国家促进二手车便利交易的政策逐步实施。2016年12月29日,环保部办公厅、商务部办公厅印发了《关于加强二手车环保达标监管工作的通知》,要求各省、自治区、直辖市环境保护厅(局),商务主管部门严格执行《国务院办公厅关于促进二手车便利交易的若干意见》有关规定,对于在机动车环保定期检验和安全检验有效期内，并经转入地环保检验，符合转入地在用车排放标准要求的车辆，各地不得设定其他限制措施（国家明确的大气污染防治重点区域和国家要求淘汰的车辆除外）。

《2016年度政府督查工作要点》明确将活跃二手车市场列为督察重点工作，对取消二手车限迁政策进展缓慢的地区，提请国务院适时开展实地督查。截至2017年6月，全国已有13个省共135个城市下发文件要求全面取消二手车迁入限制。

此外，随着中央推行二手车异地交易登记、共享信息平台建设、加强二手车交易税收征管，以及制定二手车金融支持政策等，二手车政策环境越来越好。《汽车销售管理办法》于2017年4月5日发布，并于7月1日正式实施，办法的出台降低了汽车销售的准入门槛，汽车市场经营主体多元化，促进二手车销售与新车销售的融合趋势越来越明显。

（3）消费态度更加理性

随着汽车消费文化的积淀，人们对二手车的接受度越来越高。加上二手车行业诚信度的提升，售后服务体系建设不断完善，促进了国内二手车交易活跃度提升。

（4）新车市场对二手车市场的影响

2016年我国车市产销量双双突破2800万辆，这是继2009年以来，我国汽车产销量连续八年蝉联全球第一。新车产销的高速增长必然会带动二手车的产出。近年来，新车价格不断下探，不少汽车生产企业采取官降手段吸引消费者，导致二手车价格随之降低。

但阻碍二手车市场发展的因素依然存在。比如，解除限迁的政策各地进展不一，一些省市虽然发布了执行国务院意见的通知，但在具体实施中仍给二手车转籍设置限制条件；二手车交易由营业税向增值税调整的进度较为缓慢，税负压力导致行业难以出现规模化经营的企业，严重阻碍了B2C类二手车电商和汽车经销商集团二手车业务的开展；二手车临时产权登记制度迟迟未能落实，二手车经营公司不得不租用牌照或者找亲朋好友的牌照作为过渡，这给二手车交易造成不便；二手车流通信息平台建设涉及商务部、工信部、公安部、环保部、交通运输部和保监会几个部门，各部门工作进度不一，且受到各自领域规章制度限制，因此推进速度不令人满意。

二手车作为非标准产品，一车一况、一车一价的复杂性造成了信息不对称，市场主体的小、散、弱，经营资源的碎片化，经营不规范等问题突出。信息不透明，诚信缺失依然是二手车市场有待解决的痛点。

（二）二手车电商行业发展情况

1. 二手车电商交易情况

2016 年中国二手车电商交易量达 144.4 万辆，同比增长 42.6%。电商渗透率为 13.89%。二手车电商发展速度要高于新车电商和后市场电商发展速度。

二手车交易平台出现已经有 10 年时间，但出现爆发式发展主要是最近 3 年，作为新生事物，二手车电商相比传统车商更勇于尝试创新，心态也更为开放，它们广泛进入金融服务公司、新车经销商或电商、数据服务公司，甚至开始线下布局，自建物流体系。一系列创新做法产生了鲶鱼效应，引发了行业整体变革，加速了行业整体转型升级。

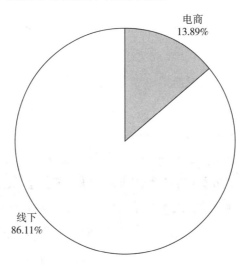

图 2　2016 年中国二手车电商渗透率

资料来源：易观。

其中 ToB 模式成交量达 60.6 万辆,占比为 41.97%;ToC 模式成交量达 83.8 万辆,占比为 58.03%。二手车跨区域流通的实现给 C 端消费者提供了更多的可选车源,与此同时,二手车金融和质保服务的完善也降低了消费者的购车门槛,减少了消费者的后顾之忧,刺激了 ToC 模式二手车交易量的快速提升。

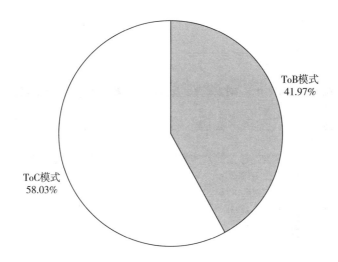

图3　二手车电商线上交易各模式占比

资料来源:易观。

从二手车互联网媒体和电商平台发布的二手车数量来看,2016 年,车源总数前 10 名依次是 58 同城、百姓网、二手车之家、淘车网、优信二手车网、华厦二手车、273 二手车、看车网、大搜车、瓜子二手车直卖网(见图4)。TOP10 中车源数量占全网车源总数的 94.69%。车源大流量主要掌握在信息服务平台和汽车媒体类平台手中,占据 73% 的车源数据。

2. 二手车电商市场规模

根据 Trustdata 和车源江众提供的数据统计,以及样本企业采集,互联网及电商平台移动端的用户规模不断扩大。截至 2016 年,58 同城二手车用户规模达到 925 万人,优信二手车网、瓜子二手车直卖网、赶集网、二手车之家以及人人车等移动端用户规模均超过 50 万人(见图5)。

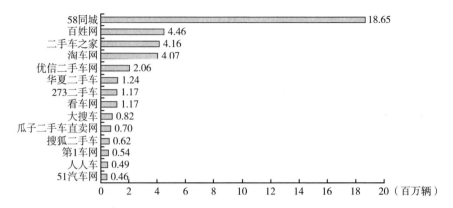

图4 2016年主要互联网媒体及电商平台发布的有效二手车数量

资料来源：Trustdata、北京车源汇众。

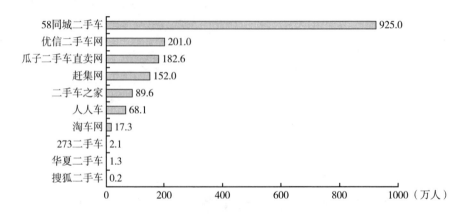

图5 2016年12月二手互联网及电商平台移动端活跃用户规模TOP10

注：移动端数据基于Trustdata的日活用户规则模型。

资料来源：Trustdata、北京车源汇众和样本企业采集。

截至2016年12月，车300二手车移动端用户规模达到5万人，公平价二手车、精真估、车鉴定的用户规模超过1万人（见图6）。

从面向B端的拍卖平台看，优信拍移动端用户规模达到2.1万人，车易拍移动端用户为0.8万人（见图7）。

3. 二手车电商用户特性分析

中国二手车电商移动端用户群体以男性为主，年龄主要集中在31~35

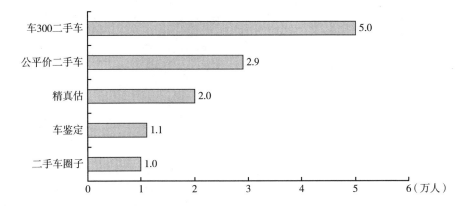

图6　2016年12月移动端工具及社交类应用用户规模

资料来源：Trustdata、北京车源汇众。

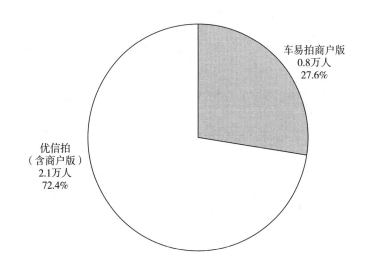

图7　2016年12月拍卖服务商移动端用户规模

资料来源：Trustdata、北京车源汇众。

岁和41岁及以上群体（见图8、图9）。31~35岁用户正处于有一胎或二胎的时间段，普遍存在置换空间较大的汽车的需求，而41岁及以上的群体属于事业有成，基本没有经济负担，这部分群体通常需要置换更高端的车型。

从城市分布看，一、二线城市用户占比达61.88%，超一线城市的用户有11.18%。四、五线以下城市的二手车电商移动端用户相对数量较少，其

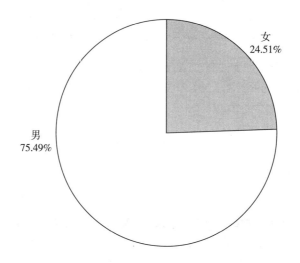

图8　2016年二手车电商移动端用户性别分布

资料来源：易观。

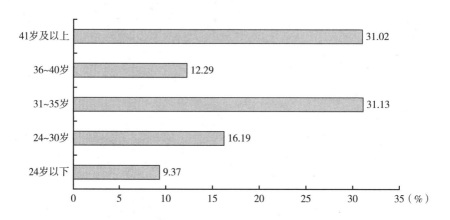

图9　2016年二手车电商移动端用户年龄分布

资料来源：易观。

借助移动端完成购车的需求尚未充分释放。

4. 影响二手车电商发展的主要因素

（1）互联网等相关技术的影响

移动互联网技术将二手车线下交易场景逐步引到线上，通过网络连接买

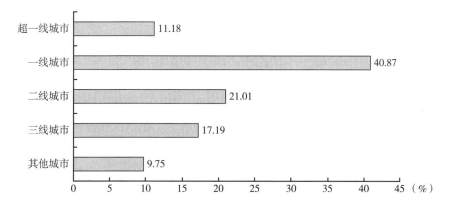

图10　2016年中国二手车电商移动端用户地域分布情况

资料来源：易观。

卖双方，随着用户体验的不断完善，交易平台聚集了庞大的用户和商户规模，流量重新分发产生了新的信息和价值。

大数据技术的发展提高了二手车检测评估技术水平。二手车第三方信息服务平台经过几年的数据积累有了海量数据基础，人工智能技术的引入，通过机器深度学习进行智能定价，弥补了人工定价不准确的缺陷。

技术手段的提升加快了二手车的流转，让车商更容易根据市场需求管理库存。同时，消费者也通过不同估值平台和交易平台对车辆残值有了理性认识，让市场价格更加透明。

（2）行业企业的努力

二手车行业的诚信建设逐步推进，车源车况真实性和质量保障成为二手车电商平台的经营基础。不少平台都推出了售前检测和售后质保承诺，减少了消费者的后顾之忧，带动了行业整体服务水平的提高。

近年来，优信、瓜子二手车、人人车、大搜车等多家电商平台在广告宣传上的重金投入，提高了消费者对二手车行业的认可度。多家电商平台推出的二手车金融产品降低了消费者的购车门槛，促进了二手车电商的交易。

（3）政策因素

国务院、商务部、环保部、公安部等部门在促进二手车信息平台建设、

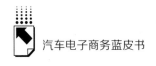

鼓励创新模式等方面均做出了积极尝试，积极引导二手车交易企业线上线下融合发展，鼓励发展电子商务、拍卖等交易方式。

2016年11月1日，中国拍卖行业协会接受国家标准委委托起草的《网络拍卖规程》正式实施，在标准制定过程中，咨询了互联网平台、相关教授、企业的意见，内容包括网络拍卖的定义、流程、构架、拍卖师工作、默认程序等，通过网络平台转给最高竞价者的方式，机动车网络拍卖进入有规可依的时代。

（4）大量资本的不断涌入，推动了电商平台、连锁经营以及第三方鉴定评估、信息服务、二手车金融、延保等新创企业和新型模式蓬勃兴起，推动了全行业的跨越式发展

此外，作为新兴事物，企业的探索和市场的接受都需要一个过程。例如，二手车信息不透明，各大网站对同一车辆的展示不统一，电商平台线上线下的对接不顺畅，提供的线索质量不好，转化程度不高。

二手车电商迅速扩张带来了对车况评估技师需求的快速增长，但经验丰富的技师的养成需要长期磨炼，人才紧缺造成部分经验欠缺的技师匆忙上岗，为准确判断车况埋下隐患。

售后方面，部分电商平台投诉反馈机制运行不利，无法顺利为消费者提供退车、赔偿等售后服务，导致消费者给出"差评"。二手车延保缺乏服务统一标准，政策和法规对延保范围和内容的界定还需要进一步完善。

二 二手车电商发展模式

（一）二手车电商产业链

传统的二手车产业链在买方和卖方之间的连接渠道主要是新车经销商4S店、二手车经销商和经纪人以及个人间的直接交易。

互联网力量的兴起正在影响传统的二手车行业结构。二手车交易中间商在线上为用户呈现海量车源，自建检测师团队采集车源，保证了车源质量，

公开车况信息，降低了用户选车成本，提高了二手车交易效率。而第三方服务平台，包括检测服务、估价服务、垂直搜索服务等通过与二手车交易服务平台和线下车商合作，提供数据等专业服务，帮助用户决策。图11展示了当前二手车电商产业链的较为活跃的企业。

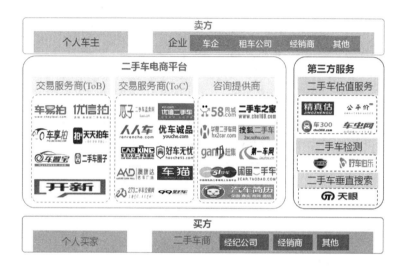

图11　二手车电商产业生态图谱

资料来源：易观、全国工商联汽车经销商商会。

（二）产业链企业

1. 交易中间商

交易中间商是以撮合二手车交易为目的，连接买方和卖方的电商平台，包括 ToB 和 ToC 业务模式。

快速收车，快速处置，渠道覆盖广，网络竞价的特点受到 B 端经销商的欢迎。网络拍卖平台对参拍的车辆出具车况检测报告，买家参与竞价，由出价最高者获得二手车的购买权。拍卖平台协助进行线下车辆整备、物流、过户、交付等工作，收取交易服务费、交付服务费、整备费等。代表企业有优信拍、车易拍、车置宝、开新二手车帮卖等。

面向 C 端买车客户的交易平台，提供帮买、售后质保、金融等服务，

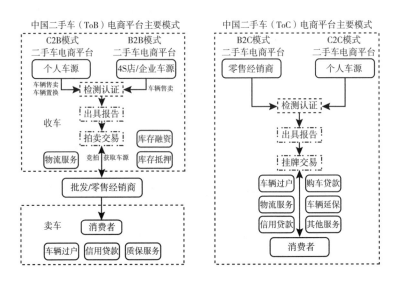

图12　中国二手车电商平台主要模式

依靠交易手续费、金融服务、广告收入等赢利，比如瓜子二手车、人人车、优信二手车、车猫等。

表1　二手车交易中间商业务模式分类

	业务模式	代表企业
二手车交易中间商	C2B 在线拍卖平台	开新二手车帮卖、车置宝、天天拍车
	B2B(在线)拍卖平台	优信拍、车易拍、车享拍
	C2C 交易平台	瓜子二手车、人人车
	C2B2C 线上 + 线下	好车无忧、闲鱼二手车
	B2C 交易平台	优信二手车、车猫、99 好车、车101

2. 卖场模式

B2C 线下自营连锁平台的赢利模式主要是赚取卖车和收车之间的差价，因此该类平台对车源供应和二手车的周转效率要求较高。代表企业有车王、优车诚品、淘车无忧，以重资产、直营为主。

3. 信息服务平台

二手车信息服务平台是二手车行业资讯的主要来源，以广告服务、信息服务费、会员费等为主要收入来源。只提供车源相关信息而不涉及任何交易过程，代表企业有二手车之家、淘车网、第一车网等垂直网站，还有58二手车、赶集二手车等分类信息网站。

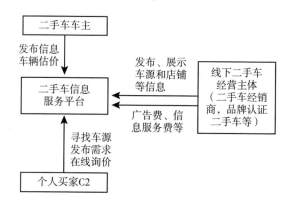

图13　二手车信息服务平台

4. 第三方服务平台

二手车一车一况，其非标品的特性促成了交易环节的最前端必定是评估检测。二手车评估检测企业越来越受到重视，有些获得融资，有些背靠国外企业，数据积累日渐完善，精准度逐渐提升，数据价值得到进一步挖掘，甚至有行业人士认为二手车行业最终拼的是数据。市场上这类公司主要有车300、公平价、精真估等。

而应车商和消费者需要，行业中也出现了可以提供车况历史查询的公司，可以为车商、电商平台和个人消费者提供有偿维修记录查询等信息。这类公司主要有车鉴定、查博士、大圣来了。

5. 二手车管理及服务商

这类服务商通过技术优势，开发出适合二手车业务的 ERP 管理系统、CRM 客服系统，帮助汽车经销商集团拓展二手车业务，帮助二手车商和互联网，理顺二手车业务，使企业管理更加规范化，更加高效，赋能经销商集

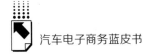
团和二手车商。大搜车、车赢等都属于这类企业。

6.二手车后市场服务

（1）二手车金融公司

为满足二手车车商供应链金融、库存金融和消费者购车车贷需求，二手车金融公司应运而生。它们通过互联网，完善车商和个人征信体系，建立了贷款数据模型，严把风控关，并结合科技发展，提出人工智能和平台开放战略。

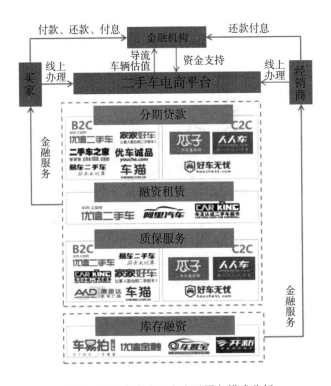

图14 二手车电商平台金融服务模式分析

资料来源：易观。

目前市场上专门从事二手车金融的公司有第1车贷、易鑫金融等。第1车贷成立于2013年11月，是国内最早专注汽车后市场的汽车科技金融服务平台。2016年底第1车贷已经完成全国30个省份、100余个城市的网络布局。2016 年 12 月，第 1 车贷宣布完成 B 轮融资，平台业务规模突破 140 亿元。他们通过专业的金融产品设计、资产配置、风险管理与数据应用，逐渐成为资金方（金融机构与类金融机构）与贷款方（汽车 B 端市场与 C 端市场）之间的金融服务纽带。2017 年 6 月，第 1 车贷联合京东金融发行 6.25 亿元二手车金融场外 ABS，走上资产证券化的道路，开辟了新的融资渠道。

（2）二手车延保公司

二手车延保公司可以为车主提供车辆非事故损坏造成的损失的保险，属于类金融公司。延保公司利用大数据对车辆零部件故障率等因素做出评估，以此计算出保险费用，并广泛与维修企业达成合作，为购买延保产品的车主使用二手车提供保障，同时对于二手车交易来说，也能在很大程度上打消购车者的顾虑，促进交易达成。宝固质保、万高质保等企业属于这类公司。

宝固质保业务涉及新车、二手车、在用车质保领域，与 273 二手车交易网、优信集团、车猫、好车无忧等达成战略合作。宝固质保相当于资源整合的管理平台，将车主、经销商、二手车市场、二手车电商、金融公司、保险公司和维修厂整合到一起，优化资源配置。风险控制、质量是其核心竞争力。

7. 车企利用互联网开展二手车业务

除了宝马、奥迪、通用、丰田等主流合资品牌外，包括奇瑞等自主品牌，也已把二手车业务作为未来发展重点。在互联网大潮下，车企也开始尝试通过互联网拍卖或直销的方式开拓二手车业务。

早在 2014 年北汽鹏龙机动车拍卖公司就与车易拍达成合作，聚合了二手车线上线下资源。

2017 年 5 月，奥迪适时推出了"实体 +"战略，也就是奥迪官方认证二手车在线 4S 店，为用户提供了在线信息搜索、在线展示、在线销售、在线支付、在线评估等功能，此外还有线上专享的金融政策和促销政策。7 月，奥迪官方认证二手车应用程序也已上线，进一步丰富了用户的购车渠道。

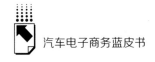

2017 年东风日产正式推出大型二手车竞价平台"易诚拍",旨在打通二手车 C2B、B2B、B2C 的业务链条,提出的"易诚标准"涵盖了服务、技术、评估定价以及销售流程,加上场景化购车、网络购车、7 天包退以及售后维修保养等政策,为二手车客户解除后顾之忧。

由于在 4S 店置换新车通常会有厂家补贴,所以,我国有置换新车需求的车主通常选择在 4S 店处置二手车,4S 店成为车源的主要入口。

调研结果显示:豪华品牌中一汽奥迪 4S 店在网络上发布二手车的数量最多,共计 31196 辆。其次是华晨宝马和北京奔驰(见图 15)。

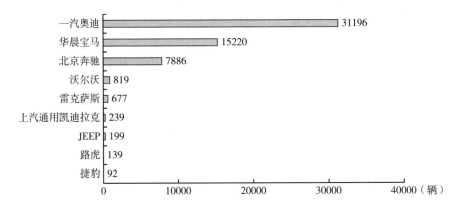

图 15　2016 年豪华汽车品牌 4S 店在互联网上发布的二手车数量
(含非本品牌车辆)

资料来源:北京车源汇众。

合资品牌中上汽通用别克 4S 店发布二手车的数量最多,共计 20203 辆。其次是上汽大众、一汽大众、东风悦达起亚、一汽丰田等(见图 16)。

2016 年利用互联网发布二手车售卖信息的 4S 店数量最多的品牌是东风日产,共有 690 家东风日产 4S 店在网上发布二手车。从中不难看出东风日产品牌对二手车流通的重视程度。其次是一汽大众、东风悦达起亚、广汽丰田和一汽奥迪等(见图 17)。

具体到 4S 店,各品牌在网上发布二手车车源信息最多的企业如图 18 所示。

090

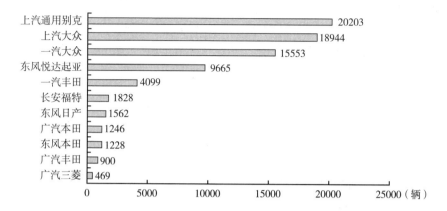

图16　2016年普通汽车品牌4S店在互联网上发布的二手车数量（含非本品牌车辆）

资料来源：北京车源汇众。

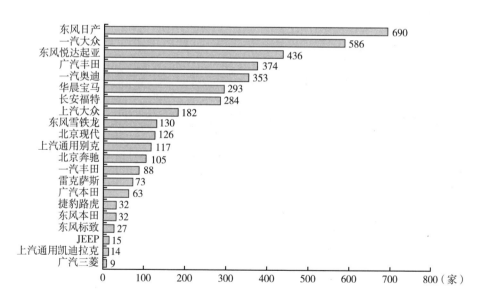

图17　2016年主要汽车厂商品牌在互联网上发布二手车的4S店数量

资料来源：北京车源汇众。

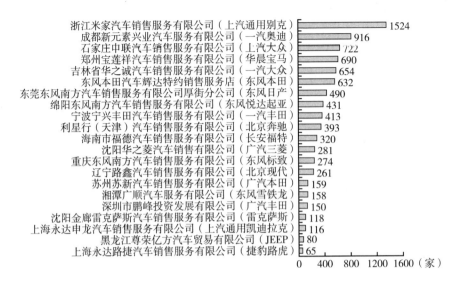

图18　2016年主要汽车厂商品牌4S店互联网发布二手车TOP11企业发布量

资料来源：北京车源汇众。

（三）主要商业模式

1. B2B电商模式

这是一种车商间的交易，某地车商会根据本地市场需求，向其他地区采购二手车，电商在其中起到车源收集和匹配的作用，还可以为车商提供检测报告，通过平台品牌为车况背书。B2B电商持续强调与传统二手车商的鱼水关系，为市场供需对接，提高车商交易效率，并从简单的交易平台衍生出金融业务，拓展了赢利渠道。这种交易通常以批发拍卖模式达成，优信拍、车易拍、拍车鸭都采用这种模式。

B2B电商模式由于车源相对集中，交易效率高，在ToB模式的交易量中占据主要份额。

代表企业优信拍在2016年下半年B2B模式成交量中，以70%市场份额领先。截至目前，优信拍业务覆盖365个城市，在全国7个核心城市建设30余万平方米的全国交易中心，辐射10万家车商。优信拍在每处交易现场

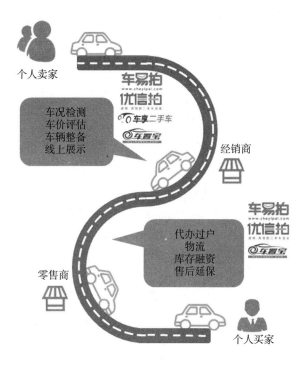

图 19 二手车电商 ToB 模式流通过程

资料来源：易观。

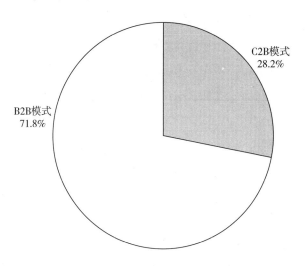

图 20 二手车电商 ToB 平台各模式交易份额

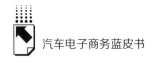

都提供包括车辆预展区、交易大厅、现场支付、手续过户、集中交付在内的一站式、信息化的二手车交易服务，满足车商大容量、高效率的需求。

在交易中心的基础上，优信拍探索创新交易模式，推出了"集中车源网上交易模式""双通道交易模式"，采用分散车源集中化、交易时间固定化的方式，协助车商完成大批量的二手车交易，短时间内集中消化交易车辆，提升了车辆的流通效率。优信拍在交付、售后、物流等线下环节大力投入，已经建立了包括在线出价、车况查定、安全支付、售后服务及远程物流在内的一站式服务生态。截至目前，优信二手车已覆盖约400个城市，线下门店约300家。

2. C2B 电商模式

C2B 电商模式即个人消费者把车放到平台上去拍卖给车商。这种模式类似消费者到交易市场卖车，不同的是消费者把车放在线上拍卖，可以省去到市场询价的环节，车商作为专业从业人员，拍出的价格，基本上能反映车辆当前的市场价值，消费者不用担心被恶意压价，同时这种模式也能保证车辆快速成交。这种模式中出现的企业并购现象值得关注。采用这种模式的企业有车来车往集团的开新二手车帮卖、天天拍车、车置宝等。

天天拍车成立于2014年，通过平台优势连接C端个人卖家和B端经销商，以线上＋线下的方式为平台双方提供免费上门检测、无线竞拍、上门成交、手续过户等一站式二手车交易服务。截至目前，天天拍车已在包括上海、北京、广州、深圳、成都、重庆、天津、武汉等在内的20个城市开设线下交易服务中心。

3. B2C 电商模式

B2C 电商模式是二手车电商与线下经销商达成合作协议后，对车辆进行检测，然后放到网上向消费者出售的交易模式。这种模式是占据电商市场ToC交易量的主要组成部分，一些企业正在探索加盟连锁、输出认证标准和管理标准。采用这种模式的企业有第一车网、优信二手车、车猫、车王等。

车猫网成立于2012年5月，为用户提供了二手车认证、质保、交易、金融以及汽车后市场等服务，2014年独创车猫1058项全面检测，2015年通过"认证＋帮买"业务模式，2016年创立车猫合伙人制，快速拓展线下认证服务网点，针对二手车经销商的业务需求，输出认证品牌，认证体系，线上＋线下运营体系以及售后增值产品体系，帮助平台合伙人建立品牌，提高业务效能。目前车猫认证二手车品牌连锁线下网点已覆盖杭州、温州、台州、宁波、苏州、南京、徐州、连云港、南通、厦门、珠海、福州、成都、重庆、北京、石家庄、天津、大连等全国近70个城市、百余家门店。

4. C2C电商模式

C2C电商模式即所谓消除中间环节，个人直接把车卖给个人，没有中间商赚差价。这种交易模式最重要的特点是个人对个人。目前主流C2C模式的电商企业基本上充当了二手车经纪公司的角色，帮卖家免费检测车辆，并将车况和卖家意向车价发布到平台上，等待买家咨询看车。交易中，业务员会带买家看车，撮合买卖双方达成交易，并帮助双方完成车辆过户。交易达成后，平台会向买家收取服务费。瓜子二手车直卖网、人人车等都是采用C2C模式的企业。

人人车成立于2014年4月，拥有专业的二手车评估师团队，通过车辆上网展示前的初检和交易过程中的复检，总共249项专业检测，杜绝在平台上出现非个人车、重大事故车、水浸车、火烧车。2016年人人车"开放生态"计划推出以来，已经与团车网、浦发银行、民生银行及众多线下服务门店展开合作。此外，人人车还在贷款、保险、整备翻修、保养、新车置换等环节同第三方公司深度合作。

三　二手车电商领域热点事件

（一）行业事件

1.《汽车反垄断法》出炉，剑指行业"潜规则"

2016年3月23日，国家发改委公布了《关于汽车业的反垄断指南（征求意见稿）》。反垄断指南针对车市存在的厂家限价、二手车限迁、经销商

地域限制等主要垄断行为做出了相应的惩罚规定。

2. "国八条"取消二手车限迁

2016 年 3 月 25 日，国务院办公厅 13 号文件《关于促进二手车便利交易的若干意见》正式对外公布。文件提出营造二手车自由流通的市场环境，不得制定实施限制二手车迁入政策，已经实施限制二手车迁入政策的地方，要在 2016 年 5 月底前予以取消；进一步优化二手车交易税收政策；简化二手车交易登记程序等八条意见。

3. 商务部等11部门发布《关于促进二手车便利交易加快活跃二手车市场的通知》

2016 年 6 月 8 日，商务部等 11 部门联合发布《关于促进二手车便利交易加快活跃二手车市场的通知》，通知要求各地商务、公安、税务、工商等部门不得违反《二手车流通管理办法》，违规增加限制二手车办理交易的条件。各地商务、税务、工商部门要加强对二手车交易市场及经营主体的监督管理，维护市场秩序，保护消费者合法权益。

4. 2016年（第三届）中国二手车行业发展论坛在沪举办

2016 年 10 月 13 日，由全国工商联汽车经销商商会主办，全国工商联汽车经销商商会二手车行业发展委员会承办的"2016 年（第三届）中国二手车行业发展论坛"在上海隆重召开。本届论坛以"顺势为、乘势上、与时进"为主题，对国家二手车产业政策进行了深入解读，对产业发展前景做了客观分析，特别是对"互联网＋"时代我国二手车行业出现的新趋势、新特点、新问题进行了广泛探讨。

5. 首个国家级备案服务认证标准颁布

2016 年 11 月 30 日，中国汽车技术研究中心旗下华诚认证中心在杭州宣布，其主导的二手车服务认证标准——《二手车鉴定评估及其电子商务交易服务规范》已通过国家认监委备案。

6. 4S店二手车置换价格指数发布

2016 年 12 月 3 日，全国工商联汽车经销商商会为旗下经销商会员间的二手车调剂、置换业务的开展以及可能发生的法律纠纷提供价格基础和评定依据，推出 4S 店二手车置换价格指数（UCCI）。

UCCI 的产生首先依赖于广泛的交易数据源，来自二手车商、二手车互联网媒体、电商平台、汽车厂商、移动应用、其他第三方等渠道每天提供的超过 1000 条拍卖数据、超过 60000 条车商报价以及 7000 条调价数据，为 UCCI 的计算提供了强大的数据支撑。

7. 三部委发布《取消限迁函》

2017 年 3 月 21 日，商务部网站发布了《商务部办公厅　公安部办公厅　环境保护部办公厅关于请提供取消二手车限制迁入政策落实情况的函》（以下简称《取消限迁函》），各地区（北京、天津、河北、上海、江苏、浙江除外）在 2017 年 4 月 14 日前将取消二手车限迁政策落实情况和《取消二手车限迁政策情况表》（附件）分别报商务部、公安部、环境保护部。商务部将根据各地上报情况形成报告，商公安部、环境保护部后上报国务院，对取消二手车限迁政策进展缓慢的地区，将提请国务院适时开展实地督查，并向社会公开各地工作进展。

（二）企业事件

1. 平安集团暂停二手车业务

2016 年 2 月 16 日，平安集团发布声明，"根据集团 3.0 战略，为了给平安产险近 4000 万车险客户提供更好的移动互联车生活，平安好车和平安产险进行业务整合"。在此之前，业界猜测平安好车是由于亏损严重从而放弃二手车电商业务。

2. 央视315晚会车易拍违规竞价遭曝光

2016 年 3 月 15 日，央视 315 晚会曝光，车易拍存在竞价猫腻，存在严重欺骗消费者的行为。央视指出，"行业市场份额第一，占二手车电商市场 35.2% 的车易拍利用了易置换和快易拍两个不同的登录端，截断了卖家与买家之间的信息对称，让买卖双方出现差价"。

3. 大众（中国）、一汽大众、上汽大众成立合资企业打造二手车电商平台

2016 年 11 月 17 日，大众汽车集团（中国）在媒体沟通会上透露，大

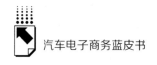

众汽车集团（中国）将携手大众汽车在长春和上海的长期合作伙伴共同成立一家全新的合资公司，并携手优信集团为快速发展的二手车市场共同打造虚拟平台。根据该合作意向书，大众汽车集团（中国）、一汽大众、上汽大众三方拟成立一家全新合资企业，针对二手车市场打造在线车辆周转平台。这是大众汽车集团（中国）首次携手两家合资企业建立一个全新的二手车电商平台。

4. 车来车往联姻开新二手车

2016 年 12 月 30 日，二手车 C2B 拍卖平台"车来车往"宣布与二手车帮卖企业"开新二手车"合并，双方将成立新品牌，意在实现二手车流通的全国一体化布局。

车来车往与开新二手车合并后，由车来车往创始人谢磊出任集团董事长，负责公司战略规划；吴烨担任集团执行副总裁兼开新二手车 CEO。

5. 优信车伯乐更名为"优信新车"

2017 年 4 月 12 日，优信集团旗下具有资讯、点评及社交等功能的汽车类媒体内容平台车伯乐更名为优信新车。车伯乐原本定位于汽车资讯互动社区平台，优信 CEO 戴琨曾宣布将斥资两亿元打造"伯乐号内容生态扶持计划"，鼓励众多汽车爱好者与车伯乐一同搭建汽车资讯平台。更名后，优信官方介绍"优信新车"定位为中国首个集汽车资讯、报价、社区于一体的汽车导购平台。

6. 易鑫发行汽车融资租赁 ABS

2017 年 4 月 24 日，"中泰－易鑫二期资产支持专项计划资产支持证券"在上海证券交易所固定收益平台正式挂牌，发行规模超过 20 亿元。易鑫本轮 ABS 的发行规模，远高于自身此前 5 轮场内 ABS，同时也是目前汽车互联网交易服务领域，受证监会监管、以汽车融资租赁资金为底层资产发行规模最大的场内 ABS。

7. 大搜车旗下"弹个车"加速平台化

2017 年 6 月 21 日，大搜车旗下的汽车融资租赁品牌"弹个车"宣布平台化战略布局，加速进入 2.0 发展阶段，以互联网新零售基因与市场上各类汽车金融服务机构共建汽车融资租赁生态平台。据了解，完成平台化后，大搜车只做"弹个车"电商属性部分的业务，为平台提供采购、物流、销售、交付、资产管理、二手车残值托底与处置等业务支撑。大搜车创始人CEO姚军红认为，弹个车平台化是大搜车开放与行业赋能理念的延伸。当前二手车商应该做好渠道下沉，接入平台完成电商化。

8.二手车平台推出"十天包卖"服务

2016年6月22日，人人车宣布推出"十天包卖"服务，卖家可将车源全权委托给人人车以协议价出售，人人车方面承诺，凭借在交易规模和交易效率等方面的优势，车源将在十天内售出，未能出售将按协议价支付给用户。瓜子二手车等二手车平台企业也推出类似服务模式。

（三）融资事件

1.瓜子二手车直卖网

（1）瓜子二手车直卖网A轮融资超过2.5亿美元

2016年9月14日，瓜子二手车直卖网获2.5亿美元的A轮融资，投资方为红杉资本、经纬中国、蓝驰创投等，本次融资破二手车电商领域单笔融资金额纪录。瓜子二手车直卖网CEO杨浩涌表示，在充足的资金支持下，瓜子二手车直卖网将会通过技术创新、强大的线下服务能力和品牌打造能力高速领跑行业，推动行业的整体发展。瓜子二手车直卖网处于行业爆发的风口，资本层面的零压力和团队的强大专业能力、执行能力，将使瓜子抓住机会，进一步扩大在二手车电商领域的市场份额。

（2）瓜子B轮融资超过4亿美元

2017年6月15日，瓜子二手车直卖网宣布，获得B轮超4亿美元融资，投资方包括H CAPITAL、招银电信新趋势股权投资基金、首钢基金旗下京西创投、Dragoneer Investment Group等；老股东红杉资本牵头并追加此轮投资，经纬创投、蓝驰创投、山行资本等持续跟投并追加投资。泰合资本担任本次交易的独家财务顾问。瓜子二手车直卖网本轮融资创下二手车领域B轮融资规模之最。

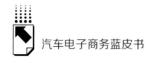

2. 车易拍

车易拍获北汽产投投资。2016 年 11 月，消息称车易拍与优车诚品将被全面整合至北汽集团，其旗下的北汽产投将为此投资数千万美元，北汽产投将成为车易拍第一大股东。北汽作为大型汽车集团，切入二手车电商市场，布局全产业链，完成自身的互联网转化，这是大势所趋。

3. 大搜车

大搜车获 1 亿美元融资，推出"弹个车"。2016 年 11 月 15 日，二手车交易服务平台大搜车正式宣布完成蚂蚁金服和神州租车共同参与的 1 亿美元 C 轮融资。本轮投资中蚂蚁金服以战略投资方的身份加入。当天，大搜车还推出一款"信用购车金融方案"产品——弹个车。弹个车的新车购车方案选用"以租代购""先租后买"的弹性购车方式，主要由首付租金、月租金以及购车尾款三部分构成。

4. 优信

优信获 5 亿美元融资。2017 年 1 月 15 日，二手车电商优信集团宣布完成新一轮 5 亿美元融资，由 TPG、Jeneration Capital、华新资本联合领投，华平、老虎环球基金、高瓴资本、KKR、光控众盈新产业基金、华晟资本等新老股东参与跟投。在这次融资完成后，优信集团的总融资额为 10 亿美元。

此轮融资后，优信将加大在业务发展、产品服务和品牌知名度方面的持续投入，优化二手车产业生态圈的布局；并将凭借雄厚的资金实力和强大的执行力，与竞争对手拉开显著的距离。

5. 第1车贷

第 1 车贷连续完成 B 轮、B + 轮融资。2017 年 1 月 15 日，第 1 车贷董事长李海燕正式宣布获得由西金资本、毅达资本领投，经纬创投、宜信新金融产业投资基金、360 金融联合投资的 3.6 亿元 B 轮融资，青桐资本、绿领资本担任财务顾问。发布会上，第 1 车贷推出了信息共享平台（DASS），其是面向汽车供应链金融行业，基于全国范围，进行资产监管的可视化信息公示、查询、核检平台。2 月初，第 1 车贷宣布完成 1.4 亿元 B + 轮融资。

6. 车置宝

车置宝并购又一车。2017年3月17日，车置宝宣布获得近1亿美元C轮融资，此次C轮融资的领投方为太盟投资集团（PAG）。伴随着此次融资，车置宝也完成对中高端二手车交易平台又一车的战略并购。并购完成后，双方将以车置宝品牌继续拓展C2B二手车交易业务。

7. 梧桐汽车

梧桐汽车融资1000万元。7月26日，定位为二手车科技金融平台的梧桐汽车，在北京举办了以"新科技，新金融"为主题的二手车商全面赋能战略及A轮融资发布会。梧桐汽车此轮融资共计1000万元，由中海同创、车界汇资本、第1车贷共同投资。

四　二手车电商发展趋势

（一）解限政策效果逐步显现，二手车跨区域流通趋势逐渐成为主流，电商平台的交易渠道纷纷下沉

随着解限政策实施效果逐步显现，政府、电商平台和线下从业人员等多方面的推动，二手车跨区域高效流通是大势所趋，跨区域交易量将会出现大规模增长，消费者可选购车源有望大幅增加，从而进一步刺激二手车市场快速发展。

2017年7月1日，《汽车管理销售办法》开始实施。该办法颁布之后，将会对整个汽车市场，尤其是三、四线城市的汽车消费产生巨大影响，不少电商平台积极布局三、四线城市助力二手车潜力进一步释放。

瓜子二手车2016年开始重点推动城市渠道下沉。目前，瓜子二手车的服务覆盖了全国30个省份、200多个城市，覆盖全国、中心城市辐射周边地区、重点区域拉动卫星城，其中相当大一部分为三、四线城市。

优信集团2017年6月推出的"全国直购"业务，通过布局丰富的线下门店、物流网络及服务保障，可实现消费者异地购车需求。

阿里巴巴集团旗下拍卖平台孵化的闲鱼二手车业务，开始涉足线下市场。2017年7月11日，闲鱼二手车业务首家线下体验店落地杭州，还将在全国挑选商家合伙人，联合开设线下体验店，由商家运营、管理，提供服务，并计划在3年内通过授权开设超过500家线下店。

由此看来，二手车市场正在不断下沉，三、四线及以下城市将成为二手车电商的必争之地。

根据易观的预测，二手车电商交易量在2017年将突破230万辆，到2019年将会突破450万辆（见图21）。

图21　2013～2019年中国二手车电商交易量及预测

资料来源：易观。

（二）模式差异进一步缩小，行业回归商业本质

2016年以来二手车电商模式之争逐渐归于平静，各平台更注重用户服务能力和内部运营能力，将实现营收作为企业发展的重要任务。

二手车电商行业商业本质开始回归，平台未来竞争点将会着重提高各方面资源和能力，积累用户、线下、资金、品牌知名度等多方面资源，不断增强企业内部运营能力，提升用户满意度，提高平台的综合竞争力。

（三）人工智能、大数据等技术推动行业检测评估体系不断完善

2016 年，人工智能、大数据等技术在二手车检测、估价等领域的应用受到行业高度重视，各平台在积累了大量车况数据的基础上，借助人工智能、大数据等技术不断提高检测技术，完善二手车认证评估体系。

人工智能、大数据技术能够在一定程度上改善二手车行业诚信缺失、车况不透明等现状，提高车况检测准确率，提高消费者信任度。随着消费者认可度的提高，在中国巨大的汽车保有量背景下，二手车市场存在巨大的发展空间。

（四）二手车金融服务、售后延保助力电商平台提高用户体验，增加赢利来源

二手车作为非标产品，一直被传统汽车金融企业所忽视，2016 年以来，众多二手车电商平台纷纷布局金融、售后延保等服务，不断完善服务项目，提高用户购车体验。

表 2　各电商平台的金融产品

电商	瓜子二手车	人人车二手车	优信二手车	车猫	车王
服务项目	分期购车	抵押贷款	融资租赁、分期购车	信用贷款、融资租赁	分期付款、融资租赁
合作机构	工商银行、平安银行、长安信托、玖富分期等	平安银行、微众银行等	优信金融、芝麻信用、微众银行等	车猫金融、芝麻信用、挖财等	车王融资租赁、上海银行等
特色	合作机构多，利率与门槛选择方便	车贷与保险产品搭配，产品更加完美	"付一半"展开业务早，知名度高	自有金融产品，车贷与理财相结合	以融资租赁为主打产品
电商	车易拍	优信拍	车置宝	天天拍车	车来车往
服务项目	信用贷款	信用贷款、库存融资	信用贷款	信用贷款	库存融资
合作机构	平安普惠、众安等	优信金融等	海尔云贷、平安普惠等	平安普惠等	车合金融等
特色	大额信用贷款无抵押	利率低，融资方案灵活	与多家机构合作构建信用平台	依靠历史交易记录进行授信，可循环使用	融资方式多样

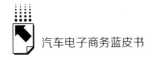

目前国内二手车金融渗透率为 5%，而国内新车的金融渗透率为 30%，发达国家的二手车金融渗透率高于新车金融渗透率。2016 年，二手车金融市场规模达到 5000 亿元，预计 2020 年将达到 1 万亿元。

二手车电商在车辆检测、认证、评估等方面的基础使其发展二手车金融业务具有天然优势。消费者对二手车行业认可度的提高，能够带动交易规模的增长，由此将产生更多的金融服务需求。二手车电商平台布局金融和售后等服务，能够有效提升用户购车体验，增加企业赢利来源。

（五）全平台汽车电商生态开始形成，新车、二手车、后市场相互联动

2016 年以来，更多的二手车电商平台开始涉足新车、后市场领域，诸如优信、瓜子二手车、人人车、天天拍车等在新车领域布局等，更多二手车商平台开始走向置换和售后服务领域。

二手车属于低频消费场景，二手车交易服务、佣金等收入有限，将二手车与新车和售后相结合，形成全平台的汽车生态服务，能够完善车主置换的各项配套服务，激发更多的车后服务需求，提高用户黏性，深挖用户价值。

五　二手车电商企业案例

（一）优信案例

1. 优信发展概况

2011 年，时任易车副总裁戴琨从易车网离职创立了优信拍。当时正值北京汽车指标的限购，大量置换来的二手车要迁到外地市场，4S 店需要处置二手车，B2B 拍卖模式有了很大商机。

在易车网 CEO 李斌的支持下，从二手车现场拍卖到网络竞拍，经过多年的探索和实践，优信拍形成了从线上拍卖到线下交付以及增值服务的拍卖业务体系，为新车和二手车商、租车企业等提供二手车交易服务。

2014年7月，优信决定开拓新业务，做面向个人消费者的B2C业务优信二手车。之后两大业务线并行发展，优信集团成立。

截至2017年上半年，优信已经累计融资总额接近10亿美元。融资的历程如下：2011年，戴琨离开易车集团，成立优信拍，获得易车董事长李斌的天使投资；2013年，优信拍获得君联资本、DCM、贝塔斯曼（BAI）、腾讯产业基金合计3000万美元A轮投资；2014年，优信拍完成来自华平、高瓴资本以及老虎环球基金的2.6亿美元的B轮融资；2015年3月，优信宣布完成总计1.7亿美元新一轮融资，领投方为百度，另有KKR、Coatue等投资机构跟投。2017年1月，国内领先的二手车电商优信集团宣布完成新一轮5亿美元融资，由TPG、Jeneration Capital、华新资本联合领投，华平、老虎环球基金、高瓴资本、KKR、光控众盈新产业基金、华晟资本等新老股东参与跟投。

到2017年初，优信宣布交易二手车100万辆。优信集团从2016年下半年开始筹划新车业务，2017年4月，社交类汽车电商"优信新车"上线。

2. 商业模式

（1）优信拍

优信创立之初立足做二手车交易平台，以建立高效的交易模式为宗旨。旗下业务包含二手车在线批发平台优信拍、二手车在线零售平台优信二手车、面向消费者和车商的金融服务。

优信拍通过提供车辆检测、在线拍卖、车辆交付、手续流转、增值服务等一站式服务，聚拢海量买家与卖家，帮助二手车经销商建立货源采购市场，又能提供跨地区的物流服务。

优信创业6年来，与国内车商保持着密切合作，围绕车商进行多次服务升级。优信拍业务线通过拍卖在短时间内帮助一辆车找到更多的买家，供应车源的一端是4S店、二手车商、大客户，另一端是竞价参拍的买家，来自全国的二手车零售经销商。

网络竞拍的交易模式对每一辆参与拍卖的车，通过"查客"设备对车辆进行检查，把车辆的状况转化为"查客检测报告"，公示在优信拍的拍卖平台上。卖家根据自身需求填写包括它的保留价、竞拍时间以及其他交易信

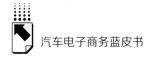

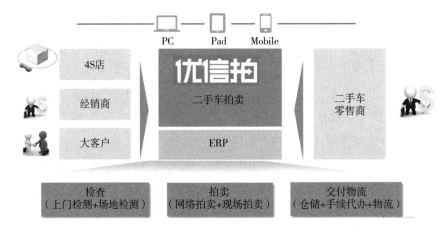

图22　优信拍模式

息，将二手车作为一个在线拍卖的"商品"发布竞拍。优信拍向买家收取交易服务费、交付服务费、整备费，向卖家收取车辆检测评估费，如果交易不成功则不收取相关费用。

到2016年7月，优信集团B2B二手车业务首次实现赢利。截至2016年底，在全国7个中心城市建设总面积超过30万平方米的线下交易中心，拥有合作车商已超过10万家。

（2）优信二手车

优信二手车主要面向C端客户，而作为二手车的零售平台，优信二手车在全国铺设近3000人的线下业务团队，通过采集各地商家的车辆，经过专业检测后，将车辆信息发布到优信二手车平台上。个人买家对平台上的二手车有兴趣，就可以打电话或者在线预约看车，优信工作人员会带买家去车商那里看车。

优信二手车通过二手车车源的覆盖能力、车辆检测能力以及实际购买过程中刷POS机进行一定把控，为买车的用户提供有质保承诺的商家车源，并提出先行赔付保障。这在一定程度上解决了二手车的车辆信息不透明、交易不诚信的问题。优信以经销商B端客户为基础，重心逐步向消费者C端用户转移。从购车环节改善用户体验，是优信二手车的着力点之一。

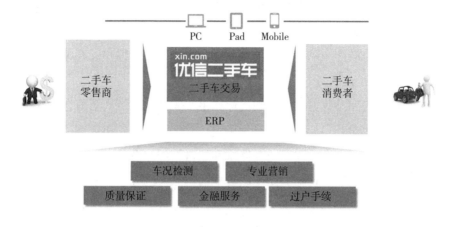

图23　优信二手车 B2C 模式

　　成交的时候刷优信二手车给合作车商配的 POS 机，车商向优信支付每单1%～2%的佣金手续费。而优信向买家担保无重大事故、无火烧、无泡水，如果车源不符合承诺，可向优信二手车平台申请退车。

　　在二手车交易的过程中，买家分期购车、买车险、维修保养等需求也成为优信提供增值服务的机会。优信的金融产品比如"付一半"，一方面收取车商成交佣金，另一方面收取买家的融资租赁服务费，优信二手车与部分地区的保险机构合作，分期购的买家在当地指定合作机构购买保险。正是金融衍生服务加速了优信二手车赢利，2016年11月，优信二手车开始赢利。

　　3. 核心能力

　　优信平台目前拥有稳定的车源，合作车商超过10万家，近年来相继在北京、上海、广州等8个中心城市建立了分公司、线下实体拍卖交易大厅。业务覆盖全国370多个城市，在各地建立了线下服务门店、检测点等。

　　无论是针对商家，还是个人客户，优信都有相应的二手车交易的解决方案，在交易模式的选取上重在提升交易流通效率。相对于最大竞争者瓜子二手车专注同城直卖，优信正在增强在全国的基础服务能力，主打"全国比价"、跨区域调配的战略。

　　除了线下的渠道铺设和基础服务能力，优信从创立之初就重视在网络产

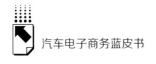

品技术能力上的建设。从在线竞拍到在线零售,优信投入了很大的财力和人力,根据用户需求打造和优化线上产品。目前优信二手车业务线上有商城客户端和商家客户端的产品,优信拍业务也有相应的买家版和买家版的产品。

4. 企业运营

以往优信集团是优信拍业务和优信二手车业务并行,从全国直购业务上线后,优信集团对公司架构进行了大调整,对优信拍业务和优信二手车业务从管理层上进行融合,成立了业务体系和战略管理体系。

从组织架构来看,优信集团不以具体的产品来区分业务了,而是分别梳理了区域业务和总部参谋两大体系。可见优信在打通全国范围内二手车交易的战略目标,一方面从区域业务开拓、经营管理、客户运营的方向着手,另一方面通过总部的产品规划、参谋督导、决策支持等工作展开。

5. 未来发展规划

2017 年 6 月,优信集团发布了新的品牌构建计划,提出了新的企业宗旨:让拥有好车变得更简单。

2017 年 6 月 15 日,优信二手车平台上线了全国直购业务,突破地区限制,对异地车源也提供远程看车、议价、运送以及过户、检测、售后质保等一整套服务。在这一业务推出后,优信集团也进一步明确了企业宗旨,推动行业的大流通,让消费者可选可买的二手车更多、更便宜;加强专业能力,帮助消费者买到更放心的二手车,用车更轻松。

优信集团宣布用三到五年的时间,建立强大的二手车基础服务能力,包括检测能力、仓储和物流能力、全国手续流转能力、售后保障能力、金融衍生业务能力。

根据优信的规划,计划投资 20 亿元自建物流体系,到 2020 年建立 20个中心仓与 100 个分拨仓,渠道下沉到四、五线及县城城市,实现 2000 家终端门店,还要与地方政府协力提高二手车异地流转手续的效率,缩短办理手续时间,让二手车异地落档更便利。

6. 总结

在二手车电商激烈的竞争中,优信获得资本青睐,占据明显优势,得益于优信几年来在二手车产业的深厚积累。立足做二手车交易平台,以建立高效的交易模式为宗旨,不断试错,经过6年的稳健发展,拍卖和零售、金融业务模式形成了资源共享和互为补充的生态圈,在提升二手车流通效率的同时,也降低了自身的运营成本。

优信能否如其规划实现全国二手车的流通,一是要看它的区域体系能否完善和成熟;二是要看它的组织管理体制能否适应其市场规划,不断优化二手车的流通服务能力。

(二)瓜子二手车

1. 基本情况

瓜子二手车前身是赶集好车,是赶集网内部孵化的项目,于2015年9月15日正式更名为"瓜子二手车直卖网"。当年11月25日,瓜子二手车完成分拆,在经济上和法律上变成一家独立的公司。时任58赶集集团联席董事长杨浩涌以个人名义向瓜子二手车投资6000万美元,卸任集团CEO,并出任瓜子二手车CEO。

瓜子二手车致力于二手车交易去中介,促成个人买家和卖家的直接交易。截至2017年6月,瓜子二手车实时在售个人车源量超过15万辆,覆盖全国30个省市、超过200个城市,拥有近2000人的二手车评估师团队。

2. 商业模式

（1）价值定位

瓜子二手车脱胎于分类信息网站赶集网,如何能让二手车买家来到平台上买车,首先要为二手车用户提供专业的服务,建立起信任。从"赶集好车"更名为"瓜子二手车直卖网",正是为了打造一个二手车专业的服务平台,让用户更好地认识到这个平台区别于原有的信息网站,让线上二手车服务从信息服务转化为电商服务。

瓜子二手车从2015年就开始在全国铺设线下团队提供检测、交易服务,从4S店、二手车市场等挖专业评估师,对平台上的车源进行上门检测,

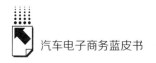

2016年该平台共检测大约200万辆二手车，通过大数据的积累及人工智能算法的加持，以评估二手车的价值。通过二手车检测服务帮助买家了解车况和残值，撮合了二手车交易，并提供陪同过户的服务。此外，为了消除用户买到问题车的顾虑，瓜子二手车承诺重大事故车14天可退。

除了专业的服务外，瓜子二手车使个人之间的交易没有中间商赚差价，省去了以往4S店、黄牛等二手车中介加价的环节，让利给个人买家和卖家。

（2）目标市场

瓜子二手车选择了C2C即个人与个人的交易模式，首先需要解决个人车源问题。2016年投入10亿元做广告投入，辐射LED广告、公交视频，覆盖车站、地铁、写字楼等人员密集地区，及各大卫视黄金时段。数据显示，2015年10月通过广告投入，瓜子二手车流量增长了5倍多，成交量增长了2~3倍。

评估师免费上门拍照登记验车、检测评估，在买家买走车之前，卖家可以继续开。带有意向的买家看车，收取佣金费。为了让这种C2C模式走通，瓜子二手车在全国200多个城市建立了服务团队，其中，评估师团队近2000人。

公安部交管局数据显示，截至2017年6月底，全国机动车保有量达3.04亿辆，与2016年底相比，增加938万辆，增长3.18%。在此情况下，二手车市场面临着井喷。而传统二手车交易市场最为人诟病的地方是交易信息不对称、不透明，中介群体良莠不齐，部分中介出于利益会低价买高卖，严重伤害了消费者的利益。以瓜子二手车为代表的电商平台的出现和普及有效地解决了这个行业顽疾，带给消费者全新的买卖二手车体验。

（3）赢利模式

目前的赢利模式，瓜子二手车只收取4%的服务交易佣金，除此之外不收取其他费用。而更多的赢利空间是在汽车后服务市场，通过交易，汽车金融、保险以及其他车后服务将会成为瓜子二手车的主要赢利业务。

以金融的布局为例，目前瓜子二手车金融已经搭建了一个产品丰富的"1+1+1"矩阵式金融开放平台：自有产品+成熟合作伙伴定制化产品+

个性化创新产品。具体来说，第一个是瓜子二手车针对一些特定的用户群提供自己的金融产品，这种金融产品可以做到很快捷地放贷。第二个跟一些成熟的合作伙伴推出定制化的产品，瓜子二手车金融业务合作伙伴是包括平安银行、微众在内100家合作伙伴。第三个是把对用户和风险的理解等数据开放给合作伙伴，让合作伙伴推出更适合的金融产品来服务整个瓜子二手车的用户。

瓜子二手车CEO杨浩涌曾透露，金融给每一单交易平均贡献5%的利润。

3. 核心能力

瓜子二手车从赶集网独立出来，成为一个独立的服务品牌，为了让人听到"瓜子二手车"就能联想到二手车直卖网，瓜子二手车持续在品牌广告上投入。以2017年春节档的投放为例，其启用了全面覆盖的广告策略，其中电视媒体覆盖全国，落地到城市端的深度广告投放覆盖100多个重点城市，涉及网络视频、LED广告、公交视频、车站以及地铁广告等多个品类，并涵盖多个重大体育赛事。全面立体地向有购车需求的二手车用户宣传。

持续的广告投入让瓜子二手车在品牌认知上甩开了竞品，艾瑞咨询发布的2017年3月汽车电商移动APP月独立设备数据显示，瓜子二手车月度独立设备数增加至416万台，在汽车电商品类中排名第一。易观千帆发布的数据显示，2017年3月，瓜子二手车APP月活达到714.68万，超过排名第二的人人车两倍以上。

瓜子二手车重视大数据的挖掘，目前建立了350万辆车信息及2亿车主的数据库，应用到车辆估价、残值预估、车源个性化匹配、征信体系等方面。2017年初，瓜子二手车宣布与58集团战略合作，双方在流量、二手车检测、金融风控、车源、大数据等方面展开深度合作。58同城二手车平台带来了流量优势以及商家车源数据，有助于瓜子二手车建立更丰富的大数据体系，为二手车定价、估值、后市场提供强有力的技术支持。

继获得融资租赁牌照后，瓜子二手车在2016年底获得了二手车电商领域首张互联网小额贷款牌照；瓜子二手车接入中国人民银行征信体系，同时

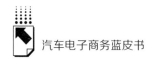
自营金融业务接入多家银行作为资金方。

4. 运营管理

在 CEO 杨浩涌看来，瓜子二手车当前发展规模的目标比赢利更重要。经过近两年的网店铺设，目前瓜子二手车的服务已经覆盖到全国 30 个省市、超过 200 个城市，公司员工也从最早的 1000 人发展到 8000 多人。

瓜子二手车的团队主要来自赶集网，原赶集 1000 多名员工跟随杨浩涌"二次创业"。高管团队中，原瓜子二手车首席运营官 COO 陈国环 2014 年在赶集网任职 COO，瓜子二手车上线后，负责瓜子的总体运营，搭建线下的直销体系。现在的瓜子二手车高级副总裁祝孝平（此前也在赶集网担任副总裁）在陈国环离职后，总体负责销售和运营体系。

在技术产品方面，2017 年初，瓜子二手车从宜信挖来了张小沛，任职首席技术官 CTO，负责技术、产品和金融业务。目前瓜子二手车金融业务已实现对全国超过 150 个城市的覆盖。

在融资方面，瓜子二手车从赶集网孵化出来之后，2015 年 11 月，创始人杨浩涌以个人名义向瓜子二手车注资 6000 万美元。2016 年 3 月 30 日，瓜子二手车完成总额超 2.5 亿美元的 A 轮融资，红杉资本中国和光信资本领投，山行资本、微光创投、风云天使基金、诺伟其投资等数家投资机构跟投。A 轮融资过后，瓜子二手车的估值超过 10 亿美元。2017 年 6 月，瓜子二手车获得 B 轮超 4 亿美元的融资，并由此创下二手车领域 B 轮融资规模之最。此轮投资方包括 H CAPITAL、招银电信新趋势股权投资基金、首钢基金旗下京西创投、Dragoneer Investment Group 等，老股东红杉资本牵头并追加此轮投资，经纬创投、蓝驰创投、山行资本等持续跟投并追加投资。此轮融资后瓜子二手车估值超过 25 亿美元。

5. 总结

从定位直卖模式后，瓜子二手车通过强有力的广告向用户传达定位，没有中间商赚差价，打破传统二手车交易模式，直卖模式的创新让瓜子二手车掌握了交易两端的用户。通过线上线下服务的结合，增强了平台服务能力，在一定程度上解决了二手车用户的痛点，比如，车辆信息更透明、车价更透明、售后有保障等,并提升了二手车交易效率。同时,得益于品牌投放势能的累积、大数据及技术的强大优势和线下万人铁军的联动作用,瓜子二手车的规模优势进一步巩固。数据显示,在效率方面,截至3月底,瓜子二手车实现了上架3辆成交1辆的转化率,多个城市可达到上架2辆成交1辆。

瓜子二手车平台已经成为二手车服务的重要入口,并从交易切入以汽车金融为主的汽车后市场。瓜子二手车提出了2017年的目标:成为二手车电商的入口级平台,月成交量10万多辆;深度布局汽车金融领域,智能金融云平台合作伙伴超过300家;强化大数据技术能力,通过商业数据洞悉消费者行为,驱动业务创新升级。

面临的挑战:2017年3月,美国二手车C2C交易的明星公司Beepi倒闭,究其原因,主要是运营管理出现问题,追求高估值,又遭遇资本市场紧缩。而杨浩涌坚持瓜子二手车2017年将用赢利来为C2C模式正名。在二手车交易基础上发展汽车衍生业务,是瓜子二手车突破C2C交易模式瓶颈的重要战略。

(三)车来车往案例

1.基本情况

车来车往全称是世纪车来车往(北京)网络科技有限公司,2015年5月创立于中国北京,旗下包含国内领先的知名二手车互联网交易与服务平台"车来车往"、汽车领域综合金融服务提供商"车合金融"。2016年12月30日,车来车往集团正式与全球二手车C2B帮卖模式"开新二手车"达成战略合并,"车来车往集团"也形成了车来车往、开新二手车帮卖、车合金融三大品牌协同发展的品牌格局。

开新二手车帮卖创立于2009年,是一家专业帮个人车主卖车的互联网平台。开新首创二手车C2B拍卖模式,是中国C2B拍卖的鼻祖。通过134项专业的检测、全国网络无线竞价以及线下门店交易的方式帮助用户实现一站式卖车,为用户解决卖车麻烦的问题。开新二手车创立8年已成功为40万名车主提供卖车服务,良好的客户口碑表现在历史成交数据中46%的都

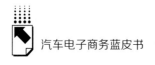

是来自口碑传播。

2. 商业模式

（1）企业定位

凭借开新二手车的 8 年品牌效应和成熟的拍卖机制，结合车来车往先进的管理模式和金融业务，秉承公正、透明的原则，车来车往通过互联网平台 + 线下实体构建集二手车交易、新车交易、汽车金融贷款、物流配送、汽车保险于一体的良性二手车生态体系，为用户打造极致的二手车交易服务体验。

（2）目标市场

开新二手车自 2009 年创立以来深耕二手车 C2B 模式，即通过线上渠道 + 线下门店聚集个人一手车源，通过检测后上传到"竞价宝"拍卖平台，由平台千家合作优质车商参与竞拍。所以，目前车来车往集团希望为用户打造极致的二手车交易服务体验，以及帮助车商方便、快捷地获取车源，拓宽收车渠道。

公司将于 2017 年下半年引入机构车源，对车源架构进行延展，与个人优质车源互为补充，同时也为服务车商提供更好的入口，预计交易量约占目前总体业务的 10%。

（3）赢利模式

开新二手车帮卖每笔交易向车商收取车辆交易价格 4% 的佣金，考虑到合作车商数量的高速增长和行业内较低的单车获客成本，开新二手车将有望于 2017 年 10 月实现赢利。

目前在已经开设的线下连锁门店中，平均每家店营业 3 个月，就能够保持收支平衡，5 个月即可实现赢利。除二手车 C2B 帮卖外，车来车往旗下的车合金融还为开新二手车合作车商进行授信，提供库存贷等定制化金融服务。

3. 市场战略

自 2017 年 4 月开始，开新二手车以"链家模式"将业务拓展，目前公司已经以北京为中心，在华北、华东、西南、华南四个地区建立了四大运营中心，围绕四大运营中心带动周边城市发展，建立全国一体化布局。在北京、天津、上海、苏州、杭州、重庆、成都、沈阳等地区都设立了服务网点，可以为车主提供到店车辆检测和预约上门检测服务。

预计2017年内新增11家分公司，在全国范围内建立300家线下门店。2017年成交量预计增加至20万辆，交易金额突破120亿元。

车来车往与开新二手车帮卖战略合并后，车来车往集团以开新品牌在2017年2月与辽宁宏运足球俱乐部达成战略合作，以8800万元买断辽足2017赛季全程总冠名及胸前广告，开了二手车企业联合中超球队进行精准营销的先河。未来车来车往集团将投入更多资源与营销费用进行市场战略扩张。

4. 运营模式

开新二手车帮卖门店由检测师、帮卖经理和店长三大核心职位构成。门店类型根据业务量的大小分为旗舰店、体验店以及社区店三种，旗舰店一般可容纳8~10位工作人员；体验店一般由6~7位员工组成；社区门店有5位工作人员。

消费者可以通过开新二手车帮卖官网、微信公众号、门店以及400电话四种方式进行预约检测，开新二手车的客服中心会根据车主的需求，安排专业的检测师上门检测或者邀请客户到店检测，整个检测过程为30分钟左右，检测完成之后会自动生成一份专业检测报告。跟开新二手车合作的千家全国车商会根据检测报告进行竞价，竞价时间为30分钟，竞价结束之后开新二手车会以短信和电话的方式告知消费者竞价结果，同时消费者也可以通过登录开新二手车的官网进行自主查询价格，最快2个小时可以成交，开新二手车的报价3天有效，消费者可以不误用车，灵活选择是否成交。若消费者对价格满意，选择预约成交，开新二手车会先行垫付，3分钟立即支付车款给车主。

开新二手车免费帮消费者代办过户手续，为让客户有更好的卖车体验和售后服务，让客户多一份安心，开新二手车独创"超时赔付"承诺，凡因开新二手车问题未在约定时间内帮助客户完成额度单的办理，开新二手车会

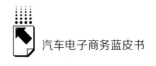

支付给客户 100 元/工作日的补偿。超时赔付承诺，更多的是开新二手车对于自身产品和服务体系的确信，和给消费者信任开新二手车品牌的心理保证。

为了保障合作车商出价的质量，开新二手车创立了车商信用评星评级的淘汰机制，不断优化筛选出优质车商，保障竞价的公正合理，从而确保消费者的利益。

同时为了车商竞价方便，开新二手车研发了"竞价宝"APP，跟开新二手车合作的经销商可以自主查看全国各地车源以及车辆的检测报告，并且在APP 上竞价。竞价成功，车主手续办理完成以后，开新二手车会通过物流的方式把车辆送到车商的家门口，开新二手车全程担保所有的物流风险，全国车商实现足不出户，尽收天下好车。

开新二手车的核心价值在于打造一个诚信透明的品牌，引领二手车行业分配新秩序，通过运用获得诺贝尔经济学奖的 Vickery 竞价规则，建立无线盲拍系统，出价的车商之间均不知道对方价格，确保出价的真实有效性，同时开新二手车 8 年坚持不议价，车商竞价就是用户最终的成交价格，从而保障车商和用户双方的利益，实现透明卖车之道。

5. 资本模式

车来车往集团拥有强大的资金与资源实力，用自有资金在二手车市场中进行快速扩张，成为二手车互联网电商平台的一匹"黑马"。另外，集团旗下开新二手车帮卖，此前获得过贝雅资本、FLAG Squadron Capital、达泰资本等全球知名投资机构的青睐。

6. 总结

开新二手车帮卖在车来车往集团的全力支持下，以链家模式在国内快速扩张已成规模，以 42% 的交易转化率及良好的用户口碑，引领二手车电商平台发展。

（四）大搜车

1. 基本情况

大搜车于 2012 年 12 月成立，由神州租车创始团队成员、前执行副总裁姚军红创建，最早做二手车品牌连锁店，对标美国二手车零售商 CarMax。二手车寄售由于时效性比较差，特别是聚集车源成本太高，发展并不顺利，无法达到盈亏平衡。大搜车从为二手车商提供软件服务切入，2014 年陆续上线了"车牛"和"大风车"，为二手车商搭建外部的车源信息平台和内部管理系统。2015 年 8 月，大搜车关闭所有线下门店，进军汽车金融领域。2016 年上线"弹个车"汽车金融平台，基于消费者个人信用提供低首付、分期灵活的汽车融资租赁方案。除了个人消费贷，大搜车也为二手车经销商提供秒贷。

2. 商业模式

（1）企业定位

经过三年多的摸索，目前大搜车已经转型为汽车销售服务提供商。一方面，利用软件、数据和线下服务为二手车商提供车源、客源、营销、微店、贷款等服务，帮助二手车商提升交易效率，降低交易成本；另一方面，基于蚂蚁金服旗下网商银行的信用数据及金融服务，为新车客户提供信用贷款，以先租后买的方式吸引用户到合作车商购买车辆，包括购置费用、上牌费用等，首次的用车成本降到 10%，新车购买一年后，可退，可买，可续租，可分期。

（2）目标市场

大搜车主要服务于国内二手车商家群体，打造了为车商服务的 B2B 平台，其中"大风车"管理软件的目标用户是中大型二手车商，包括库存管理系统、客户管理系统、营销平台、财务系统以及实用工具等，适合拥有独立展厅、库存 15 辆以上并有销售团队的车商使用，目前已为 4000 多家车商提供服务。另一款 B2B 产品"车牛"APP 是针对中小车商开发的，为车商提供一键发布的功能，可以把车源发送到 58 同城、汽车之家等平台上。车商可利用"车牛"进行线上营销、收车、卖车等工作，"车牛"还提供异地验车、担保交易、金融贷款、质保服务，以解决车况不透明、支付不安全和资金周转等问题。目前中小车商的用户达到十几万。

基于"大风车"和"车牛"的 B2B 服务，一开始就是免费的，据大搜

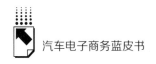

车公布的数据，B 端用户已经覆盖 80% 以上的二手车商。从 B 端切入后，大搜车面向二手车消费用户提供异地检测、交易担保、车况鉴定、车价评估、拍卖服务，通过"弹个车"为新车消费用户提供融资租赁的购车服务。

（3）赢利模式

通过为二手车商提供免费的系统和工具，大搜车掌握了国内 80% 的二手车商渠道。每月通过大搜车 SaaS 系统完成的交易已突破 100 亿元，占国内二手车总交易额的 20%，仍以每月 10% 的速度递增。

大搜车水到渠成地推出"弹个车"的赢利产品，联合汽车品牌厂商，由厂商为弹个车提供车源、产品培训，大搜车提供产品设计、金融风控、系统管理及线下服务，让合作的二手车商代理"弹个车"产品，目前在全国铺开的渠道已经超过 1000 家，包括新车 4S 店和二手车商。大搜车将在天猫旗舰店和"弹个车"APP 上的订单，全部导流给各地的门店，而车商提供落地交车服务，并获得每单 5000～15000 元的收益。"弹个车"上线后的第一个月卖掉 2600 辆车。

此外，弹个车的新车购买一年后，可退，可买，可续租，可分期。这样大搜车又能从为消费者端提供消费贷、贷款、保险、质保等环节赢利。

3. 核心资源

大搜车通过"车牛"和"大风车"的 SaaS 服务，聚集了二手车商家的资源。截至 2017 年 6 月，车牛的月活是 7 万，车商在其他平台的登录账号、车商内部的业务管理账号、营销账号都成为大搜车的数据。

大搜车掌握了二手车商家的交易数据、车辆数据，可以分析个体运营情况，进而预测行业的趋势。这是目前大搜车的核心资源。

在数据资源基础上，大搜车的团队设计出面向消费端可赢利的产品"弹个车"。2016 年 10 月，蚂蚁金服向大搜车战略融资，对大搜车开放金融、信用、风险控制平台。大搜车在线上的风控与蚂蚁金服合作，由于"弹个车"的用户一般都是支付宝用户，其身份识别可以通过芝麻信用确认，放款和还款也可以通过支付宝。阿里巴巴旗下的淘宝天猫、闲鱼等平台也能为大搜车提供更多的车商与消费者间的渠道。

在创始人姚军红的开拓下，半年多时间，"弹个车"已经和国内主流的十几个品牌汽车厂商建立了比较稳定的合作关系，提供的车型有40多款。大搜车通过提供融资租赁产品，进一步探索新车电商。

4. 市场战略

大搜车在汽车金融领域的突破在于，通过融资租赁的产品，打破汽车厂商传统的价格体系。一般买二手车首付30%，加上购置税、保险几乎达到50%，购车成本较高。"弹个车"模式降低了首次用车成本，首付10%，提高了消费者的购车能力。1年之后消费者可根据自己的真实体验决定还车或者购车，如果决定购车还可提供3年0首付分期贷款，整体购车方案分期最长可达6年。

直租的模式对大搜车的业务能力、车辆残值估价以及处置能力要求高。经过前几年的铺垫，相关的基础和环节都已经具备了，产品的模型很容易建立。姚军红提出，除了"弹个车"外，大搜车还将推出消费贷等金融产品。

2017年初，大搜车花数亿元在全国37个城市楼宇分众传媒及上海13条地铁投放"弹个车"广告，重在提高品牌势能。大搜车也不满足于"弹个车"这一个赢利产品，还会从二手车信息、交易、金融、服务等环节中创造新的价值。

5. 运营模式

大搜车的创始人姚军红在汽车行业从业12年，2005年作为神州租车的联合创始人在该公司负责市场，8年之后，自己出来创业成立了大搜车。从为二手车商提供软件服务开始，姚军红在杭州租了办公地，从阿里巴巴挖人。目前大搜车联合创始人兼高级副总裁的刘祚宏，曾在阿里做技术架构，被姚军红挖到大搜车负责技术和产品。

除了技术团队外，大搜车的市场团队在新产品、新项目的推广过程中也发挥着重要作用。大搜车联合创始人兼高级副总裁的李志远负责市场推广，维护车商渠道。截至目前，全国的地推团队有四五百人，入驻各县市。

姚军红重视团队的学习成长，安排了几次去美国、日本学习汽车行业经验，熟悉二手车的采购、定价、运营转化等整套逻辑。

在姚军红看来，大搜车的核心优势还在于团队的整合能力，比如"弹个车"的项目里包括阿里小贷、中安保险和金融机构的人员，能整合在一起，设计出新产品，又能够很好地控制风险。

6. 融资情况

2013年5月，大搜车成立之初获得晨兴资本、源渡创投数百万美元的A轮风险投资。当时的大搜车致力于二手车寄售，在北京、杭州等地建二手车连锁门店。

2013年9月，大搜车在向二手车商软件服务和交易服务转型，获得由红杉资本领投的千万级美元B轮投资，晨兴资本、源渡创投跟投。本轮融资用于优化业务模式，树立品牌及口碑，谋求全国扩张。

B轮融资之后，大搜车经过3年的实践和摸索，积累了自身的核心资源，对赢利模式逐渐清晰，并开始进军汽车金融领域。

2016年10月，大搜车完成1亿美元的C轮融资，蚂蚁金服领投，神州租车、红杉资本、晨兴资本、源渡创投跟投。这轮融资之后，大搜车全力运营首个融资租赁产品"弹个车"。

2017年4月，大搜车D轮融资1.8亿美元，美国华平投资集团领投，香港鼎珮投资集团、锴明投资、佐誉资本、海通国际、宜信新金融产业投资基金、晨兴资本跟投。根据大搜车的规划，本轮融资资金进一步投入以科技手段提升汽车交易及金融服务的生态平台建设，持续强化大搜车对车商的服务能力，同时继续加大对"弹个车"产品的投入，力争年内完成10万辆销售目标。

7. 总结

大搜车从二手车的寄售模式向B2B、B2C的交易模式转型成功，并在汽车金融领域推出了赢利产品，这得益于大搜车创始人和管理团队的战略决策，根据企业的赢利情况及时调整战略方向。深入二手车行业，了解车商的需求，把最底层的经销商需求线上化，通过免费的软件服务和数据服务，积累渠道、车源、交易数据等资源。在汽车金融的风口到来时，开创融资租赁的产品，利用已有的车商渠道迅速推广，充分利用战略合作方阿里巴巴、蚂蚁金服的金融、支付、风控等优势，打造可赢利的产品。

二手车作为非标品，一车一况，一车一价，融资租赁对车型残值、二手车处置的能力要求高，因此在国内发展较慢。大搜车以融资租赁模式切入汽车金融领域，通过产品的运营带动汽车消费者的金融习惯，并能很好地进行风险控制，是当前面临的重要任务。

（五）第一车网

1. 企业概况

第一车网（www.iautos.cn）2005年初上线，目前已经发展成为国内领先的二手车信息数据服务平台。至2016年末，第一车网注册经销商数量达到3万家，总计发布二手车超过850万辆，每年新增发布车源数约占全国乘用车二手车交易车辆的50%，在二手车网站上具有领先地位。第一车网覆盖全国，目前收入来源城市已达72个，已有27家开展了二手车业务的主流汽车厂商在第一车网进行品牌推广和车源推广。

2. 商业模式

为二手车经销商提供营销推广和交易服务、金融服务，为汽车厂商、金融机构等提供专业汽车数据服务。具体服务内容包括以下几点：为二手车经销商提供营销推广、交易服务、库存贷款和业务管理系统；为汽车厂商提供营销推广服务、网站建设和运维服务、专业汽车数据服务；为金融机构提供专业汽车数据服务；为购车消费者提供消费贷和质保服务。

第一车网拥有自1985年以来的超过16万款车型的完整参数配置信息，以及自1985年以来的历史新车价格数据（厂商指导价、市场优惠价）。价格数据来源于全国交易信息、知名二手车交易平台、汽车厂商及二手车经销商等丰富的二手车价格数据渠道。第一车网通过对数据清理分析，利用庞大的车价数据库为二手车交易价格提供参考。

第一车网还会同中国贸促会汽车分会、中国汽车研究中心组织成立了中国保值率研究委员会。从2011年开始，每年两次定期发布《中国乘用车保值率报告》，为多家厂商提供长期保值率监控与预测服务，为银行、保险机构、融资租赁机构提供残值数据服务。

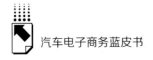

第一车网为二手车经销商提供优质的客户线索，实现高转化率、高成交率。据统计，2015～2016年共计成交近10万辆，交易总金额超过170亿元，其中50%以上的成交客户来自网站推荐客户线索。

考虑到经销商的金融需求，第一车网为经销商提供库存贷款，缓解二手车经营者的资金压力，盘活经销商库存车的资金占用，扩大经营利润。2015～2016年库存贷款总计放近7亿元。

第一车网还为消费者提供消费贷款服务，为消费者购车提供保障，促进消费升级，提升金融渗透率。消费贷款业务自2015年7月开始试点，2015年7月至2016年12月消费贷款总计放款近12亿元。自消费贷业务开展以来，逾期率低于5‰。

此外，第一车网自2015年率先全面开展二手车质保业务。2015年，二手车质保业务超过7000单，2016年增长到26300单。

3. 核心能力

第一车网作为领先的二手车行业垂直网站，积累了大量产品信息数据，与二手车行业参与者建立起密切的关系；覆盖全国30000多家二手车经销商；掌握车辆生命周期数据和经销商持续经营数据，可以通过大数据优选二手车经销商。此外第一车网支付系统掌控真实二手车交易场景，能够掌握经销商交易支付流水，100%杜绝虚假贷款订单。

4. 总结

第一车网起步较早，已经发展成为二手车行业领先的信息数据平台，拥有全国独家VIN车辆认证核价系统，覆盖全国2亿辆汽车的VIN及车型、车价数据。利用二手车行业的交易信息，提供二手车价格评估、车险定价、残值预测和融资租赁等产品，2015年前后为车商、消费者提供金融服务，稳健发展，商业模式非常清晰。

（六）公平价

1. 发展概况

公平价（南京价公信息技术有限公司）2013年7月创立于中国南京，

该项目由公平价创始人万可文从美国硅谷带回。公平价是国内首家独立第三方二手车估值大数据服务平台，通过人工智能算法分析车辆品牌、型号、公里数、车况等300多个价格因子，为用户提供精确、真实、透明的二手车市场价值报告，从而颠覆了二手车评估师通过传统经验来判定价格的方式，让车辆评估更快捷、更公平公正。公平价的出现促进二手车交易价格透明化，打破了价格由车商说了算的局面，使车商的利润从原来的20%左右降到5%～8%的合理利润空间。作为交易最前端的"估值"环节，公平价已累计为近1700万车主用户提供爱车估值服务。为超过400多个二手车交易平台、拍卖平台、二手车经销商、汽车金融合作伙伴提供二手车报价技术支持和线索服务。

2. 商业模式

公平价凭借独立第三方二手车估值，4年来累计服务1700万独立车主，定期提醒车主车辆价值，以及什么时候卖车最划算，陪伴车主直到成功卖车。

目前公平价车商版APP，已经注册车商3万家，开拓全国各地二手车市场，邀请车商入驻，为其提供精准的个人卖车线索和CRM管理系统。

来自公平价各个产品端的买卖车线索分发给对应的平台，按照每条线索向平台收取一定的服务费，以及来自车商每获取一个精准个人线索需要支付公平价一定的费用。以C端为核心，B端来买单的赢利模式已经开展一年半，2017年初已经实现收支平衡，随着用户量级的加大，目前收益有很大的上涨趋势。

公平价以估值为核心，致力于服务C端消费者，在此基础上，围绕估值开展更多的二手车交易、置换车、检测、金融、保险等估值PLUS服务。

3. 核心能力

公平价旗下产品有个人版APP、官网、M站、微信、小程序以及车商版APP。个人用户（无论买车还是卖车）都可以在公平价的任何产品端（除车商APP）查询车辆价值，并且可以申请买车或是卖车。

公平价两个专业客服团队对应为用户服务，帮助买车用户买到称心如意的好车，以及帮助卖车用户快速高价卖车。

车商APP主要为全国车商服务，帮助车商精准收购个人二手车车源。

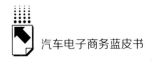

公平价六大产品形式，充分满足用户任何状态下的服务需求，打造极致化的用户体验。

公平价凭借大数据技术和 4 年的品牌效应，加大 C 端用户流量，管理和拓展更多平台合作伙伴，邀请全国至少 5 万家车商入驻车商 APP。

C 端流量获取渠道主要是战略合作流量渠道——小米、360；战略合作伙伴渠道导流——滴滴出行、百度估值计算器、中华万年历、爱回收、正点闹钟；还有来自付费渠道、线下交易市场、维修店、年检中心等。

车商拓展策略以与各地交易市场、地方汽车流通协会、车商培训机构合作为主，一次面对面讲解，可开发 30～50 个车商。

4. 运营模式

公平价最新战略是打造独立第三方二手车估值和数据运营服务平台。从历史数据证实，估值成为二手车交易和汽车后市场服务的入口，获客成本最低。公平价将围绕估值，搭建数据化运营体系，通过开放生态，开展"估值＋交易""估值＋置换车""估值＋检测""估值＋金融""估值＋维修保养"等汽车交易和后市场服务。体系化建设包括理念、可视化产品、技术、精准数据运营和企业文化。体系化的搭建可大大提高差异化门槛，甩开竞品，战略取胜。

每个用户需求传输到提供对应服务的平台，并跟踪服务质量；客户满意度调查，为用户负责，并全生命周期为用户服务，开发更多用车需求。

5. 未来发展规划

公平价拥有强大的资金与资源实力，此前获得过全球知名投资机构经纬创投、晨兴资本 A 轮 1000 万美元融资。B 轮正在洽谈，目前获得多家知名投资机构的青睐，不久将完成对接。以估值为核心，把估值升级为估价增值服务，搭建数据运营体系，更好地服务于 C 端用户，致力于服务中国 1.9 亿车主。

6. 总结

公平价是独立的第三方估价平台，商业模式比较清晰，主要通过为众多二手车交易平台提供线索实现赢利。在竞争领域内，主要有车 300、精真估等多个竞争对手。

B.4
中国汽车后市场电商
2017年发展报告

摘　要：　本报告对汽车后市场电子商务所处的宏观环境、行业影响因
素以及发展阶段进行了分析，并在此基础上，对汽车后市场
B2B电商以及汽车后市场B2C电商这两个细分领域进行了深
入研究。此外，报告还对2016~2017年汽车后市场热点事件
进行了整理归纳，并预测了中国汽车后市场电商未来的发展
趋势。

关键词：　汽车后市场　电子商务　B2B电商　B2C电商

一　汽车后市场电子商务发展情况综述

（一）汽车后市场发展概况

1. 汽车后市场发展空间巨大

2016年，我国全年共销售汽车2803万辆，连续8年蝉联全球第一并再
创历史新高。与此同时，汽车保有量保持增长，截至2017年上半年，全国
机动车保有量达3.04亿辆，其中汽车2.05亿辆；汽车新注册登记量达1322
万辆；小型载客汽车保有量达1.68亿辆，其中私家车达到1.56亿辆。全国
有49座城市的汽车保有量超过100万辆，23座城市超过200万辆，北京、
成都、重庆、上海、苏州、深圳6座城市超过300万辆。蓬勃发展的新车市
场的背后，是随之壮大的汽车后市场产业。

预计 2018 年，中国汽车的平均车龄有望超过 5 年。根据发达国家汽车市场的发展规律，一旦车龄超过 5 年，汽车后市场有望迎来新的繁荣。深耕汽车后市场成为车企、经销商的转型重点，同时也吸引了大量社会资本的涌入，进一步推动汽车服务产业链各个细分市场的增长提速。在这个过程中，汽车后市场逐渐由营销主导转向消费主导，并正在步入黄金发展期，因此，汽车后市场被称为汽车业的黄金产业。

汽车后市场的概念有着广义和狭义之分，广义主要分为车主服务、洗车服务、维修保养服务、汽配用品供应与销售、金融、保险、延保、二手车、租赁、改装、俱乐部等细分领域；狭义则多指洗车、维保、汽配等细分领域。在本报告中，主要论述的为狭义汽车后市场领域。数据显示，广义的汽车后市场规模在 2015 年底超过 2.5 万亿元规模（见图 1）。

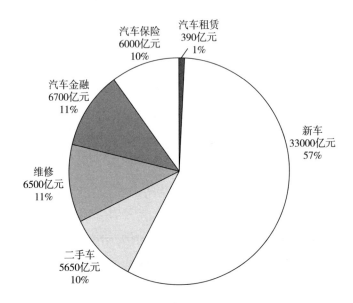

图 1　2015 年底我国汽车后市场规模

资料来源：新车数据来自美国最大的汽车电商 Truecar 公司数据推算；维修数据来自交通运输部：2015 年全国机动车维修业户 46 万家，年产值 6000 亿 ~ 7000 亿元；汽车金融根据德勤报告 2015 年预测数据；汽车保险根据中国保险行业协会 2015 年数据；汽车租赁数据根据罗兰贝格 2015 年预测数据。

　　从狭义的汽车后市场看，以维修市场为主，2016年底也接近万亿元。在后市场保养、易损、维修、事故四类配件中，维修件由于配件单价较高，且更换较为频繁，在后市场配件中价值占比最高。保养件及易损件尽管替换频次高，但配件单价较低，因此市场份额都在20%以下。而事故件则受事故率的影响，替换频次低，尽管配件金额高，市场份额为23%（见图2）。

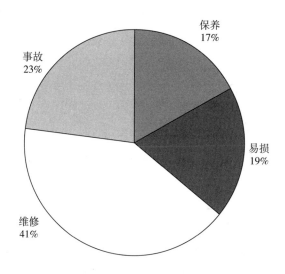

图2　2016年中国汽车后市场配件品类占比

资料来源：罗兰贝格。

　　根据生产企业、配件标识和质量，配件可以分为原厂件、OES件和品牌件三大类。鉴于3年出保车辆的车主多会选择品牌件，因此品牌件的份额目前已达到60%以上。受到主机厂授权分销体系的保护，原厂件占据20%以上的市场份额。OES件则由于价格偏高，又缺乏足够的市场认知度和辨识度，因此份额较低（见图3）。

2.汽车后市场发展面临变局

　　对于汽车后市场而言，2016年无疑是行业政策深化的一年，不仅多项政策出台并实施，而且政策效应日益显现。

　　自2016年1月1日起，交通运输部、环保部、商务部、国家工商总局等八部门联合发布的《汽车维修技术信息公开实施管理办法》正式实施，明确

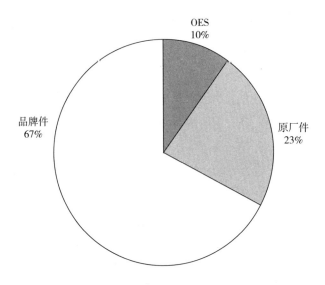

图3　2016年后市场配件来源比例

资料来源：罗兰贝格。

汽车生产者应采用网上信息公开方式，公开所销售汽车车型的维修技术信息。

2016年3月，国家发改委会同有关部门起草的《关于汽车业的反垄断指南（征求意见稿）》，对售后配件供应流通及技术放开进行了进一步阐释。征求意见稿虽未最终确定，但放开售后配件流通的整体基调已得到确认。

2016年4月14日，《交通运输部关于修改〈机动车维修管理规定〉的决定》公布并实施，其中三大亮点为：其一，托修方有权自主选择维修经营者进行维修，除汽车生产厂家履行缺陷汽车产品召回、汽车质量"三包"责任外，任何单位和个人不得强制或者变相强制车主到指定维修点保养或修车；其二，托修方、维修经营者可以使用同质配件维修机动车；其三，机动车生产厂家在新车型投放市场后六个月内，有义务向社会公布其维修技术信息和工时定额。

2017年4月14日，意在打破品牌授权销售单一体制、破除汽车流通行业垄断、净化汽车消费环境、释放市场活力的《汽车销售管理办法》正式发布，并于当年7月1日实施。

2016年6月底，在黑龙江等6个地区率先启动试点后，商业车险改革推广至全国。一年后的 2017 年 6 月，保监会发布《关于商业车险费率调整和管理等有关问题的通知》，商业车险二次改革由此开启。

汽车维修技术信息公开、汽车业反垄断、新版机动车维修管理规定、汽车销售管理办法、商车费改等相关政策法规的推出，对汽车后市场的发展起到了极大的规范与促进作用。

3. 后市场电子商务的崛起

一直以来，我国汽车后市场呈现小、繁、散、乱的竞争格局，汽配用品的主要经营模式为汽配市场或商城的批发及零售，产品质量水平参差不齐，长期存在信息严重不对称、政策监管不力、行业诚信度不高、行业效率低下、行业标准缺失等问题。但随着互联网电子商务的发展，互联网汽车行业即将进入高速发展阶段。

商务部发布的《中国电子商务报告（2016）》显示，我国电子商务进入一个平稳增长的发展阶段。2016 年，我国网络购物用户的规模、电子商务交易额、电子商务从业人数稳步增长。其中，我国网民规模突破 7.31 亿人，普及率达到 53.2%，网络购物用户规模达到 4.67 亿，占网民的比例为 63.8%，较 2015 年底增长 12.9%。其中，手机网络购物用户规模达到 4.41 亿，占手机网民的 63.4%，年增长率为 29.8%。同时，电子商务交易平台服务商服务内容不断延伸，营收规模达 4000 亿元；支撑服务领域的电子支付服务、物流服务、电子认证等市场规模持续高速增长，达 9500 亿元；衍生服务领域业务范围不断扩大，新兴业务类型不断涌现，市场规模呈现爆发性增长，达 1.1 万亿元。

新技术正在再造电商行业新生态。包括 LBS 定位、物联网、云计算、RFID、移动支付等在内的技术快速发展，近期 VR、AR、AI、大数据、科技金融等的加入，不仅让购物场景越来越多元化，时间、空间对购物行为的限制正在消失，让线上和线下购物场景结合得更紧密，同时也能让电商更从容地面对支付、仓储物流等问题。

随着互联网技术对全行业的大举渗透，插上互联网翅膀的汽配电商平台，可以减少配件用品经销环节，提升交易和服务销量，保证产品和服务质

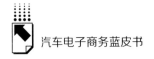

量，同时促进价格更加透明化。在万亿市场的诱惑下，汽车后市场O2O行业如雨后春笋般崛起，移动端汽车服务类应用发展迅速，用户规模达到1.9亿人。虽然与移动互联网其他细分行业相比，移动汽车服务应用的用户规模还较小，市场集中度不高，但是总体来看，各电商平台普遍在向上游汽配用品和线下维修保养服务进行业务延伸和布局，移动互联网汽车行业目前已进入高速发展期，汽车O2O模式将继续推动行业快速发展。

（二）汽车后市场电商的定义与分类

汽车后市场电商有各类划分方法。按服务对象来分，主要包括汽车后市场B2B电商和汽车后市场B2C电商；按服务供应商来分，主要包括传统汽修服务商、汽车经销商、零部件及整车企业、新创公司、BAT（百度、阿里巴巴、腾讯）等互联网公司；按细分领域来分，主要包括以洗车、保养、维修为代表的汽车养护，配件采购与供应，二手车，保险，金融，租赁，美容装饰及改装，包括自驾及露营、赛车、会展、商业综合体等在内的汽车运动；从商业模式看，主要包括汽车配件用品B2B信息服务平台、汽车配件用品B2B电商交易平台、汽车配件用品供应链服务平台、维修保养O2O平台、维修保养服务品牌连锁、一站式汽车生活服务平台等。

汽车后市场B2B电商的定义：汽车配件用品供应商和维修保养服务商通过互联网/移动互联网的技术和手段，完成产品、服务及信息交换，提高汽车后服务的流通效率，降低流通成本，实现汽车后服务的在线化、便捷化和扁平化。

汽车后市场B2C电商的定义：通过互联网/移动互联网技术和手段，进行汽车配件用品供应商与消费者之间的交易活动、金融活动和综合服务活动等，提高汽车后服务的流通效率，降低流通成本，实现汽车后服务的在线化、便捷化和扁平化。

汽车配件用品B2B信息服务平台指企业通过搭建汽车后市场在线信息平台，利用互联网技术整合汽车配件用品的相关信息资讯，为卖方提供产品和信息展示的功能，为买方提供产品和厂商信息查询的相关功能。

维修保养服务O2O平台是企业将线下维修保养服务与线上互联网信息

或交易平台结合，为消费者提供基于 LBS（Location Based Service）的汽车维修保养服务，消费者可以在线上选择服务商和服务内容并完成支付，然后在线下接受到店或服务商上门的维修保养服务。

从平台模式来看，汽车后市场电商基本上形成了汽配 B2C 平台模式和汽配 B2B 平台模式；从维修保养的方式来看，形成了维修保养导流型、维修保养自营型和维修保养上门服务型三种模式。其中，汽配 B2C 平台模式不经过任何中间环节，实现了通过平台从汽车配件用品供应商到消费者的直接服务，汽配 B2B 平台模式需要通过导流型和自营型模式的维修保养店服务车主消费者。

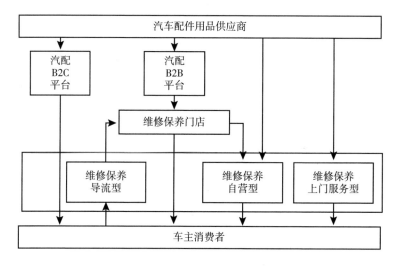

图4　后市场电商分类

资料来源：易观。

（三）汽车后市场电子商务产业生态图谱

如图 5 所示的汽车后市场电子商务生态图谱主要包括汽车配件用品厂商、汽车配件用品经销商、汽配 B2C 电商平台、汽配 B2B 电商平台、维修保养服务 O2O 以及汽车工具、汽车社区、驾驶学习、车辆充电加油、汽车违章、汽车金融、数据服务商、物流服务商。其中汽配 B2C 电商平台包括综合类（如京东等）、垂直类（如酷配网等）；汽配 B2B 电商平台包括信息平台（如盖世汽车网等）、电商交易平台（如巴图鲁等）、供应链平台（如中驰车福等）；维修保养服务 O2O 涵盖汽配 B2C（如途虎养车等）、品牌自营连锁（如车享家等）、品牌加盟连锁（如典典养车等）、上门服务（如 e 保养等）、导流服务（如会养车等）等，形成汽车后市场生态。

图5　汽车后市场生态体系图谱

资料来源：易观。

（四）汽车后市场电商发展的主要特点

1.汽车后市场电商减少了流通环节，提升了用户体验

传统的汽车后市场产业链包括多层级的生产商和代理商，经过层层流通产品或服务才到达消费者手中，产业链长、环节众多导致流通成本高、速度慢且价格不透明。

在互联网模式下的后市场商业模式中，生产厂商经过电商平台，通过维修厂商共 3 个环节到达消费者手中，大幅缩短了汽配的经销流程，中间的流通成本得到降低，行业透明度大大提高，消费者或维修厂直接供货形成了有利的价格优势。同时，由于减少了流通环节，由平台的品牌来承担一定的担保责任，能够给消费者提供正品行货，提高产品和服务的质量，提升用户体验。总的来说，在互联网的渗透下，汽车后市场呈现流通成本大大降低、行业透明度大幅提高、服务标准统一、服务效率提高、个性化定制服务实现的特点。

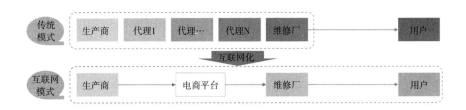

图6 传统模式与互联网模式

汽车后市场电商在2015年大规模上门洗车平台"烧钱"的刺激下，完成了初期的市场宣传和推广，用户规模有了初步的积累。2016年，众多维修保养服务O2O平台开始大力发展线下服务，完善仓储物流等供应链建设，同时进一步与上游汽配厂商建立直接的合作关系，有效保证产品质量，缩短经销流程，提高服务质量。

2. 后市场电商渗透率逐步提高，消费者习惯开始逐步形成

根据易观数据，2016年中国汽车后市场各季度电商用户渗透率均超过13%，较2015年有明显的提高，且呈现逐步提高的趋势（见图7）。消费者已经初步养成在电商平台选购一些简单易安装的汽配用品，对一些装饰类车品的购买，后市场电商平台将会成为车主消费者的重点选购渠道。

未来1~2年内随着后市场电商平台在线下服务的不断完善以及应用场景的不断丰富，车主消费者消费习惯有望进一步互联网化。同时，消费者网购习惯的进一步养成也能够促进后市场电商行业规模不断扩大。

图8为对独立APP中的用户数据进行的监测统计，不包括APP外的调用等行为产生的用户数据。2016年12月汽车工具类APP总用户规模为2032万人，其中好车主月度活跃用户规模达778万人。好车主作为平安产险旗下提供车主生活服务的核心产品，在资金储备、用户规模上优势明显，同时，

图7 2016年中国汽车后市场电商用户渗透率

资料来源：易观。

好车主业务涵盖范围广，能够满足车主群体保险、维修保养、违章查询、社区咨询等一站式需求。此外，小熊油耗、车主无忧、汽车在线等有100万~200万人活跃用户。

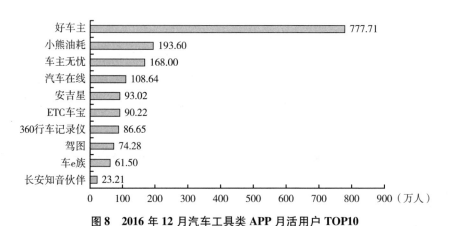

图8 2016年12月汽车工具类APP月活用户TOP10

资料来源：易观。

驾驶学习类APP中，月活TOP5分别为驾考宝典、驾校一点通、车轮考驾照、元贝驾考、驾考通驾照宝典，其中，驾考宝典以月活1208万人的数量居于首位，其次为驾校一点通（见图9）。

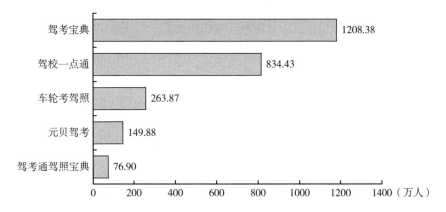

图 9　2016 年 12 月驾驶学习类 APP 月活 TOP5

资料来源：易观。

汽车违章类 APP 中，月活 TOP5 分别为交警 12123、违章查询助手、车轮查违章、微车、全国违章查询，其中，交警 12123 以月活 853 万人的数量居于首位，其次为违章查询助手（见图 10）。

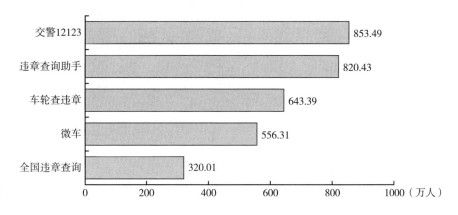

图 10　2016 年 12 月汽车违章类 APP 月活 TOP5

资料来源：易观。

车辆充电加油类 APP 中，月活 TOP5 分别为微车、车到加油、加油广东、易加油、星星充电，其中，微车以月活 556 万人的数量居于首位，其次为车到加油（见图 11）。

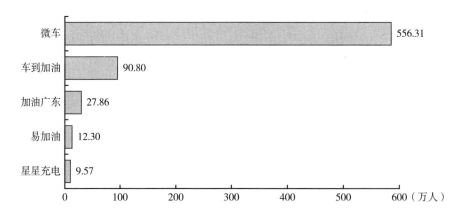

图11 2016年12月车辆充电加油类APP月活TOP5

资料来源：易观。

在线停车类 APP 中，月活 TOP5 分别为宜停车、ETCP 停车、PP 停车、任我停、0元停车，其中，宜停车以月活46万人的数量居于首位，其次为 ETCP 停车（见图12）。

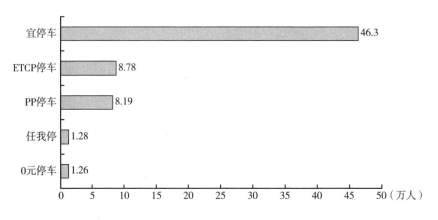

图12 2016年12月在线停车类APP月活TOP5

资料来源：易观。

3. 汽车后市场电商平台不断转型升级，深化服务职能

从2016年初开始，供应链服务平台在仓储、物流、供应链管控系统等方面不断完善，供应链服务属性进一步加强，成为汽配 B2B 电商的重要组

成部分,使信息平台和电商平台升级为信息服务平台、电商交易平台以及供应链服务平台。随着汽车后市场各电商平台不断进行供应链布局和整合,为平台自身、线下门店和终端消费者带来了更低的经营和服务成本、更高的收益、更好的服务体验,同时也有效地提高了产业链的整体运营效率。

同时,2016年初,众多导流型和上门服务型电商平台开始布局线下门店,建立起品牌连锁型的线下门店网络,自营型平台也在稳步发展线下服务的基础上不断向上游汽配经销和供应链服务进行业务延伸,维修保养服务电商向"O2O +"的方向不断发展。通过"上门 + 到店"的结合,深挖汽车保养项目,从"上门"概念切换到保养服务这个层面,真正渗入服务层面。

4. 汽车后市场融资情况

从2015年下半年开始,中国汽车后市场电商经历了相对较长的资本寒冬。从2016年开始,后市场电商融资市场出现一定复苏。

从融资领域分布来看,维修保养服务O2O仍然是资本市场关注的重点,而从金额分布来看,数千万元规模以上的融资占比超过30%。

汽车后市场电商行业投融资规模分布中,大于1亿元融资企业为15家企业,1000万~1亿元的为28家,小于1000万元为12家,另有两家未透露融资金额(见图13)。

2016年汽车后市场电商行业投融资领域分布情况中,维保O2O投融资占比最高,为23%,其次为在线停车和汽配B2B类企业,占比分别为18%和15%,汽车违章类相对较少,占比为2%(见图14)。

5. 多家平台积极布局汽车后市场,竞争进一步加剧

2016年多家跨行业企业进入汽车后市场舞台,主机厂/经销商集团则凭借完善的线下网络大力发展汽车后服务;金融机构将保险与维修保险、汽车美容、UBI车险等服务相结合布局汽车后市场电商;车轮互联、微车、木仓科技等工具型平台则借助多年来在用户流量上的积累,积极与汽车电商平台展开各项合作,完善平台的服务内容。

汽车后市场发展空间巨大,后市场较长的产业链使行业存在较多的关键成功要素,这也给跨界企业带来了诸多的发展机会。

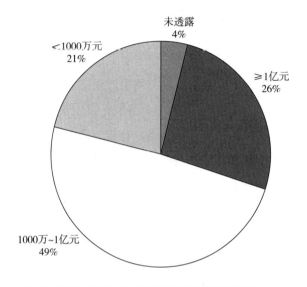

图13 2016年汽车后市场电商行业投融资规模分布

资料来源：易观。

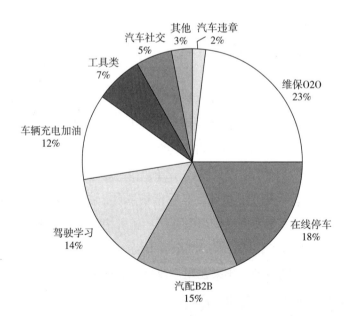

图14 2016年汽车后市场电商行业融投资领域分布

6.汽车后市场电商尚未形成成熟的赢利模式，需要不断探索更加合理的商业模式

虽然汽车后市场发展速度较快，但行业的痛点并没有得到根本解决。随着互联网发展而成立的新创企业，由于数量众多、扩张迅速快且分布较散，并没有形成较为明确的行业规则和服务标准，产品质量参差不齐，服务效率低，缺乏便捷性，价格不透明，个性化服务缺失等现象依然不断出现。

汽车后市场虽然出现了很多商业模式，但也有一些不足之处。首先，汽配电商企业作为服务平台，产品质量难保证，价格可控度低，经营成本过高；维修保养自营模式易造成线下服务标准缺失、服务质量下降、用户体验不佳；上门服务模式成本高，利润低且不易复制；导流模式赢利模式单一，用户黏性不高，消费频次低，流量小。

总体来看，汽车后市场电商模式仍在不断探索实践中，需要在运营中发现解决行业痛点的更好的商业模式，提高服务消费者的水平。

二 汽车后市场 B2B 电子商务发展情况分析

（一）分类及概述

从服务对象来分，后市场电商主要包括汽车后市场 B2B 电商和汽车后市场 B2C 电商；从商业模式来分，主要包括汽配用品 B2B 信息服务平台、汽配用品 B2B 电商交易服务平台、汽配用品供应链服务平台、维修保养 O2O 服务、维修保养品牌连锁服务等。

表1 汽车后市场电子商务商业模式介绍

平台性质	模式细分	代表企业
汽车后市场 B2B 电商	汽车配件用品 B2B 信息服务平台	盖世汽车网、慧聪汽配网等
	汽车配件用品 B2B 电商交易服务平台	巴图鲁汽配铺等
	汽车配件用品供应链服务平台	中驰车福、康众汽配等

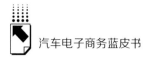
续表

平台性质	模式细分			代表企业
汽车后市场 B2C 电商	汽车配件用品 B2C 电商交易 服务平台	综合电商平台		京东商城、亚马逊等
		垂直电商平台		御途网等
	维修保养 O2O 服务	维修保养服务 O2O + 汽配用品 B2C （自营型）		途虎养车、汽车超人等
		维 修 保 养 O2O 服 务 + 维修保养服 务品牌连锁	维修保养 O2O 服务 + 品牌自营连锁	车享家、有壹手、好快省等
			维修保养 O2O 服务 + 品牌特许加盟连锁 （导流平台型）	典典养车、车点点、养车宝 等
		维修保养 O2O 服务 + 上门服务		e 保养、卡拉丁、携车网等

（二）汽车后市场 B2B 电商商业模式

1. B2B 电商平台定义与价值

汽车后市场 B2B 电商是汽车配件用品供应商和维修保养服务商通过互联网/移动互联网的技术和手段，完成产品、服务及信息交换，提高汽车后服务的流通效率，降低流通成本，实现汽车后服务的在线化、便捷化和扁平化。电商平台直接与汽车配件厂商或经销商进行合作，并通过线上平台进行产品展示，最终销售给汽配用品零售商或维修保养服务商。

汽车后市场 B2B 平台的出现及发展，着重于缩短流通环节经销商的供应流程。通过线上平台完成在线交易，能够打破交易场景限制，促进汽配用品行业向价格透明化和服务规范化的方向发展，从而提高交易乃至整个行业的效率，同时减少中间环节，可以降低维修服务商的采购成本，最终给车主消费者带来产品价格的降低和服务质量的提升。

2. 汽车配件用品 B2B 信息服务平台

汽车配件用品 B2B 信息服务平台是汽车后市场 B2B 电商发展初期的主要服务模式，其主要模式是为汽车配件买卖双方提供产品和相关信息展示。

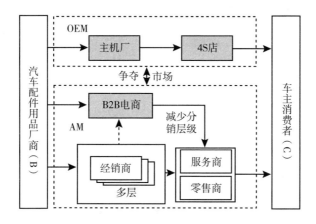

图 15　汽车配件用品 B2B 电商模式分析

主要赢利来自广告收入和经销商订阅收入。作为信息服务平台，经常举办线下沙龙活动，打通线上线下信息，为买卖双方提供线下深度沟通交流的机会。

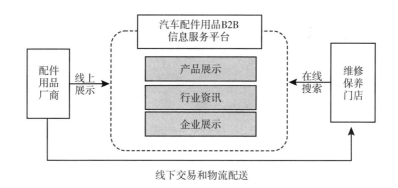

图 16　汽车配件用品 B2B 信息服务平台商业模式

汽车配件用品 B2B 信息服务平台主要企业包括盖世汽车网、慧聪汽配网、中国汽配网等。盖世汽车网是目前国内最大的汽车产业电子商务采购平台，根据其官网信息，累计买家资源超过 37 万家，分布在全球 35 个主要汽车市场国家。

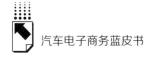

3. 汽车配件用品 B2B 电商交易平台

汽车配件用品 B2B 电子商务交易平台是企业通过搭建汽车后市场交易平台，利用互联网技术，结合线下的服务资源，为汽车配件用品买卖双方提供交易过程中的部分或所有服务，促成交易的完成，并获得相应的收入。B2B 电商平台相对于信息平台，不仅有线上的产品展示、查询功能，还实现了在线交易和支付，并建立了高效的线下物流体系。

汽车配件用品 B2B 电商交易平台主要通过赚取产品销售差价作为赢利来源，逐渐扩展到授权加盟或连锁门店，向其输出管理系统及标准，收取大数据等信息服务费，提供仓储物流服务等多元赢利模式。

汽车配件用品 B2B 电子商务平台主要企业包括巴图鲁汽配铺、淘气档口等。

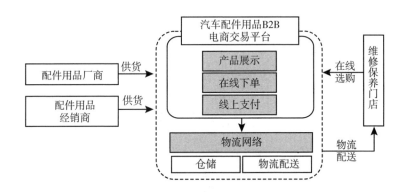

图 17　汽车配件用品 B2B 电商交易平台商业模式

从商业模式来看，汽车配件用品 B2B 电子商务平台着重于缩减中间多层的经销环节，使销售渠道向更加扁平化的趋势发展，同时提升大数据信息化水平，有效提高流通效率，降低流通成本，为消费者提供更优质的产品和更实惠的价格。

作为汽车配件用品 B2B 电子商务平台代表的巴图鲁，旗下全车件交易 B2B 服务平台"汽配铺"目前建立了从搜索、报价比价、支付到配送的汽配交易服务闭环。平台产品覆盖 60 多个汽车品牌、10 万种主流车型、400

万个配件种类，通过"虚拟库存＋中转仓＋线下服务店"的供应链体系，已累计服务超过 5 万家汽修厂。

4. 汽车配件用品 B2B 供应链服务平台

汽车配件用品 B2B 供应链是围绕汽车后市场配件用品供应商，通过对商流、信息流、物流、资金流的控制，实现了产业链从货源的管理和线上商城的产品销售，到维修保养门店进行线上选购，到订单完成后的物流调度与配送管理等几大环节的高效整合。目的是帮助零配件企业以较低的运作成本达到较高的客户服务水平，最终降低服务门店的成本。

汽车配件用品 B2B 供应链服务平台主要企业包括中驰车福、康众汽配等。

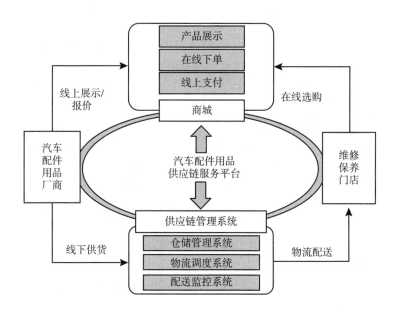

图 18　汽车配件用品 B2B 供应链服务平台商业模式

以汽车配件用品 B2B 供应链服务平台最受关注的两家公司——中驰车福和康众汽配为例，不难发现，汽配供应链作为汽车后市场的基础，得到了包括投资机构在内的行业上下的共识。

中驰车福集网上商城平台、汽车数据平台、供应链云平台等于一体，借助互联网云计算技术，基于"配件大数据"全行业产品目录与覆盖全国的仓储物流系统，建立了从零配件生产商到汽修企业、从汽修企业到车主及增值服务集合的 B2R2C + O2O 供应链服务平台。中驰车福在前端销售环节，一方面通过 B2B 自营方式直接触达下游修理厂，减少中间环节；另一方面，通过 B2R（Retailer）模式连接全国地市级的零售商，通过 R 端下沉覆盖更多地县级汽修厂。

康众汽配通过对 B2B 汽配供应链体系的搭建和完善，以及广建线下直营服务门店的方式，以全新的 S2B（Supply chain platform-to-Business）新零售模式对接上游供应商和服务终端汽修厂。到 2017 年 6 月，康众汽配在全国已布局 15 个区域中心大仓、300 多家直营服务网点，每天为终端修理厂配送万张以上订单。

中驰车福的 B2R 连接线下存量零售商的渠道下沉运作模式；康众的授权代理模式在渠道下沉的同时依然把连锁企业标准化的服务属性延伸了下去，代理店除了需要当地的人员负责日常管理外，其余都由康众按照自身标准化服务网点模式进行运营以确保优质的客户服务。两种模式最大的差别在于中驰车福是赋能存量零售商，康众是在用直营的模式下沉做市场渗透，前者更注重速度，后者依然把服务品质和客户体验放在第一位。

（二）汽车后市场 B2B 电商发展特点

1. B2B 电商提升了行业服务效率，业务整体发展速度较快

汽车配件用品 B2B 电子商务平台经过近几年的行业摸索及深耕，通过与汽配厂商或大型经销商合作，同时引进小型经销商加盟，在平台运营和服务能力等方面都获得了较为明显的提升。

2. B2B 电商仍然受资本市场看好

相比 2014 年和 2015 年的风生水起，汽车后市场投融资在 2016 年一度陷入沉寂。不过，在 B2B 领域，整合行业资源、提高行业效率的 B2B 电商并未失去资本的青睐。根据托比研究发布的《2016 年度 B2B 行业投融资报告》，2016 年，汽车市场 B2B 电商约 20 起获投事件，其中汽配交易平台 8 家。8 家

汽配交易平台分别是康众汽配（5000万美元）、中驰车福（5亿元）、巴图鲁汽配铺（1亿元）、刘备修车网（6000万元）、精米汽配商城（数千万元）、车通云（500万美元）、汽配1号（1000万元）、里程天下（1000万元）等。

3. B2B平台企业面临繁多的SKU数量，数据库、云平台等技术提升成为企业竞争的重要手段

众所周知，中国汽车市场以万国车而闻名，品牌多决定了车型和款型更多，累计下来有十几万款车型，而每款车又有1万多个配件，其中常用配件就有2000多个，车与配件的匹配关系达到上亿的量级，因此，汽配行业配件的精准匹配难度系数是极高的。

然而现实情况却是，受品牌、型号、底盘、年款、排量等条件影响，车型配置不同，配件就不一样，这就需要买卖双方建立统一的采购体系，才能沟通清楚，不仅买卖双方沟通障碍大，沟通成本高，维修厂的汽配采购员的采购难度也很高，而且采购场景极度受限。

因此，不仅中驰车福、巴图鲁等企业，包括康众等老牌B2B企业等都在大胆尝试新的信息技术，建立系统的数据库，提升运营效率。

4. 整体看，B2B电商平台仍然处于蓝海竞争中

由于B2B业务对互联网平台要求较高，市场玩家相对较少，而深度介入维修、事故件的互联网平台相对更少，在此领域率先完成布局，并采用互联网技术实现效率提升的企业将具有较强的竞争优势。

一些新创公司看到了市场机会，积极布局进入。如之前定位于SaaS保险定损估价的"车通云"2016年底系统升级为智能维修平台/汽配查询系统。上游对接配件生产商和一级代理商，下游向维修门店提供配件查询和购买服务。目前车通云已经在北京、上海等全国多个城市建立了8个配件门店。

5. 不同B2B电商平台利用自身优势，寻求商业模式创新

各家B2B电商平台探索不同的创新模式，如精米商城依托于母公司精友集团拥有国内最为强大的汽车保险数据，通过连接保险公司、汽修厂和配件商，提供配件定型、线上询价、定损直采、物流配送等全流程服务。巴图

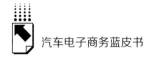
鲁也与大地、阳光、太平洋、中华、安心、鼎和等保险公司开展配件直供合作。

掏掏汽配则加强与上游供应商的合作，建立了以上游批发商为主的批发商联盟，目前批发商规模已经达到200家以上。

三 汽车后市场B2C电商发展情况分析

（一）模式定义与分类

汽车后市场B2C电商平台是通过互联网/移动互联网技术和手段，实现汽车配件用品供应商与车主消费者之间的交易活动、金融活动和综合服务活动等，提高汽车后服务的流通效率，降低流通成本，实现汽车后服务的在线化、便捷化和扁平化。

汽车后市场电商平台为车主消费者提供的服务主要可以分为两大类：一类是B2C电商平台，通过线上的电商服务平台，由汽车配件厂商、经销商和零售商为车主消费者直接提供汽车配件产品；另一类则是O2O的维修保养服务，通过线上的维修保养服务平台，由包括维修厂、维修服务门店以及相关服务团队在内的线下汽车维修保养服务商在线下为消费者提供汽车配件安装和维修保养服务，实现服务闭环。

（二）B2C电商交易平台商业模式

1.汽车配件用品B2C电商交易平台商业模式

汽车配件用品B2C电商交易平台，直接面向个人车主消费者，由车主用户直接进入平台选择和购买汽车配件用品。

汽车配件用品B2C电商交易平台能够有效缩减中间多层的经销环节，降低流通成本，从而在终端销售中形成更低的价格优势。同时，厂商直接供货，且由平台的品牌承担一定的担保作用，能够给消费者提供正品行货，保证产品质量。

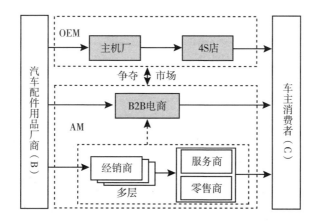

图19 汽车配件用品 B2C 电商交易模式分析

B2C 电商交易平台分为综合电商平台和垂直电商平台两类。前者是直接面向个人消费者、产品品类丰富的综合类电子商务平台，汽车配件用品作为平台所有产品品类中的一个细分领域在线上进行销售。典型代表包括天猫、京东、苏宁、1 号店等。

后者是专注于汽车领域的配件产品销售的垂直类电子商务平台、汽车配件用品平台是销售产品的唯一领域。典型代表企业如御途网等。

2016 年，无论是以京东、阿里汽车、当当网为代表的汽车配件用品 B2C 综合电商平台，还是以御途网为代表的汽车配件用品 B2C 垂直电商平台，总体发展情况都比较平稳，商业模式也逐渐成熟。

2. 维修保养服务 O2O 平台商业模式

（1）商业模式分类及概述

维修保养服务 O2O 平台经过近几年的发展，更加注重对线下维修保养服务的重视，不断将模式下沉，目前已经形成了三大类主要模式：维修保养服务 O2O + 汽车配件用品 B2C、维修保养服务 O2O + 维修保养服务品牌连锁、维修保养服务 O2O + 上门服务。

根据发展路径和线下门店的经营性质不同，维修保养服务 O2O + 维修保养服务品牌连锁又分为维修保养服务 O2O + 品牌特许加盟连锁、维修保

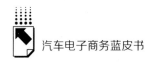
养服务 O2O + 品牌自营连锁两类。

（2）维修保养服务 O2O + 汽车配件用品 B2C

维修保养服务 O2O + 汽车配件用品 B2C 平台是维修保养服务 O2O 平台不断向上游进行业务延伸，覆盖汽车配件用品 B2C 电商交易业务。

维修保养服务 O2O + 汽车配件用品 B2C 平台的业务范围基本涵盖了产业链中汽车配件用品生产之后的所有业务，即仓储、销售、物流、服务等。消费者可以直接在平台选择汽车配件用品和维修保养服务以及线下服务门店，前往线下门店完成最终的维保服务。业务延伸后的维修保养服务 O2O + 汽车配件用品 B2C 平台基本上可以为车主消费者提供汽车维修保养方面的一站式服务。该类平台目前的主要赢利模式为赚取产品销售差价，由于较为完整的产业链布局，未来有望通过更多增值服务获取收益，增加赢利来源。

目前维修保养服务 O2O + 汽车配件用品 B2C 模式的典型代表有途虎养车网、汽车超人等。

途虎养车网在 2016 年上半年与多家汽车配件用品生产商达成战略合作，形成汽配产品的直接供应，一方面能够大幅度减少中间的经销环节，降低产品销售价格，另一方面也能对产品品质和正品度做到较高的保证。

（3）维修保养服务 O2O + 维修保养服务品牌连锁

根据线下门店的经营性质不同，维修保养服务 O2O + 维修保养服务品牌连锁可以细分为维修保养服务 O2O + 品牌自营连锁、维修保养服务 O2O + 品牌特许加盟连锁。

一是维修保养服务 O2O + 品牌自营连锁。

相比其他维修保养服务 O2O 平台而言，拥有自营的线下服务网络可以保证各门店服务、管理等的标准化，给用户带来一致的服务体验。

自建线下网络使其商业模式更重，对专业人才和资金实力要求较高，使在区域扩张过程中难度较大。因此，相对而言，整车厂及具有一定规模的连锁维修保养门店、经销商等大型传统汽车后市场企业更有优势。

这种模式的代表企业有上汽集团的车享家、好快省、有壹手等。2015年 9 月上线的车享家，是上汽集团 O2O 电子商务平台车享推出的线上线下

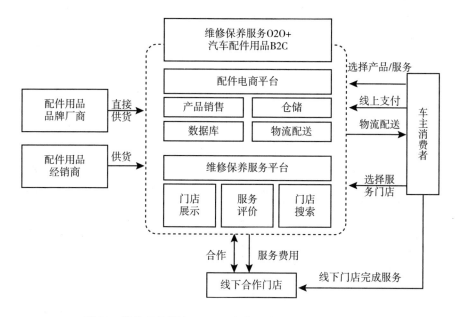

图20 维修保养服务 O2O + 汽车配件用品 B2C 商业模式

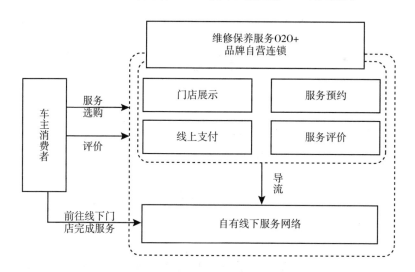

图21 维修保养服务 O2O + 品牌自营连锁商业模式

汽车维修保养的传统连锁品牌。车享家线下连锁实体店以"后市场服务"为主，承接包括二手车、新车等在内的车享网线下服务。车享家计划2020年线下门店布局达10000家。2016年10月，车享家获亿元级A轮融资，进

149

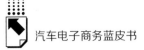

一步扩充了企业发展的资金实力。

二是维修保养服务 O2O + 品牌特许加盟连锁。

维修保养服务 O2O + 品牌特许加盟连锁平台通过对线下服务门店进行特许认证，以加盟形式完成对线下服务门店的布局。平台将线下门店位置、服务明细、产品价格等信息进行线上展示，当车主消费者产生汽车维修保养需求时，可以通过 PC 端、APP 或微信公众号等渠道搜索相关维修保养服务，按照服务价格、地理位置、门店评价等因素自主筛选出满足自身需求的维修保养门店，线上预订服务时间，并在线下完成维修保养服务。维修保养服务 O2O + 品牌特许加盟连锁商业模式对门店采用标准化的价格体系和统一的门店管理标准，能够带来良好的服务体验。

维修保养服务 O2O + 品牌特许加盟连锁平台的优势在于模式轻、复制快，通过加盟合作的方式引进商户，能够在各个城市快速复制扩张；但也存在一定的缺点，维修保养的频次相对较低，平台需要寻求更多的赢利点。另外服务质量把控要求较高。

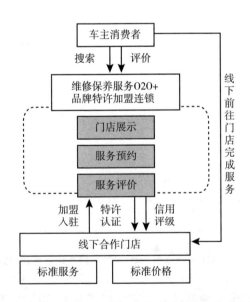

图 22　维修保养服务 O2O + 品牌特许加盟连锁商业模式

目前维修保养服务O2O+品牌特许加盟连锁模式的典型代表有典典养车等。2016年初，典典养车发布直控加盟计划，整合线下连锁门店，规范线下服务标准和服务质量。典典养车通过DCCP直控加盟计划，采取标准化方式与门店合作，希望能够控制服务质量，提高用户的消费体验，同时有利于线下合作门店规模的复制扩张。

（4）维修保养服务O2O+上门服务

维修保养服务O2O+上门服务平台，主要通过PC端、APP端、微信端以及400电话等方式进行下单。对于需要上门保养服务的用户来说，选择合适的保养时间和地点后，由维修保养服务平台派遣车辆和技术人员在指定时间到达指定地点提供相应服务。除基本的保养服务外，还提供多项车况检测、车主服务及车险等服务，一方面能够在一定程度上增加赢利来源，另一方面可以收集更多的车辆信息，为后续的业务延伸提供基础数据信息。

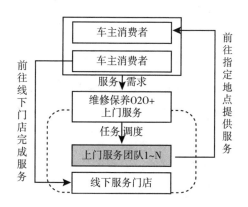

图23　维修保养服务O2O+上门服务商业模式

上门服务型维修保养服务平台曾经是汽车后市场电商中发展最快的细分模式。但由于一些企业通过巨额补贴吸引消费者的方式造成获客成本高企，经营难以为继，包括博湃养车、赶集易洗车等在内的不少上门服务型平台先后传出倒闭或被收购的消息。

这一模式的代表企业是e保养与卡拉丁。例如，卡拉丁，上门服务需要提前一天预约服务。客户订单通过微信、电话、电商等渠道进入IT系统后，

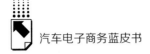

客服会审核确认信息，发送出库信息，确认技师，每个城市的中心库房出货配送到每个点部，信息推送到技师手机上，与客户确认信息后，第二天早晨技师从点部出发，完成整个服务。

从最新的发展趋势来看，维修保养服务 O2O 与上门服务相结合作为汽车后市场电商的新模式，能够解决以往维修保养市场一部分用户需求，未来通过强化 O2O 服务，会在行业中占据一席之地。

（三）B2C 电商模式发展特点

1. 汽车配件用品 B2C 电商平台价值正在凸显

B2C 电商平台缩减了传统汽车配件用品市场的多层经销环节，使汽车配件流通更加透明，产品最终的销售价格更加优惠。一些平台与上游汽配厂商加强了对接合作，降低产业链成本。e 保养、途虎养车等在 2016 年也均在供应链服务上进行了大量投资。

2. 相对于 B2B，B2C 平台主要以供应保养件、易损件为主

目前国内车主消费者对汽车配件用品了解程度一般，自主进行汽车改装维修的经验较少，汽车配件用品 B2C 电商交易平台的目标消费者主要分为三类群体：一是价格敏感型的车主消费者；二是空余时间较多的车主消费者；三是汽车发烧友。

汽车配件用品的产品类型繁多。价格敏感型和空余时间较多的消费群体由于缺乏专业的汽车维修保养知识，很难进行选择并且进行自主操作和安装。从目前各 B2C 电商平台销售情况来看，销售以机油和轮胎这类标准化程度高、使用技术要求低的产品为主。此外还有一些安装便利的行车记录设备和电子导航设备，这些产品的使用不需要用户太多的培训和学习，对用户 DIY 能力要求较低。而专业水平要求高的刹车片、火花塞、减震器等配件用品销量相对较低。

3. 维修保养服务平台正在向 O2O + 转型

消费者对汽车安装保养专业知识的欠缺使线下维修保养服务更加不可或缺，汽车配件 B2C 电商平台在销售环节已经相对成熟，越来越多 B2C 平台在向O2O转型，逐步线下延伸涉足维修保养服务的相关业务。

2016年，汽车后市场维修保养服务电商纷纷开展线下布局，O2O+成为行业发展的主流方向。截至2017年7月，最早开展上门服务的e保养在北京开设10家线下门店，全国开设20余家线下保养店，未来还将通过合作门店、加盟店的方式，持续助力O2O。

根据易观对汽车后市场电商移动端用户行为监测，对O2O服务、奢侈品电商、财务管理、房产服务等相关领域更为关注和偏好的用户收入水平一般较高，更加偏好奢侈品、房产等高端消费，且有较强的理财观念。而偏好家政服务、上门服务等表明用户偏好生活服务O2O产品，追求生活品质，注重服务效率。

4. 车险与维修保养结合的商业模式正在兴起

2016年，众多车险平台通过合作或自主布局形式涉足汽车后市场，将车险业务与维修保养相结合，维修保养与车险之间存在数据契合点，车险与维修保养服务相结合能够在数据上形成互补优势。

卡拉丁2015年开始尝试与保险公司合作，目前已有1/3的订单来自保险公司。保险公司采购它们的服务，用来回馈客户，增强客户黏性，避免之前赠送线下维修门店保养卡时遇到的服务质量无法保障甚至门店倒闭等问题。保险公司回访的情况是，卡拉丁的服务得到C端用户的良好反馈。

5. B2C电商交易平台重视运营效率和赢利能力的提升

以途虎养车、汽车超人等为代表的维修保养服务O2O+汽车配件用品B2C平台逐步向汽车配件用品供应链上游进行业务延伸，更多地建立起与生产商的直接合作，并从生产商处直接拿货，更进一步减少了原AM市场层层流通的中间环节，降低了流通成本，从而为消费者带来更加优惠的产品价格。同时，战略合作后由生产商直接向平台供货能够保证产品的质量和正品率。

在线下服务方面，B2C电商交易平台更加重视用户体验。维修保养服务O2O+汽车配件用品B2C平台开始通过自建平台，加强对门店的服务标准、服务技能等的培训，来提高用户体验。

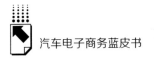

四 汽车后市场电商领域热点事件

（一）汽车后市场投融资事件一览

表2 中国汽车后市场投融资事件一览

时间	公司	轮次	金额	投资者
2016 年				
2016 年 1 月	趣学车	A 轮	数千万元	未透露
2016 年 1 月	易加油	A 轮	5000 万元	未透露
2016 年 1 月	四个轮子	天使轮	450 万元	深圳市同心投资基金股份公司
2016 年 1 月	我要找/51 找	种子轮	100 万元	未透露
2016 年 2 月	亿车科技（蜜蜂停车）	A 轮	8000 万元	奋达科技（泓锦文基金）、腾讯、同创伟业
2016 年 2 月	E 养车	B 轮	750 万元	未透露
2016 年 2 月	快来学车	种子轮	数百万元	唯嘉资本、同道齐创
2016 年 2 月	哈哈停车	天使轮	2000 万元	未透露
2016 年 3 月	微泊停车	Pre-A 轮	600 万元	陕西易久贸易有限公司
2016 年 3 月	神汽在线	Pre-A 轮	数千万元	盈动资本和如山资本
2016 年 3 月	车车微客	天使轮	数百万元	上海青葵创投
2016 年 3 月	猪兼强	A 轮	数千万元	未透露
2016 年 3 月	喱喱学车	A 轮	数千万元	深创投
2016 年 3 月	养爱车	Pre-A 轮	1200 万元	真格基金
2016 年 3 月	车木曹	天使轮	数百万元	孝昌水木投资（唐彬森）
2016 年 4 月	嗨修养车	A 轮	数千万元	张江高科、华威 CID
2016 年 4 月	车轮互联	B + C 轮	5.5 亿元	易鑫资本领投,好望角、景林、上汽和百利宏跟投
2016 年 4 月	驿享驾考	天使轮	1000 万元	河南旺田集团
2016 年 4 月	威牛修车	Pre-A 轮	数千万元	乐赟资本、永不落幕资本
2016 年 4 月	微车	B 轮	1.52 亿元	国富绿景创投（GRC SinoGreen）、德同资本、TPTF、银江资本、海尔、清科等
2016 年 4 月	有壹手	B 轮	6200 万元	基石资本、基石广汇车联网基金
2016 年 4 月	精米汽配商城	A 轮	数千万元	红马资本
2016 年 5 月	上车 APP	天使轮	数百万元	未透露

时间	公司	轮次	金额	投资者
2016 年 5 月	停简单	战略投资	未透露	乐视网
2016 年 5 月	乐车邦	A 轮	1.3 亿元	均胜电子、百度、红杉资本
2016 年 5 月	典典养车	D 轮	千万美元	Egarden Ventres 领投、若干机构跟投
2016 年 5 月	柚紫养车	天使轮	2000 万元	盛山资本
2016 年 5 月	我是车主	天使轮	数百万元	创新谷 Innovalley
2016 年 5 月	美泊	Pre-A 轮	1100 万元	邦明资本、安师傅
2016 年 5 月	中驰车福	B 轮	5 亿元	玖州建圆、深创投、西金资本、华创(福建)、中一资本等机构
2016 年 6 月	轻松学车	种子轮	200 万元	中资融投基金
2016 年 6 月	集群车宝	A 轮	超亿元	尚心资本领投、贝恩资本跟投
2016 年 6 月	起步学车网	天使轮	1000 万元	未透露
2016 年 6 月	e 代泊	A 轮	8000 万元	米其林等
2016 年 6 月	乐车邦	A + 轮	5000 万元	祥峰投资(新加坡淡马锡集团全资子公司)
2016 年 6 月	刘备修车网	A 轮	6000 万元	金沙江创投
2016 年 7 月	壹路通	A 轮	2000 万元	华创(福建)股权投资基金
2016 年 7 月	途虎养车网	D 轮	1 亿元	亚夏汽车
2016 年 7 月	趣学车	A + 轮	1 亿元	凤凰祥瑞、好望角投资、兴和
2016 年 7 月	i 保养	Pre-A 轮	1 亿元	领沨资本领投
2016 年 7 月	停车百事通	战略投资	未透露	松禾资本
2016 年 7 月	巴图鲁	B 轮	1 亿元	钟鼎创投和华创资本领投,越秀资本跟投
2016 年 7 月	OK 车险	A 轮	8000 万元	IDG 资本、京东、云启资本、艾想投资
2016 年 8 月	ETCP	B 轮	2.3 亿美元	飞凡投资
2016 年 8 月	汽车超人	定增	27 亿元	金固股份
2016 年 8 月	里程天下	天使轮	1000 万元	中骏资本
2016 年 8 月	车通云	A 轮	500 万美元	未透露
2016 年 8 月	懂车行	天使轮	1000 万元	英泰基金
2016 年 8 月	e 保养	C 轮	1.5 亿元	壹号资本领投、源码资本等跟投
2016 年 10 月	车享家	A 轮	亿级元	未透露
2016 年 10 月	车大大车管家	Pre-A 轮	数千万元	北京金科君创、润东汽车
2016 年 11 月	汽配1号	Pre-A 轮	1000 万元	美晨科技
2016 年 11 月	康众汽配	B 轮	5000 万美元	高盛投资
2016 年 11 月	车车车险	B 轮	数千万美元	宽带资本 CBC、顺为基金

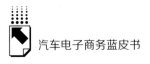
续表

时间	公司	轮次	金额	投资者
2016 年 12 月	车轮互联	C + 轮	5.5 亿元	易鑫资本、好望角、景林资本、上汽和百利宏投资
2016 年 12 月	评驾科技	A 轮	上亿元	招商局创投、昆仲资本等
2017 年上半年				
2017 年 1 月	车点点	B 轮	7500 万元	和悦资本、网信基金、松柏资本等
2017 年 1 月	携车网（车水马龙）	—	—	挂牌新三板
2017 年 1 月	拓道金服	A 轮	8000 万元	帮实资本、虫二文化产业基金、杭州市财政、西湖房产集团
2017 年 1 月	靠谱金服	天使轮	1000 万元	—
2017 年 1 月	车险易	Pre-A 轮	千万元	西码股份
2017 年 2 月	牛咖斯	—	—	挂牌新三板
2017 年 2 月	车发发	A 轮	1 亿元	盈信国富投资集团、量子资本
2017 年 2 月	凹凸租车	C 轮	4 亿元	太平洋保险、信中利资本、杭州金投、中信建投、经纬中国、赫斯特资本、光大常春藤等
2017 年 2 月	最惠保	B 轮	上亿元	深创投、安徽广电
2017 年 3 月	路比车险	A 轮	千万美元	新毅资本、紫荆创投、中海资本等
2017 年 4 月	车贷贷	A 轮	3000 万元	险峰长领投青、联想之星和梅花天使跟投
2017 年 5 月	乐车邦	B 轮	3 亿元	远翼投资领投、凯辉中法创新基金、红杉资本、均胜电子、祥峰投资
2017 年 5 月	中安金控	A 轮	2.2 亿元	海通开元、华信资本等参投
2017 年 5 月	熊猫车险	天使轮	5000 万元	新浚资本、启斌资本、联想之星等参投
2017 年 6 月	集群车宝	A + 轮	5000 万元	磐晟资产
2017 年 6 月	和谐汽车	战略投资	2.8 亿元	和进汇创投、蓝彻瑞创投、力合汽车以及奥拓参投
2017 年 6 月	巴图鲁	C 轮	超 1 亿美元	华平资本和钟鼎创投等
2017 年 7 月	蚂蚁女王	A 轮	2000 万元	浙江日通投资管理有限公司
2017 年 7 月	康众汽配	B + 轮	1 亿美元	中金甲子、基石资本
2017 年 7 月	车通云	A + 轮	1.2 亿元	首泰金信、青松基金、朗盛基金领投，经纬中国、丰厚资本
2017 年 7 月	精典汽车	—	—	挂牌新三板

（二）2016年至2017年上半年汽车后市场大事件

1. 多重新政释放后市场活力

2016 年至 2017 年上半年，与汽车后市场有关的政策法规频出，有助于打破市场垄断、树立公平有序的市场竞争环境、重塑市场格局、维护消费者利益、降低车主用车成本，并为此提供了政策背书。

自 2016 年 1 月 1 日起，《汽车维修技术信息公开实施管理办法》正式实施，明确汽车生产者应采用网上信息公开方式，公开所销售汽车车型的维修技术信息。受益于此，独立汽车维保企业与厂家的授权 4S 店一样，可以合法获得汽车维修技术信息，从而带动整个行业能力的提升，并促进行业加快市场化步伐。同时，以中驰车福为代表的 B2B 汽配电商平台可以合法地取得这些维修信息技术，然后通过网络化、可查询的方式向汽修厂提供维修信息技术的服务。

2016 年 4 月 19 日，新版《机动车维修管理规定》发布并施行。其中三大要点包括：第一，托修方有权自主选择维修经营者进行维修，除汽车生产厂家履行缺陷汽车产品召回、汽车质量"三包"责任外，任何单位和个人不得强制或者变相强制车主到指定维修点保养或修车；第二，托修方、维修经营者可以使用同质配件维修机动车；第三，机动车生产厂家在新车型投放市场后六个月内，有义务向社会公布其维修技术信息和工时定额。

2017 年 7 月 1 日，意在打破品牌授权销售单一体制、破除汽车流通行业垄断、净化汽车消费环境、释放市场活力的《汽车销售管理办法》正式实施，加速共享型、节约型、社会化的汽车销售及售后服务体系的兴起。

2016 年 6 月底，在黑龙江等 6 个地区率先启动试点后，商业车险改革推广至全国。商业车险改革旨在解决车险市场长期存在的体制性问题，建立一个市场化的条款费率形成机制，让商业车险费率水平与风险更加匹配，从而更好地保护投保人、被保险人合法权益，推动保险行业加快转型升级，促进保险市场可持续发展。一年后的 2017 年 6 月，保监会发布《关于商业车险费率调整和管理等有关问题的通知》，在全国范围内扩大财产保险公司费率定价自主权，完善车险费率市场化形成机制。商业车险二次改革由此开启。据测算，本次改革后，车险最低折扣率将由目前的 0.4335，下调至 0.3825，部分地区可以低至 0.3375。两次商业车险费改对我国汽车后市场格局变化影响深远①。

2. 博湃养车倒闭为后市场 O2O 降温

2016 年 4 月 5 日，O2O 洗车及养护平台博湃养车宣布破产倒闭。博湃曾在 2015 年初获得来自京东、易车的 1800 万美元 B 轮融资，估值一度高达 6 亿美元。另外，京东的导流对博湃的扩张起到了关键作用，使其不到一年便成为汽车养护 O2O 行业的领军企业。

博湃 B 轮融资后的两三个月，便开始实施近乎疯狂的"百城万人"计划，迅速扩张的同时重金开设线下体验店，并推出 1 元或免费享受"45 项车辆监测"活动。博湃高管曾透露，之所以迅速扩张，是希望通过订单量增加降低边际成本，但事实上成本并未降下来，由于成本高于 4S 店，靠着补贴做一单赔 100 多元，而 1400 多名员工每月仅工资就要支付 600 多万元。

极度的扩张和烧钱补贴让博湃的资金链迅速断裂，失去造血功能，致使其不到一年便以倒闭告终。博湃的倒下也为浮躁的后市场创业圈敲响一记警钟，违背商业逻辑的快速扩张很难形成马太效应，而依靠补贴也很难"烧出"成功的企业。

3. 车企、经销商争相创立快修连锁品牌

2016 年，在"品牌上行，网络下沉"策略的指引下，多家车企依托零配件资源，加速开拓独立售后市场，争抢推出第三备件品牌和快修连锁品牌，如福特 Quick Lane、广本喜悦、上汽德科等。随着传统 4S 店模式的高成本化，未来 4S 店脱离中心城区而外迁城乡结合部或郊区会成为常态，尤其在一、二线城市更为明显，因此，车主对位于社区和繁华地段的连锁维修门店的需求与日俱增。

2016 年，江铃服务渠道的重点之一就是着力推进 JMC 快修店规划和建

---

① 罗兰贝格、巴图鲁：《中国汽车后市场供应链白皮书》，2017。

设；广汽本田以全新 3Q 服务理念为标准，在全国建设 20 家喜悦快修店；神龙汽车面向 2020 年的中期事业"5A + 计划"提到，围绕汽车服务领域，神龙汽车将建立维修连锁品牌"阳光工匠"，并于 2020 年开设 3000 家店，创立第三备件品牌"优联配"。

其实不仅车企，面对竞争愈发激烈的市场，庞大集团、和谐汽车、广物汽贸、吉诺等多家汽车经销商集团也瞄准维保市场，创立自己的快修品牌，希望减少客户流失，增加新的利润增长点。

2016 年 4 月，庞大汽车推出"庞大上门保养"平台，为其所覆盖的 26 个省市的 1200 多家 4S 店和服务网店提供服务。2016 年 10 月 28 日，庞大集团宣布，庞大钣喷开始在全国 61 座城市正式上线。

2016 年，和谐汽车以"1 个社区店 + N 个中心店"的模式，整合旗下的"和谐修车"与"和谐快修"两个后市场服务品牌。中心店为母店，满足客户复杂、专业的修车需求；社区店为卫星店，主要作用是吸引客流和续保资源。社区店以保险为突破口，通过洗车、美容等高频业务，办理会员卡、储值、保险代理等增值业务，实现客户积累，为中心店导流，形成闭环。和谐汽车计划在 2017 年 3 月中心店数量增至 50 家，社区店再增加 100 家。

4. 诸葛修车网难逃贱卖厄运

2017 年 1 月 16 日，曾经估值 60 亿元、被誉为"中国汽车服务第一股"的诸葛天下（ST 诸葛）发布公告，原实际控制人祁庆与吴让生签订股权转让协议，该协议约定，祁庆将其持有的和创万通 46% 股权转让给吴让生，转让价格为 230 万元。股权转让完成后，吴让生持有和创万通 95% 股权（吴让生在收购前，持有和创万通 49% 的股权），为控股股东；而吴让生通过和创万通间接控制公司 40.8% 的股权。按照这一交易计算，诸葛修车网当下的估值仅为 1225 万元。这家备受汽车后市场关注的企业由此走下神坛。

诸葛修车网以"平台 + 供应链管理"的商业模式，以"B2B + O2O"的服务模式，锁定 B 端和 C 端目标人群——汽配生产厂、各级经销商、汽车修理厂以及车主，涉及商城、正品、云仓、物流四大 B2B 业务，同时在全

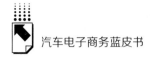

国采取合作加盟方式设立服务站,整合各地修理厂和经销商。

从表面来看,诸葛修车网的B2B商业模式确实具有缩短供应链、降低运营成本的优势,但这一商业模式存在诸多问题。例如,在配件流通渠道中,往往存在3~4级代理体制,这其中的物流、技术、数据、信息非常复杂,诸葛修车网在去中间化时,如何承担起被省略的代理商的职责,如何突破经销商与配件企业各层级之间本已较为牢固的渠道关系都是不小的挑战。

不论是线下服务站的布局、大量市场推广人员的招募,还是物流配送体系的建设,诸葛修车的发展离不开资本的疯狂追捧。借助"互联网+"浪潮和后市场投资热,其营业额从1亿元到2亿元仅用了39天,从3亿元到4亿元仅用了15天,到2015年12月31日,单日交易额突破1亿元,线上交易总额则突破112亿元,月均增长速度甚至高达233%。这种超常规的发展,在其上市半年后因资不抵债被"ST"而最终显露原形。诸葛修车的关闭也给汽车后市场创投企业提了醒,仅仅依靠刷单、数据造假而忽略脚踏实地的企业很难持续发展。

5. 汽车超人获27亿元后市场最大融资

2017年4月24日,金固股份发布上市公司公告称,经证监会核准批复,公司向上海财通资产管理有限公司等8家特定投资者非公开发行人民币普通股约1.63亿股,募集资金约27亿元,用于下属汽车后市场公司汽车超人的建设。至此,汽车后市场迎来最大一笔投资。有分析认为,此举有望改写汽车后市场市场格局。

对于如何使用27亿元投资,汽车超人介绍,相当一部分将投入门店建设。目前,汽车超人已建立起覆盖全国300座城市的30000家服务门店,下一步将升级做认证门店、直营门店,同时借助自主开发的基于营销智能化、运营智能化、管理智能化的TSCE智慧门店系统,通过平台的互联网化和信息化,尽可能降低门店在营销、运营和管理上对人的依赖,通过股权分配、分红等方式,来激励人的主观能动性,搭建人才体系,从而带动整个汽车后市场门店品质和收益的提升。

目前,汽车超人正在母公司金固的大本营杭州富阳规划一个大型超级仓建设，通过扩大中心仓面积，升级中心仓储的综合辐射能力，从而起到总调度作用。而分散在各地的城配仓只存放热门快销产品，以"小而精"为其布局定位，快速补给当地门店需求。通过仓储的合理布局，实现货品的及时调配供应，为终端门店的服务提供保障。

6. 车享家重磅布局线下门店

2016年，上汽集团旗下O2O连锁服务平台车享家，围绕"用户生活区三公里"的社区化布局理念，在全国范围落地实施其"单城百店"战略，快速铺设直营门店，在出行生活、精神生活、日常生活、金融产品等方面为车主提供个性化服务。截至2017年上半年，车享家的门店数量达到973家，在一定程度上解决了"4S店路程远、排队久、夫妻老婆店不放心"的养车痛点。

7. 京东深度布局汽车后市场

2017年7月，京东与合作门店在北京启动名为"透明车间"的汽车后市场计划，用于为在京东购买汽车用品的消费者提供线下安装、更换等服务。目前，京东汽车用品已与超过1万家门店达成合作。"透明车间"首批仅在北京上线10家门店，随后将在北京、上海、广州等一线城市进行全面推广，预计年底前达到近百家门店。同时，"透明车间"还将陆续上线在线预约、接待监测、施工监测、库存监测、终端监测等功能。

京东在汽车后市场已与包括车发发、车享家、携车网、卡拉丁、庞大养车等在内的多家维保企业达成合作，同时还相继与德国马牌、3M、博世等零部件巨头签订协议，将在线上线下融合的O2O领域展开战略合作。

五 汽车后市场电商发展趋势

（一）汽车后市场规模持续扩大

2016年汽车后市场规模达到9350亿元（不包含汽车金融），同比增长约21.4%。预计到2019年汽车后市场规模将突破1.2万亿元的规模。

图24　2013～2019年中国汽车后市场规模及预测

（二）资本寒冬和行业洗牌将延续，但资本市场关注度并未减弱

从2015年底开始，多数后市场电商平台在资本寒冬期中退出市场或被兼并，行业的第一波洗牌拉开帷幕。尽管如此，2016年仍然有一些平台凭借更为清晰的商业模式和赢利模式，获得了资本市场的青睐，并完成了新一轮的融资。

2017年后的汽车后市场电商将进入市场启动期，与此同时，将会有部分平台凭借成熟的商业模式逐渐开始赢利。进入2017年，汽车后市场的资本寒冬和行业洗牌仍将继续，但那些成功存活下来并且商业模式和赢利模式都更为清晰和成熟的平台将会成为资本市场的宠儿。与此同时，在资本市场的助力下，这类平台将会表现出更强的竞争力。

（三）精耕细作，企业进入精细化运营阶段，后市场电商开启综合实力比拼阶段

自资本寒冬期以来，后市场电商平台纷纷将更多的精力集中在企业内部运营上，后市场烧钱补贴时期基本结束，各电商平台真正进入综合实力比拼阶段。

未来 2～3 年内精细化运营仍是行业主流趋势，各平台将在已有的商业模式下深度布局，行业逐步回归商业本质。提高产品和服务质量，提高用户满意度，降低运营成本，获取赢利成为企业重点关注要素。

（四）维修保养服务电商将向纵深化方向发展，产业链延伸和供应链建设是重点

2016 年汽车后市场维修保养服务电商进行 O2O 转型，扩大线下维修保养服务的门店布局，不断提高门店服务质量；与此同时，通过不断加强与汽配用品厂商的合作来增加产品货源，保证产品质量，并且积极布局仓储、物流等供应链基础设施来提高平台服务效率，降低流通成本，提升用户体验。

随着汽车后市场电商行业的快速发展，降成本和保品质成为各平台精细化运营的基础，越来越多的企业将会不断向上游进行业务延伸，与品牌厂商直接建立合作，进一步减少产业链中间的经销环节。消费者自主车辆维修能力有限，对线下服务需求较高，线下门店是直接为消费者提供服务的场景，将会影响到消费者对品牌形象、品牌价值等的认知，未来维修保养平台将进一步完善线下布局，实现 O2O 服务闭环。资本寒冬期的汽车后市场电商行业，对企业自身的运营能力、赢利能力等提出了较高的需求，而供应服务能力是实现精细化运营和企业赢利的关键，无论是汽配用品平台还是维修保养平台都在向供应链服务的方向发展。

2017 年汽车后市场电商尤其是维修保养服务电商企业将进一步向纵深化方向发展。在产业链上游增加采购、仓储、物流等基础建设，不断加强对汽配用品经销渠道的扁平化，产业链下游则是加强对线下门店的标准化管理。

（五）汽车后市场成商家"必争之地"，后市场电商参与主体更加丰富

汽车后市场电商经过几年的摸索和发展，已经形成了较为成熟的商业模式，并且市场发展的关键成功要素也较为清晰。2016 年以来，不断有 4S 店

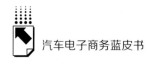

和经销商企业、汽车工具类平台以及互联网出行等企业将业务范围向汽车后市场领域进行拓展。

未来将会有更多的主体参与汽车后市场的竞争，各平台将会凭借自身在用户规模、大数据、线下资源、资金实力等多方面的优势地位加入后市场竞争，汽车后市场电商规模有望进一步扩大。

六　汽车后市场电商企业案例

（一）车享家

1. 企业概况

车享电商业务开始于 2014 年 3 月。车享已经形成车享新车、车享家、车享二手车、车享汇、车享付、车享配等多组业务类型。车享家以全国连锁的方式，希望为用户提供"看、选、买、用、卖"O2O 一站式汽车服务。

车享家线下门店覆盖全国，到 2016 年底，直营门店近 750 家，覆盖 71 个城市。车享家不仅提供汽车保养、美容和养护等常规服务，还提供小修、钣喷、轮毂改装等个性化服务。

2. 商业模式

车享家以全国连锁实体直营店的模式，承接车享平台（chexiang. com）的互联网业务和品牌势能，依托车享平台的多元化服务和车享家遍布全国的售后服务网络，提供全品牌、全系车型的售后服务。

从平台目前主营的汽车后市场服务来看，车享家的主要服务模式属于"维修保养服务 O2O ＋品牌自营连锁"。

在车享家网络平台或移动端"车享宝"APP 上，车享家罗列出众多的汽车维修保养服务，例如，空气滤清器更换，刹车片更换，发动机清洗与养护等，随后通过门店服务预约的形式，将客流导流到线下的服务网点，由上汽集团自建的数百家门店提供相应的保养养护、美容维修等服务。

车享家的线下门店并不仅仅为车主提供洗车养护服务，还为车享平台各

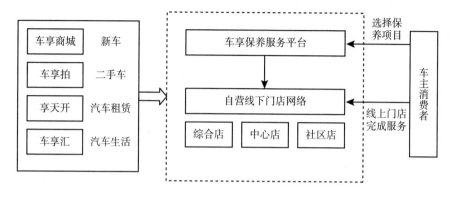

图 25　车享家服务模式

个业务领域导流，成为所有业务的线下入口。相对高频的汽车保养服务将带动汽车租赁、二手车、车主会员等业务，为用户在养车、用车、卖车以及车主服务全生命周期中的问题提供一站式的解决方案。

车享家的服务模式有三个特点：全网络覆盖、全车型覆盖和全生命周期覆盖。

全网络覆盖是指车享家在全国布局，拥有众多的门店。全车型覆盖是指车享家服务的对象并不只是上汽品牌的车主，还包括其他品牌的车主。全生命周期覆盖是指合作伙伴里面不只有零部件，还有精品、养护件的各类供应商，可以满足用户对车辆整个寿命周期的服务。

车享家以基础的维保业务为切入点，社区店布局是主体，达到90%。车享家正在建立具有复杂维修板喷业务的综合店，建立联动关系，同时还在三、四线城市建立中心店，承担新车销售和二手车服务功能。车享家通过集配、直送、零配的方式来满足各类门店的正常运转。

3. 核心能力

与其他企业相比，车享家有以下三个方面的核心优势。

一是有上汽及上汽零部件企业的资源优势。车享家可以为车主提供高性价比的原厂配件，上汽最大的零部件企业华域还可以为车享配开发横向产品提供支持。

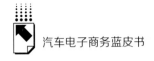

二是终端规模。车享家以汽车维保等后市场养车业务为切入点，在全国进行布局。到2017年8月已经覆盖了1000家门店，规模在全国领先。

三是上下游一体化运作。车享配为车享家提供配件服务，在技术、设备、服务流程和规范等方面与上汽一脉相承，车享家是车享配的客户端和终端，同时上汽许多经销商通过与车享配的合作加入车享家供应链体系。车享家业务又提升了车享配对市场信息的捕捉能力、对终端用户需求的把控能力，进而推动车享配产品品类的补全，完善整个供应链的建设。与此同时，上汽安吉物流可以为车享家供应链提供高效服务。

4. 运营管理

车享家为了实现全国范围的规模化、标准化与规范化，通过一系列措施加强自身的运营管理。一是加强在线能力的建设，希望能够让用户在线提交自身的需求。二是加强标准化建设，通过员工培训等方式，努力保证门店的服务质量和品质，使服务品质和体验是完全可预期，具有一致性。三是建立可追溯的体系，整个服务过程以及服务过程所采用的配件，都可通过系统化、可视化的方式进行追溯。

为此，车享家主要通过自建线下维修服务门店的方式来发展，主要原因是能够对汽车养护服务进行标准化，可以控制线下服务的质量，为消费者提供高质量的服务体验。

此外，车享家还注重通过科技方式提升服务能力。例如，发展智能规划，根据车辆安全保障需求和车主用车出行的习惯，以及季节性、区域性的消费特征为车主定制规划用车解决方案；车享通过各地车辆、用户消费行为建立整个网点的选址和布局模型；在各个区域市场设计便携式社区店与中心店，提供整体化的服务等。

5. 发展规划

车享家直营门店2017年预计达到约1500家，到2020年车享家通过自建与加盟方式计划增加到10000家，在全国形成1500家中心店、7000家社区店和1500家综合店。

为此，车享制定了2017～2020年规划。从2017年开始，用两年时间，完成从0.1到1的模式成型期，进入2.0阶段。在用户层面，通过服务场景化来提升服务的效率和体验。在业务层面，线上和线下要真正实现一体化模式创新，支撑各业务线实现可持续赢利能力。在平台层面，要实现半开放、半市场化的准平台运作。2019～2020年，车享要完成从1到N的平台初建期，完成车享3.0版本。在用户层面，在满足用户基础服务需求的同时，为其提供更多延伸服务需求的解决方案。在业务层面，通过业务做宽，逐步由车及人，初步形成业务生态。在平台层面，全面实现市场化、平台化运作，提升平台整体服务能力。车享希望在10万亿的汽车服务市场规模下，能够实现千亿级别的体量。

6. 总结

车享在上汽集团强大供应链资源和资金支持情况下，取得了非常快的发展，而且目标相对明确，商业模式逐步清晰。但车享家的连锁保养门店在供应链体系、人才和资金等各方面都有较大的需求，而且各项业务交织，如何突出自身的优势，实现专业化和生态化服务相统一，是车享未来发展面临的主要考验。

（二）中驰车福案例

1. 发展概况

2010年，时任联想全球副总裁的张后启博士离职，创立了中驰车福联合电子商务（北京）有限公司（以下简称"中驰车福"），历经近7年的艰苦创业历程，目前已成长为国内规模最大的汽配供应链云平台之一，在全国设立了20多家分支机构，业务覆盖近30个省份，员工接近1000人。

中驰车福目标是建立连接上游配件厂商以及下游汽修厂的供应链云平台，为产业链上下游提供在线交易、仓储物流、供应链金融等全程供应链服务。2015年公司营业收入达到近8亿元，2016年营业收入实现翻倍增长达到近20亿元，未来两年目标营业收入超过100亿元。

中驰车福创新商业模式受到资本市场认可，2015年和2016年分别获得A轮1亿元和B轮4.2亿元投资，目前正在开展C轮融资。

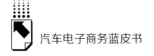

2. 商业模式

中驰车福核心是打造订单处理平台、物流配送平台、金融结算平台和配件车型数据平台相融合的汽配供应链云平台，2017 年建立中驰车客社会化营销平台，进一步助力中驰车福汽配供应链云平台升级。

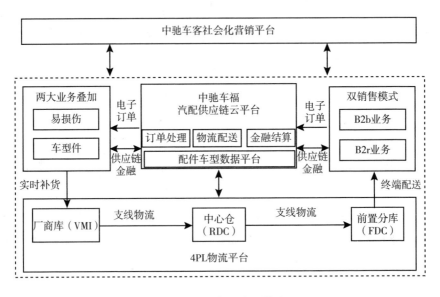

图 26　中驰车福商业模式

在中驰车福汽配供应链云平台，中驰车福开展"双向供应链服务"模式，供应端叠加两大业务——易损件和车型件，销售端实施双模式——直接面向汽修厂（B2b 业务）和直接面向授权客户服务商（B2r 业务）。中驰车福将易损件作为高频业务，快速扩展业务规模；将车型件作为高毛利业务，增强汽修厂黏性。中驰车福在一线城市做深做透 B2b 模式，深耕大型汽修厂；通过 B2r 模式快速下沉全国区县级城市，覆盖更多汽修厂。

汽修厂和授权客户服务商均基于中驰车福自主建立的行业领先的配件数据库自助下单，中驰车福提供自主研发的供应链金融满足在线支付和融资，并通过自建三级仓储物流体系保证稳定及时交付，最终为汽修厂和授权客户服务商提供多（多品类）、快（稳定及时交付）、好（正品配件）、省（减少中间环节）的全程供应链服务。

中驰车福通过建立中驰车客社会化营销平台，快速发展有资源的推客，链接海量授权供应服务商和授权客户服务商，为每一个参与主体提供多层次营销场景、社会化营销传播、直播营销数据收集、推广效果数据看板和营销推广社会协作等，目标是将中驰车客平台打造成汽车后市场知识传播和客户营销平台，并助力中驰车福汽配供应链云平台升级。

3. 核心能力

中驰车福经过多年积累，汽配供应链云平台不断迭代优化，在产品供应、客户销售、配件数据、仓储物流和供应链金融五个方面的核心优势逐步建立，行业竞争壁垒逐步提高。

（1）产品供应

中驰车福与博世、飞利浦、TRW、日联、辉门等数十家国际汽车零部件巨头和上百家国内外知名零部件企业建立战略合作，利用互联网优势不断加载配件品类，通过自营模式覆盖易损件（含定制件）和车型件常用品类，通过POP模式提供拆车件等满足长尾需求，最终实现客户一站式配件采购。

（2）客户销售

中驰车福开展双销售模式，建立遍布全国地市级的授权客户服务商体系，下沉覆盖地县级汽修厂；同时继续深耕汽修厂（目前平台会员汽修厂已近5万家），与大型维修连锁（典典养车、小拇指、车福莱、车奇士等）、主机厂（东风汽车、奇瑞汽车）和保险公司（合众保险）等大客户建立紧密的战略合作。

（3）配件数据

中驰车福七年多投入上百人团队和上千万元资金，自主建立了行业领先、真实有效、品类丰富的配件数据库，覆盖上百个汽车品牌、上万个车型、上百万个SKU配件，并且基于实时交易不断纠错，实现海量数据精准匹配。

（4）仓储物流

为保证产品稳定及时交付，中驰车福在全国已建立20多个中心仓和近千个分仓，实现全天公交式门到门终端配送。

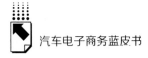

（5）供应链金融

中驰车福依托大数据、互联网等技术，与平安银行合作创新打造了行业内领先的供应链金融平台，满足上下游客户的在线支付、账期和融资等多层次需求。

4. 企业运营

（1）产品运营

易损件：中驰车福与一线品牌厂商建立直供合作，品牌数量尽量集中，通过 VMI 模式做大规模；直接与工厂合作定制产品，开展双品牌战略合作，逐步替代二线品牌，提高产品毛利；同时，不断优化产品组合，提升整体竞争力。

车型件：中驰车福在易损件基础上叠加车型件，通过整合全国优势供应资源，提高毛利水平，增强客户黏性。

（2）销售运营

B2b 业务：中驰车福在北京、上海、广州、深圳、杭州、武汉、成都七个城市深耕大型汽修厂，并在大型汽修厂内置电子货柜（FS），通过大数据筛选每月常用产品并及时补货，及时响应客户需求并大幅提升客户体验。

B2r 业务：中驰车福在全国招募授权客户服务商，快速下沉全国区县级城市，覆盖更多地县级汽修厂，并且赋能授权客户服务商，为汽修厂提供一站式全国集采供应、高效仓储物流服务、创新供应链金融服务、产品营销和技术培训等。

（3）供应链运营

中驰车福建立 VMI（厂商库）－RDC（中心仓）－FDC（前置分仓）供应链运营机制，为上游厂商提供全程供应链看板，使其能实时看到各级库存和终端销售数据，指导厂商精准补货生产，帮助厂商转型大规模定制模式。中驰车福借助云计算和大数据分析，基于 FDC（分仓）－RDC（中心仓）－VMI（厂商库）模式反馈机制，动态区分产品类型（快消件、常用件、长尾件），每天补货，不断迭代优化库存周转，提高整体供应链运营效率。

5. 未来发展规划

中驰车福核心打造汽配供应链云平台，连接上游配件供应商、下游授权客户服务商、终端汽修厂和车主，中驰车福专注做好平台，核心赋能平台上的每一个参与主体。

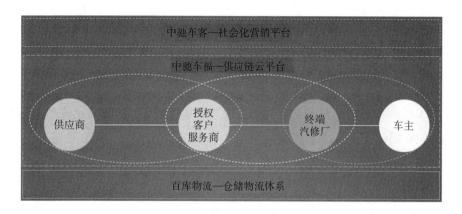

图 27　中驰车福供应链服务体系

（1）赋能供应商

中驰车福帮助供应商通过平台面向全国销售，实现渠道下沉，并直达终端汽修厂，共同做大业务，并且，为供应商（厂商）提供销售可视化、库存可视化，实现看板式生产。

（2）赋能授权客户服务商

中驰车福为授权客户服务商提供三大基础设施：精准匹配的车型配件数据支持下单、完善的三级仓储物流体系保证稳定及时交付、创新的供应链金融解决方案。此外，中驰车福还通过全国集采规模优势降低采购成本，利用中驰车客社会化营销平台拓展渠道，提供完善的在线工具帮助授权客户服务商实现在线销售客户管理。

（3）赋能终端汽修厂

中驰车福核心为终端汽修厂提供配件供应、车主营销、技术提升和管理运营（日常管理、门店 ERP 等）服务，充分发挥平台的价值并基于平台汽修厂资源建立车福联盟（维修连锁），最终为车主提供规范化、专业化、标

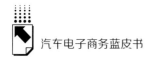

准化的服务。

未来五年，中驰车福将继续深耕汽车后市场，与上游全品类优质一线品牌厂商开展直采，下游服务全国十万家优质汽修厂，并连接上千万名车主，布局建立 25 个 RDC（中心仓）和 3000 个 FDC（前置分仓），服务全国 30 个省份并渗透到地县级。随着中驰车福供应链云平台成熟迭代和大数据能力增强以及新技术应用，库存周转将不断缩短至 7 天，完全实现自动补货和按需销售，最终建立智慧化汽配供应链云平台。

6. 总结

2016 年，马云在杭州云栖大会上说"纯电商已死，新零售已来"，而在过去两年时间里，传统电商也在变革，如京东入股永辉，阿里战略合作百联，亚马逊收购全食，都在加速线上与线下融合。2017 年，曾鸣提出 S2b（2c）模式，并指出这是对新零售、新商业未来的创新思考。

所谓的 S2b（2c）模式是新型的大中台、小前端的组织方式，S 与小 b 不是买卖关系，而是 S 整合供应链，提供更多增值服务，帮助小 b 更好地服务 c。其实，中驰车福一直在汽车后市场深度实践，通过授权客户服务商让服务本地化、更加高效、更加灵活。中驰车福希望建立一个开放、互联、共享的行业平台，每一个参与主体充分发挥各自价值，最终共塑整个汽车后市场的协同新生态。

（三）精米商城

1. 企业情况

精米商城成立于 2014 年，是一家专注于汽车保险事故配件交易的垂直电商平台企业。母公司为精友集团，主要为保险业提供整车及配件数据服务，客户包括中国 90% 以上的保险公司。精友集团提供数据收集、数据加工整合、数据分析和系统服务，为保险公司、行业协会、汽车企业、汽车后市场企业等提供信息技术解决方案。

精米商城隶属于精友集团，是汽车全车件 B2B 电商交易平台，以保险理赔零部件采购为切入点，解决保险公司在赔付环节的成本控制、流通环节多层次利益输送、配件难找、价格混乱等问题。

精米商城有较全面的汽车保险数据，已建立庞大的汽车零配件数据库，连接保险公司、汽修厂和配件商，提供线上询价、配件定型、定损直采和物流配送等全流程服务。

精米商城与国内90%的保险公司达成合作关系，引入配件商、修理厂上千家，数据库覆盖23万款车型、2200万个配件，2014年上线后半年月交易额超过200万元。

2016年4月精米商城获得了红马资本上千万A轮融资。此后，精米加大了在数据研究、技术以及平台建设优化方面的投入；继续和各家保险公司合作推广城市试点，吸引更多的配件厂商入驻精米，将精米模式向全国推广。

2. 商业模式分析

精米商城商业模式为：搭建了一个事故车辆配件电商平台，将保险公司、配件商和维修厂联系起来；吸引了20多个配件品牌商家入驻商城；与保险公司有关的汽车维修厂和4S店通过商城选择需要的汽车配件，精米商城负责物流配送。精米商城和同城物流企业合作，构建了急件一小时送达，非急件一天送达的物流配送模式。车辆出现交通事故时，与精米合作的保险公司进行定损，确定需要更换的零配件，保险公司指定维修厂或4S店，从精米商城下单采购，保险公司买单。

精米商城构建出一站式的配件询价与集中采购平台，在平台上，汽车维修厂或4S店可以货比三家，获得良好询价的汽车配件。同时，汽车维修厂服务端与平台相联系，可随时随地来下单，追踪订单的状态，商城也可以提供及时的物流服务。

3. 核心能力

精米的商业模式具有一定的独创性。一方面，精友集团在汽车保险领域有着近20年行业积累，为全国九成以上保险公司提供相关服务；另一方面，中国汽车保险事故配件市场发展与欧美国家有较大差距，在B2B市场上还存在非常大的商机和前景。

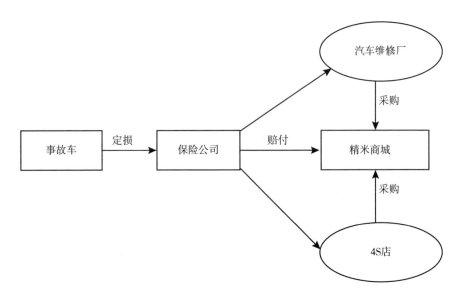

图28　精米商城商业模式

4. 企业运营

汽车后市场 B2B 行业具有较强的行业壁垒，需要企业具有非常强的资金实力、清晰的商业模式。从精米商城目前的发展情况看，精米商城已经具备了上述发展的基本条件，精米商城的发展模式在汽车配件市场中有良好的发展前景。

（四）途虎养车网

1. 发展概况

途虎养车网 2011 年创立于上海，是国内领先的汽车后市场电商平台之一。途虎养车网以轮胎为主营业务切入汽车后市场，在多年的发展中朝着汽车维修保养全品类覆盖的方向拓展产品线，现已提供机油、汽车保养、汽车美容等各类产品和服务。途虎养车自建仓储物流，通过线上售卖汽车用品和线下合作门店提供安装服务的形式，为客户提供全方位的汽车保养服务。在线上，客户可通过网站、电话、微信、APP、各大电商平台等渠道购买途虎

的商品与服务。在线下，途虎有超过13000家合作安装门店，服务能力覆盖
31个省份、330个城市。

2014～2015年，途虎养车网顺利地完成了A、B、C轮融资，获得了
1.5亿美元的融资。从2015年开始，途虎养车网的服务品类从轮胎扩大到
汽车养护、美容以及其他服务用品，销售收入达到9.6亿元。2016年1月，
途虎与3M公司合作，独家授权途虎线上首发3M机油，开了国内首次润滑
油厂商对电商平台授权的先河。2016年3月，途虎与国内最大轮胎厂商万
力合作，成为万力轮胎旗下万嘉联盟在江浙沪地区的唯一服务商。2016年4
月，途虎与亚夏汽车签署了关于互联网保险项目合作协议，投资互联网保险
项目。2016年6月18日，途虎养车与YunOS宣布针对汽车智能、车联网领
域进行战略合作。YunOS的系统正在成为国内继Android、iOS之后的另一
个重要移动操作系统，途虎养车也成为YunOS for Car生态圈内首个用车养
车服务供应商。截至2016年底，途虎养车的销售收入达到22亿元，营销规
模得到很快地增长。途虎养车在2016～2017年营销规模快速增长，销售轮
胎超过300万个，占轮胎总市场的7%。

根据途虎养车网统计，截至2017年7月，途虎养车网的线下合作门店
覆盖全国405个城市，门店数量高达13000家。轮胎月销售额突破1亿元，
美容日订单量超1万个，保养日订单量近2000个，月增长率超过20%。基本
完成全国重点销售区域的仓储和配送布局，从上海、北京、沈阳、成都、武
汉、广州、济南、厦门、西安、昆明十大物流中心出发覆盖周边销售区域。

2. 商业模式

途虎养车网在创立之初在维修养护方面的商业模式采取的是自营型平台
模式。维修养护类电商分为自营型平台、导流型平台、上门服务型平台三
类。与导流型与上门型两种相比，自营型电商的服务程度最深，符合移动互
联网时代要求的便捷用户体验。同时，与导流型收取广告费与佣金、上门型
直接收取服务费相比，自营型模式通过线上出售汽车配件用品的利润差价赢
利，营利性更加直接稳定。此外，自营型电商具有其他两种类型无法匹敌的
品牌力与口碑，增强了电商对商品来源、商品质量、商品供应及物流配送的

硬控能力，实现了商品的垂直化供应，同时解决了其他两种模式获客成本高、用户难以留存、监控能力差等诸多弊病。根据标准排名研究院进行的相关研究与分析调查，导流型与上门型平台模式企业将在 5 年内转型与淘汰，自营型平台已有趋势提前进入寡头竞争阶段，优势资源越来越集中。

在深入分析后市场行业后，途虎养车网认为，本质上汽配行业的混乱是渠道的混乱，而渠道的混乱本质上是渠道的分散和供过于求，因此，小的、不规范的、多层级的渠道商应该被整合为大的、成规模的、规范的经销商。而线下渠道由于各种因素，整合成本甚至大于整合带来的溢价。后市场混乱的现状给了互联网企业机会，途虎养车网把握了机会。在汽车后市场服务中，配件品质是车主关心的第一要素，大多数用户对车辆养护知识了解程度一般，仅对轮胎、机油等广告力度大的零配件品类有一定认知。因此，途虎以轮胎这种标准化成熟产品为市场切入点，而后以养护这种标准化服务来满足用户的高价值长尾需求。由标准化产品切入，而后通过标准化的服务流程，管控整个 O2O 服务标准。通过标准化正品在用户心中深深扎根，途虎养车五年来积累了牢固的忠实用户。

在供应链方面，与其他第三方合作获得产品不同，途虎养车是极少数获得品牌正品授权的公司。秉承正品自营理念，途虎将厂家工场直供的商品直接递到消费者手中，大大降低了渠道进货价格。途虎售卖的产品均有品牌的正式授权，也获得了越来越多的网络独家授权，更多个性化的汽车配件将在途虎售卖。2016 年初，途虎养车与 3M 达成合作，后者推出首款机油产品并授权在途虎养车平台独家销售。2016 年 7 月，美国固铂轮胎与途虎养车签署了战略合作，固铂则将为途虎养车提供 Eco C1 轮胎独家专供花纹，提升途虎品牌正品自营优势。另外，目前，马牌、固铂、万力、韩泰等工厂均向途虎直供正品轮胎。

途虎自建强大的仓储物流体系，面对繁复的物流环节，途虎创新性地将强大的 WMS 系统运用其中，该系统有效控制并跟踪了收货－上架－库存管理－备货－复核－交接的仓库管理全过程，每一个途虎轮胎上都贴有虎标条码，为消费者提供全程追踪服务。这些技术化的有效运用，为服务提供了时间上的有效保障。

门店作为线下服务终端，重要性不可忽视。途虎在全国建立了完善的服务门店网络，服务覆盖全国405个城市，总计超过10000家合作门店。途虎创新力表现在对于门店管控体系上，通过用户评论投诉、门店诚信、服务项目完善度综合评定门店星级，并完全公开给消费者自主选择。此外，途虎对线下拓展的要求较为严格，均为上海本地招聘，统一管理，并且集中培训关于如何提高赢利能力、技术水平和客户服务能力等的课程。

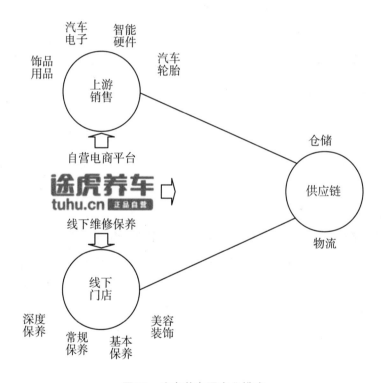

图29 途虎养车网商业模式

3. 核心能力

物流优势是途虎最大的优势，这与途虎刚开始就深耕线下门店有很大关系，途虎自建物流体系，传统上需要40天的运转周期，途虎只用20天就实现了运转，而且仓库可以实现上午下单、下午安装，实现了途虎的"八小

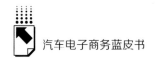

时直送"，提高了整体的效率。同时，途虎为每一个轮胎都建立了自己的数据系统，这在保证透明的基础上，为客户实时提供使用信息，提醒客户轮胎使用寿命。

4. 企业运营

途虎三大运营特点分别为平台化布局管理、精细化运营模式、个性化服务定制。从平台化布局管理角度来看，随着互联网时代的到来，必然会伴随着对传统行业的冲击，从开始的轮胎到后期的养护再到汽车金融，再衍生到学院，每一次的延伸都意味着一次转型，失败有，成功也有，都是为了适应多变的消费者，建立信任，满足用户需求，不断挖掘，服务大众。从精细化运营模式角度来看，从生产到销售，再到销售渠道的选择，线下门店的考核，用户的探索挖掘都要利用大数据做到精细分析整理，提高企业赢利能力。从个性化服务定制的角度来看，通过大数据系统分析用户，记录备案，系统会给出明确的指导，了解到用户的需求、消费习惯、消费能力、消费周期、消费水平等，然后再根据用户的要求进行个性化定制，既满足了客户的需求，又为企业节省了时间，这也是途虎的特色。

5. 总结

由于其资源能力、仓储物流能力、用户黏性、用户互动性、用户质量和生态闭环等方面的成绩，途虎受到行业的认可。但是汽车养护市场正临巨变前，4S 店、养护门店或将继续占据市场主导地位，随着互联网时代的到来，移动互联网进入汽车养护市场也是必然的，作为养护渠道补充，养护电商正在不断崛起。B2C 电商多强争霸，途虎未来在市场上的表现如何，值得进一步观察。

（五）汽车超人

1. 发展概况

汽车超人是一家汽车后市场综合服务平台，采用线上销售与线下服务结合的方式，运用大数据分析，为用户提供供应链解决方案。汽车超人目前主要提供汽配销售、汽车保养、汽车美容等服务；汽车超人未来将拓展汽车金融、汽车救援、汽车改装和车务服务等汽车后服务市场业务。

汽车超人成立于2015年4月，当月完成品牌发布，上线第一个版本APP；6月母公司金固宣布增发27亿元用于汽车超人项目发展，到2016年5月累计用户超过1000万人；2016年9月汽车超人线下体验店投入运营，上海店正式开业。

汽车超人成立仅两年，但业务发展速度较快，早期通过"一分钱汽车"的服务为线下门店导流，快速建立了汽车超人品牌。汽车超人逐步形成维修保养O2O＋汽配B2C的商业模式。

2. 商业模式

汽车超人的商业模式与途虎有很多类似之处。近两年，汽车超人主要依靠自营平台、自建仓储、自营合作、提升体验等迅速发展。

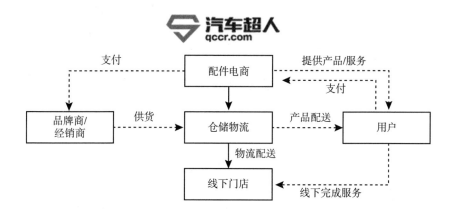

图30 汽车超人商业模式

在自营平台、自建仓储方面，汽车超人坚持原产正品，并通过自营模式保障产品品质。同时，把汽车后市场的供应链当作成功的关键，认为不能做好供应链就是空中楼阁。因此，在流通环节，为更高效地管控流通过程，通过自建仓储物流体系，并通过自主研发的WMS和TMS两大系统对商品运输过程实施全程监控，实现零部件保真，增强供应链议价能力，提高利润率，以达到重塑供应链的目的。

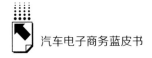

在自营合作、提升体验方面，自营合作成为汽车超人拓展线下门店的关键，汽车超人凭借金固股份在汽配业界强大的供应链资源，从创立之初就逐步整合优势供应链资源，先后与固特异、马牌、邓禄普、固铂、辉门、马勒等品牌厂商合作，从源头保证产品质量，提升竞争力。在线下汽车超人通过自建与合作结合的形式保障服务质量，不仅有直营店，还有加盟合作店、认证店。

目前，汽车超人拥有上万家线下门店服务实力，通过门店管理系统、供应商管理系统与阿里云技术对接，为合作门店提供了一体化管理平台。汽车超人积极对汽修店进行改造，整合资源并使其IT化，建立评价机制，促进服务升级。汽车超人通过引入违章查询、车险、加油等配套服务，不断优化用户服务，增强用户体验。

汽车超人实现全国范围覆盖，通过自建配送体系，汽车超人目前服务范围已经覆盖一、二线城市。截至2016年底，华东、华南、华中、华北、西南部分城市实现最后一公里配送。

通过汽车超人完整的商业模式和服务体验，2016年12月，汽车超人移动端月活规模达191.5万人。

3. 核心能力

与竞争对手相比，汽车超人强调规范化服务、标准化服务，通过标准化管理理念，提升后市场服务的水平。汽车超人在拓展线下汽修店的同时，对合作门店进行改造提升。如对其进行现代化网络化管理，统一管理标准，建立规范流程，建立评价机制。人才是管理的关键，汽车超人建立超人学院，为合作门店培养和输送专业化汽修人才。

4. 企业合作

2016年11月，汽车超人与天会智数展开合作，在线下体验店内使用天会智数车门店系统，实时监测门店消费者态度，通过大数据管理门店和员工，增强服务体验，提高管理效率。

2016年与支付宝、平安保险、百度地图、交通银行等相关第三方企业合作，引入相关企业资源，更好地服务用户。金固股份与阿里云合作开展大数据管理，汽车超人希望借助阿里云大数据平台，挖掘车主、车辆、门店、交易、消费频次和消费地点信息，以及上述信息之间的关联，以建立更加精确的营销和推荐模型，更好地为客户提供服务。

5. 未来规划

汽车超人正在打造后市场服务生态圈，目前完成二手车、车联网和智能驾驶等领域的初步布局，未来会整合高频、中频和低频领域各类汽车服务，在汽配、洗车、美容和保养等传统服务的基础上，进入汽车消费金融、供应链金融、汽车租赁等领域，建立多个后服务市场的生态圈。

6. 总结

汽车超人以轮胎业务为后市场切入点，采取维修保养 O2O + 汽配 B2C 的商业模式，目前正在构建汽车生活综合服务平台，目标是发展成为行业领先的车主生活综合服务平台。

（六）乐车邦

1. 发展概况

乐车邦创立于 2015 年，创始人林金文曾担任长久汽车 CEO。2015 年 2 月，林金文在上海宣布成立乐车邦，并担任首席执行官。乐车邦在短短两年时间，累积融资金额超过 5 亿元，市场估值超过 20 亿元。

2015 年 6 月首次在北京上线以来，乐车邦在北京、上海等国内 31 个城市上线，计划在 2017 年底进入 55 个城市。

截至目前，乐车邦已经拥有注册用户 1400 多万、3500 家精选合作 4S 店、80 个大汽车品牌。

2. 商业模式

乐车邦主要为 4S 店建立售后服务电商平台，整合大量 4S 店闲置工位，为后市场用户提供高性价比、标准化、原厂品质的汽车售后服务产品，打造用户用车的一站式服务平台。

此外，乐车邦还成立了全资子公司纵汇汽车，面向全国 22000 家小型经销商，提供 4S 店全权托管业务，借此帮助小规模经销企业完成经营转型和

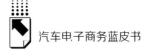

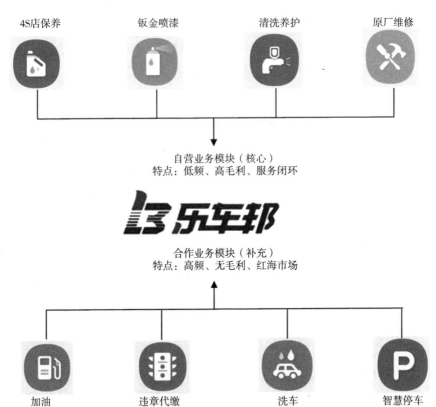

图31　乐车邦业务模式

突围，乐车邦希望发展成为汽车界的希尔顿/SPG 管理集团。

3. **核心能力**

乐车邦目前具有非常大的规模，注册用户达到 1400 多万，覆盖 31 个城市，有 3500 家合作 4S 店和 80 个大汽车品牌，也是唯一的全国性 4S 店维修保养电商平台。

乐车邦是中国前 50 大互联网公司售后服务产品的指定供应商，包括 BAT、滴滴、美团、大众点评、易到用车、中国移动等，因此拥有接近零成本的有效流量供给。

乐车邦已与百度地图、糯米、腾讯、阿里巴巴、京东、大众点评、58、嘀嗒拼车、五大银行等 175 个互联网流量平台实现合作，为其提供 4S 店售后产品线上入口。

4. 总结

4S店体系目前整体情况并不乐观,乐车邦发现了整合和改造带来的巨大商机,认为利用互联网,4S店渠道仍有巨大潜力值得挖掘。乐车邦坚定不移地通过"互联网+资本"的方式为4S店体系创造价值,实现了后市场领域的融合创新。

(七)有壹手

1. 有壹手发展概况

2013年5月,曾经创办过拥有2000多家加盟店汽修连锁品牌、具有互联网创业经验的周槟,正式创立了第一家有壹手线下店,主修小剐小蹭的"钣喷"修复,还有清洗、美容、护理、修复、整形等"面子工程",不承接大修。

四年时间的摸索,有壹手搭建了行之有效的数字化车间管理系统、O2O的用户体验模式和数字化获客营销模式,实现了单店赢利,并扩充到全国数个一、二线城市,建立了十余个运营总面积超过30000平方米的直营线下事故车钣喷中心,成为高端钣喷快修连锁领军品牌。

截至2017年上半年,有壹手共进行了三轮融资。第一轮由联想控股和平安创投领投;第二轮由光信资本、联想控股和平安创投领投;第三轮由基石资本和广汇汽车共同领投。总融资额近亿元。

到2017年初,有壹手共维修十万余台车,钣喷20万余部件。其中中高端车型占70%以上。

2. 商业模式

有壹手选择钣喷快修作为主营业务,主要基于以下认识。

一是市场足够大。汽车保险业务里80%的赔付都是小剐小蹭。在4S店里,这一类小事故不会涉及机修,都可以用快捷的方式解决。做一个简单的估算:北京约有500家4S店,假设每个月一家4S店的车漆业务做到50万元营业额,这500家店就有2.5亿元的规模。这还不包括北京大量的二类

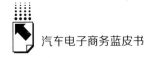

厂、一类厂、街边店，它们承接的车漆业务比4S店更多。所以，虽然是一个单品业务，但它的市场很大。

二是利润足够高。这是汽车后市场利润最高的一块，物料成本很低。尤其是高端钣喷市场，有足够的利润去支撑。后市场商业形态众多，聚焦到钣喷业务的连锁品牌不是没有，但目前还鲜有聚焦到高端钣喷业务的品牌。有壹手刚开始计划做BBAB市场（奔驰、宝马、奥迪、保时捷四大品牌），所以技术人员的工艺配套都是按照最高标准来做。运营过程中也是如此，客户中，中高端车主比例偏高。

三是钣喷是4S店的核心业务，但也是4S店掌控力最弱的一块业务。4S店做机修保养都涉及原厂件问题，车主对4S店有足够的信赖。原厂件生产方，也会偏向保护4S店的利益。但车漆不涉及原厂件问题，大部分欧美车的物料用阿克苏、PPG、杜邦，日系车用立邦等品牌，和有壹手一样，都是由第三方供应商提供。所有车漆都一样的时候，4S店对喷漆反而就没有那么强的掌控力。

四是钣喷开店门槛并不高。一套5万元的车漆可以修所有车。做单品，易于简单化、专业化和标准化，适合复制连锁。

3. 核心能力

（1）线下服务标准化

在划定了服务范畴后，创始人周槟开始考虑该以怎样的步骤将线上线下有效整合起来。业内普遍认为，O2O模式是从线上到线下（Online to Offline），但在周槟看来，从线上到线下的模式更适合电商商品领域。电商商品已经标准化，只需要直接将商品上线让顾客消费即可。服务则不同，还需要在前面增加一个环节，即先在线下完成标准化，才能够上线以供顾客购买。

周槟认为，"归根结底，O2O还是要先把线下做好，用互联网方式去改造线下作业流程，形成订单向下、口碑传播向上，再带动新订单向下的循环"。

因此，线下服务标准化成为O2O的第一步：想要实现客户直接从网页或移动端就能选定服务产品这一目标，服务一定要标准化到与电商商品一样的程度。同时，服务标准化是"又连又锁"的基础，否则就算总部管控力度再强，各门店也可能因为标准不够明晰、流程不够细致而各行其政。

有壹手从以下几方面将服务标准化。

价格透明化：有壹手首先将服务划分了大类（如局部车漆快修、钣金整形修复、车身色彩定制、内室清扫及消毒等），在选定了某项服务如局部车漆快修之后，再根据具体车型（如奥迪A1、别克GL8）、车部位（如前保险杠右侧、后翼子板）、工艺（标准工艺、纳米陶瓷工艺和精修工艺）的选择，报出一个大致的价。若用户是通过移动端来预约服务，顾客还可以通过上传车照片以获取更精准的报价。这样，用户在到店之前就已经知悉自己所需服务的大致价格，这大大降低了门店随意加价的可能性。

质量标准化：在选择原材料时，有壹手使用PPG的产品，以保证服务品质的稳定性，采购由总部统一完成；在工艺上，将钣喷分为底材处理、喷涂、抛光和钣金4个工序，每个工序都必须由技术达到A的人来完成；为让顾客对有壹手的服务放心，车间都是玻璃面全透明的，修车的整个过程客户都可以看到；此外，每个车位上方都安装有摄像头，即使客户不能到店，也可以通过移动端进行监控。

服务流程优化：首先借助线上预约做好时间管理，客户来店以后等待的时间缩短，可以快速上修车位，单部件修理时间不超过3小时；其次，在经过一番测试后，有壹手采取了三个人管两个工位的模式，这样在保持员工有一定工作负荷的同时达到最快的交车速度。由于一个普通技术工通常只在两个工序上达到A，要完成整个服务可能还需要其他技术工来配合，因此，IT系统会根据员工的状态（是否正在工作中）和车的状况（进展到哪个环节）来调配员工，以优化这个车间的运作流程。

（2）搭建信息化平台

信息化平台承担着几大重要职能。首先，在对线下服务进行标准化时，需要信息化平台的全程介入。其次，要实现总部与门店之间的紧密联动，信息化平台是必不可少的。更重要的是，信息化平台是连接线上线下的关键纽

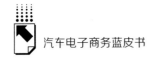
带，是 O2O 中的"2"。

有壹手几乎用了一年的时间来打造这个信息化平台。一方面，有壹手自行开发了基于移动互联网技术的 SaaS 线上运营平台，帮助门店实现数字化的订单管理、车间管理、绩效管理、会员管理、财务管理，以帮助实现这些线下业务流程的标准化和规范化。

另一方面，该平台还集成网站、微博、微信等，以便为车主提供订单预约、远程监控、上门取送车等高效便捷的线上服务，以此将线上线下运营更顺畅地衔接起来。

有壹手将这个已经基本成熟的平台命名为 SDI，基本上覆盖了钣喷中心、4S 店和传统维修厂从获得客源，到用户下单，直到完成维修的全过程，所有流程均可由系统协调完成。该系统完全可以为汽车厂商、汽车经销商以及汽车快修连锁企业提供全面的售后服务升级解决方案，助力企业售后服务"互联网＋"进程。

目前，已经有多个同行主动了解并购买该系统，专注于汽车后市场的 SaaS 模式也获得了资本市场的关注和青睐。

（3）线上借力微信

在 O2O 的线上端，有壹手同时在 PC 网页端和手机移动端布局。由于近年来智能手机发展迅猛，一方面移动端较 PC 的使用更为便利，另一方面由于移动端可以显示地理位置信息，与有壹手提供服务内容更为匹配，因此移动端是有壹手在线上发力的重点。在移动端，有壹手的战略选择是将服务建立在微信上，而非自己做手机应用 APP。

自建 APP 和使用微信公众号各有利弊。自建 APP 后，企业可以掌握更全面的用户数据，实现精准的消息推送，同时，用户基于切身需求使用 APP 的痕迹明显，对销售业绩的转化率更高。

然而，APP 的使用频率低。若没有买产品或服务的需求，用户很少能用到 APP，不利于企业与用户互动。此外，APP 的开发周期比开一个微信公众号要长，开发成本和维护成本比开一个微信公众号要高许多。更重要的是，APP 上线后要吸引用户关注和下载，这是非常耗财力的。

在周槟看来，开微信公众号可以节省上述众多成本，明显划算很多。更重要的是，微信公共号可以帮助导流量，一方面企业通过微信打广告吸引客户的成本相对低廉，另一方面若有壹手服务做得足够好，微信甚至可能自动为其引导客户。微信的另一个吸引人之处在于其具有支付功能，企业因此可以实现从营销、与用户互动、展示服务到用户选择服务和完成支付的一个闭环。

有壹手正在逐渐将以前通过直接进店或者网页预约的客户导到自己的微信平台上，以更好地与用户互动。同时，有壹手还通过微信向老顾客发放优惠券，以鼓励顾客多用此方式购买服务。

4. 出险直赔与购险续保

随着知名度和业务量的提升，有壹手与多家主流保险公司达成深度合作，包括平安、太平洋、人保、阳光等。购买以上保险的用户，可以直接在有壹手进行定损直赔，无须掏一分钱就能完成维修的模式将会吸引更多的顾客前来。

配合已有的上门取送、维修直播等服务，有壹手干脆将救援、定损、直赔、维修、交车的全过程打通，进行一条龙服务。这样一来，车主发生剐蹭事故后，无须惊慌，通常只须在手机上操作几步，或打一个电话，就能完成从定损理赔到维修的全过程。

不仅如此，有壹手还提供购险续保的服务。因为卖险是为了进一步获客和存留老客，所以有壹手将这部分业务的利润尽可能让出，提供幅度较大的购险优惠，并赠送钣喷、美容等多项产品。因此，保险业务的增长势头也不容小觑，并且进一步提高了客户进厂维修率。

5. 企业运营

（1）O2O：线上运营和线下车间

在完成了O2O三个环节的建设后，有壹手形成了自己的一套运营模式：线上负责整体运营，承担平台建设、会员管理、员工绩效管理、营销、财务等诸多工作，起到"大脑"的作用；线下各个门店则变成车间，只须提供最专业的技术服务。此模式将店长肩负的职责减轻了很多，对整个门店的能

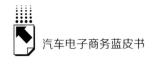

力要求也降到了最低，最大限度地提升了服务的标准化程度和门店的可复制性。

这种模式带来的另一个变化是有壹手的选址理念与传统汽修店完全不同。周槟分析，"可以把店开得更偏一点，因为客户从线上来，又开着车来，门脸藏在后面也没问题。只要进出方便、开车容易找到，不需要在商业中心或者主干道上"。

目前，有壹手在各个城市的门店基本上都不在市中心，但争取在城市的各个方位布点，以方便在不同方位的顾客车辆到达。选址理念变化也带来一个好处，就是门店的租金成本降低了不少。

（2）对管理模式提出的挑战

然而，O2O 模式对有壹手的企业制度建设和人力资源管理也提出了挑战。O2O 意味着公司需要配备两个团队：一个是互联网团队，工资福利水平和激励机制参照 BAT 这样的企业；另一个是线下修车团队，对标的是修车行业。两个团队差异非常大，因此，如何做好权衡和激励，特别是激励线下员工成为最大挑战。

最初，周槟是想让两个团队分开办公，但由于整个 O2O 流程的优化需要两队的紧密配合，因此只能合在一起办公。这样就产生了比较，自然就产生了许多矛盾和质疑。以工作时间为例，互联网团队的要求是双休，周末如果要工作可以，但是算加班；而对线下技术团队来说，维修行业一直以来都是单休，节假日更是要上班，因此不能算加班的。有了比较后，线下团队很容易产生心理不平衡。还比如，互联网团队可能会要求解决北京户口，不然不能吸引最优秀的人才，但对线下团队来说，这是从来不可能有的想法。而最难做的是同时服务于这两个团队的行政和财务管理人员，他们需要在两个团队的利益间不断寻找平衡。

6. 未来发展规划

在知名度和美誉度都达到一个较好的程度时，扩大规模成为有壹手目前最重要的需求。由于之前的创业教训，周槟并不急于开放加盟。他选择的策略是为有意加盟者做托管，即加盟者只是财务投资，不参与具体的经营，这样既保持了对门店的掌控力度，又减轻了公司自身的资金投入压力，有壹手还能借力财务投资者在当地的资源。总部负责与各个门店对接，一起共享线上和线下资源。

未来，有壹手打造的线上平台可以整合更多的线下钣喷店、4S 店和主机厂，也会有更多的线下钣喷店愿意加入标准化的连锁里，最终实现"从线下到线上再到线下"的模式：线下标准化，到线上平台化，再到整合线下行业里的分散店面。在整个过程中，其实第一步是最难做的，有壹手已经打下了很好的基础，因此形成了很深的护城河。

（八）e保养

1. 发展概况

e 保养创立于 2014 年 1 月，创始人高峰曾在中国移动、e 代驾等就职。e 保养是国内汽车后市场第一批上门保养互联网创业平台。

公司成立之初主要围绕比较容易标准化的保养业务为车主提供上门保养服务。此后进行线下店布局，并加强 B 端供应链服务。

目前，e 保养已在全国开设 20 余家直营门店及培训中心，覆盖北上广深等 7 个城市。目前 e 保养自营配件达 7000 多种，合作门店超过 1600 家，累计服务客户超过 100 万人。

随着各项业务的推进，e 保养也获得了资本的支持。2014 年 10 月，获得 A 轮 500 万美元融资，在客户数量快速提高的背景下，把控服务品质，加强技术研发；2015 年 5 月，获昆仑万维和源码资本共同投资 B 轮 2000 万美元；2016 年 8 月，完成 C 轮首笔 1.5 亿元融资，主要用于提高 C 端店覆盖率，同时加强 B 端供应链服务。

2. 商业模式

2014 年初入局汽车后保养市场，高峰发现，"每位车主都会对这个市场有很多抱怨，技术水平参差不齐，产品质量真假难辨等消费痛点很多，也一直没有成功的企业出现"。高峰感觉到这个行业存在创业机会，而相比于维修，保养的难度系数要小一些。他测算过，保养机油、三滤共涉及 1800 多

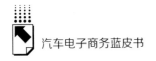

种型号，在实际运用中对应过来大概 800 种，相对容易标准化。

上门保养企业从商业模式的角度可以分为两类：自建技师团队的自营模式和整合线下保养业务的导流模式。在模式选择上，高峰分析，导流的方式应建立在高度信任的基础上，否则通过上门服务的方式将用户引流到合作方的店面，容易引起用户反感，就如同居民区内免费测血压的大夫将业主导流到药店，因此 e 保养选择前者。

上门保养企业是技师通过携带工具，驾车上门服务的方式为车主提供服务，企业本身无须担忧租金成本的提高，因此，相对于传统线下 4S 店、大修厂、快修店的保养业务成本结构而言，在租金成本上具有明显的优势。车主不必再浪费时间和油费到郊区做车辆保养，也不用为了享受就近服务而承担高昂的价格。

2014 年，e 保养完成了 5 个城市——北京、上海、广州、苏州、深圳的拓展，向顾客提供包括上门清洗、安装等在内的 12 类服务，目前是采用"保养所需配件费用 + 150 元人工服务费"的收费模式，每单平均比 4S 店便宜 200 ~ 600 元。e 保养数据显示，相比去 4S 店进行汽车保养的时间支出，e 保养可为用户节省 70% ~ 90% 的时间。

经过上门保养的实践和经验积累，2015 年，e 保养开始尝试线上线下相结合的模式，高峰认为，上门保养在保养类业务里的比重是 80% 左右，仍然有 10% ~ 15% 的业务无法覆盖，这些服务需要场地、设备等支持，只有直营店才可以近一步满足客户需求；同时，e 保养希望通过"上门""到店"的结合，深挖汽车保养项目，从"上门"概念切换到保养服务这个层面，撕掉"上门"标签，真正渗入服务层面。

选择 4S 店以外进行保养的车辆，一般汽车使用年限已较久，需要更完善和更深层次的服务，线上保养受场地和工具限制，服务品类有限，因此开设线下店也是线上服务客户的一个需求。而在经历了通过线上导流到合作门店服务体验较差后，e 保养毅然选择开设直营店，e 保养成为最早尝试线上 + 线下店模式的企业。2015 年 10 月，e 保养第一家线下门店西三旗店开张，目前 e 保养在全国开设 20 家直营门店，其中北京有 10 家，店面规模从

200平方米到1800平方米。渠道类型分为旗舰店、中心店、社区店，并且这些店提供上门服务。

在布局线下店的同时，e保养开始拓展汽车保险业务，2016年5月，e保养与中国人保、中国平安、太平洋保险、英大、大地5家保险公司签署合作协议，并将车险服务嵌入其理财平台养车钱包APP。目前平台集投资理财与养车消费于一体，用户可以根据需求，自由选择车险选购、上门保养、养车管家等业务。e保养创始人高峰表示围绕用户的养车需求，不断开发新的产品打造车后市场服务产业链，而上门保养、到店维修、养车管家、车险服务都是服务产业链的关键环节。

为打造高黏性的供应链闭环，在拿到1.5亿元融资后，e保养通过与汽车后市场配件电商企业的并购合作，发力B2B业务，为终端门店提供配件、人才培养和供应等服务，提高收入，降低成本，增强客户黏性，此外还通过网站、电话、微信、APP、电商平台等渠道，为连锁体系内的门店导流。目前e保养自营配件达7000多种，合作门店超过1600家。

3. 核心能力

e保养较为重视信息化管理，提升保养服务效率。建立以运营调度为核心的ERP管理系统；追求标准化、专业化、信息化、透明化的精细运作；打通线上线下，结合上门、到店。

e保养所有的门店管理系统均由企业根据自身需求，自主研发。如e保养的汽车识别系统，当汽车停靠在固定位置时，系统可以对车辆进行自动识别，并告知库房、技师、前台及系统人员，大大提升了顾客体验满意度，提高了服务效率。

公司规定了标准化的服务流程，同时保证服务专业化、信息化、透明化。如e保养要求技师进行细致的检测，在每一次保养服务完成后为用户提供详细的检测报告。e保养希望用户体会到，为他们服务的技师不仅有足够的能力将他们的车辆养护好，甚至可以在发现车辆异响、抖动的情况下为车主提供维修建议。因此，e保养的技师为拥有6~8年4S店工作经验的技师。高峰认为，保养本身不仅仅是换件、换机油，找安全感也非常重要。安

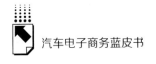

全感给了，技师又很专业，信任感就逐渐建立了。

在线上线下结合上，一方面，通过线上服务向线下进行导流；另一方面，客户在预约 e 保养服务时，客服人员会与客户沟通保养内容及顾客自身情况，判断其需求适合上门还是到店，根据不同的需求给予顾客便利、精准、合适的服务。同时，养车钱包、车险服务成为完善产业链的有力保障。

4. 运营管理

2015 年下半年，当各大上门保养企业在进行补贴大战、城市扩张、恶性竞争时，e 保养在承受投资人巨大压力的情况下，坚持认为上门保养必须靠真正打透，靠供应来驱动，而不是盲目地进行扩张，或去进行烧钱补贴。因此，e 保养选择深耕现有城市，在现有城市增加车辆供给的数量，服务密度提高，服务覆盖率更高。

为保证 B2B 业务的发展，同时，在线上服务一天做 8~9 单时，e 保养需要准备 8~9 单的物资，因此对供应链提出新的要求，2016 年上半年 e 保养收购了一家供应链公司，保证满足将近 2000 家 B2B 服务。e 保养重视加大 C 端店的覆盖以及 B 端供应链投入，同时对上千家合作门店进行升级提升，加大供应链配件供给力度。

5. 发展规划

截至 2016 年底，e 保养线上和线下服务比例基本为 1:1，线下服务由于可以开展更多业务，具有更强的服务能力，服务数量逐渐增多，上门服务沉淀下来的基本为用户的真实需求，用户车辆价格一般为 20 万~40 万元，客户对新事物的认知度比较高。目前 e 保养每年的集团采购量约 2000 万元，个人的采购量约 3000 万元，一辆车每天可服务 5 单左右，线上服务已实现赢利。

未来 e 保养会坚持"超级供应链 + 线上服务 + 连锁体系"的模式，由于业务需要，逐渐有了加盟店的需求，2017 年计划在全国开设 100 家加盟店，如果加盟店可以预期扩张，2018 年会加大加盟店开设力度，深度布局汽车产业链，同时深耕已初具规模的 B2B 业务。

专题篇
Special Reports

B.5
中国互联网出行市场2017年专题研究

摘　要：　本报告梳理了中国互联网出行市场目前的发展阶段，分析了
　　　　　中国互联网出行市场的发展现状，对2016年及2017年上半
　　　　　年中国互联网出行市场热点事件进行了整理归纳，并预测了
　　　　　中国互联网出行市场未来的发展趋势。此外，本报告对中国
　　　　　互联网出行市场中的商业模式及典型厂商进行分析。

关键词：　互联网出行　分时租赁　网约车　共享单车

一　中国互联网出行发展概况

（一）互联网出行概念

互联网出行是指基于出行场景的互联网服务，本研究将互联网出行市场

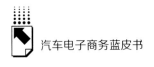

划分为四大类：互联网专车、分时租赁、共享单车以及包括长短租服务、拼车和代驾的其他互联网出行。

本报告从汽车互联网、智能交通的视角出发，分析滴滴出行、神州专车、Gofun出行、盼达用车、巴歌出行等主要运营企业。分析中的资料和数据来源于对行业公开信息的研究以及对业内资深人士和相关企业高管的深度访谈。本报告所分析的区域为中国大陆，不包括港澳台地区。

（二）中国互联网出行发展阶段

中国互联网出行的发展可以分为三个阶段。

1. 探索期（2006~2014年）

中国的出行市场与互联网的结合从2006年开始，初期主要是传统的汽车租赁、代驾等业务的互联网化，后期逐渐出现了互联网专车、互联网出租车、互联网拼车等业务。互联网出行服务不断创新和升级。随着移动互联网的渗透和技术的更新，实力强劲的互联网企业不断进入该市场，企业纷纷加大补贴力度，以期抢得先机，占领更多市场。

2. 启动期（2014~2015年）

政府逐渐加大对互联网出行市场的监管力度，市场发展趋于规范化。随着竞争加剧，行业资源整合加快，个别细分行业已出现寡头格局。互联网巨头则不拘泥于某一垂直领域，着手平台化布局，建设互联网行业生态圈。

3. 高速发展期（2016年至今）

一些互联网巨头已基本完成城市交通O2O平台的建设，并实现了部分赢利。细分领域服务商继续扩大规模，构建基于自身主要产品的互联网完整出行生态圈。

（三）中国互联网出行行业产业链

根据软件层、硬件层、商业层、应用层，可以对中国互联网出行产业链进行划分。

第一，软件层，指支撑互联网出行服务的软件及数据服务，一般包含地图与交通数据和具有导流功能的渠道级应用。

第二，硬件层，指支撑互联网出行服务的交通工具及配套车载终端。

第三，商业层，指支撑应用层进行变现的移动支付、广告及应用分发服务。

在互联网出行产业链中，软件层和硬件层是支撑应用层的基础，而商业层则决定资源变现。

目前，中国互联网出行服务商多采取平台化战略，同时布局多个产业链环节以实现生态闭环。

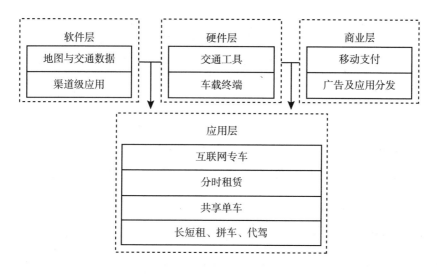

图1 中国互联网出行市场产业链

中国互联网巨头在互联网出行服务上的布局更多来自投资与并购，其布局行为亦是更多的为自身生态圈提供应用场景。

目前中国互联网出行产业集成度不高。原本的传统企业和创业公司更多的集中于面向最终用户的平台运营及服务。随着竞争的加剧，这种轻资产的运营方式弊端日益明显，软件层、硬件层和商业层的合作与探索开始受到重视。

（四）互联网出行的整体特点

1.互联网出行行业保持高速增长

2016年至2017年上半年，互联网出行的各个领域整体保持高速发展态

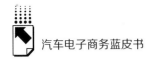

势。互联网专车市场相关政策落地，汽车分时租赁市场受到更多关注，共享单车市场异军突起，长短租、拼车、代驾市场趋于成熟。

一方面，交通和环境问题继续推动共享化和智能化的出行方式发展。尼尔森调查统计显示，仅北京的拥堵就会造成每年约186亿美元的拥堵时间成本（200个小时/人以上）损失；32%的一、二线城市消费者表示会因为拥堵严重放弃购车计划。另一方面，调查显示，相比欧美用户来说，中国消费者更具有分享和使用租赁服务的意愿。

表1　最愿共享他人资产的地区排行

单位：%

排序	地区	愿共享其他人资产的比例	排序	地区	愿共享其他人资产的比例
1	中国	94	6	墨西哥	74
2	印度尼西亚	87	7	保加利亚	79
3	斯洛文尼亚	86	8	中国香港	78
4	菲律宾	85	8	印度	78
5	泰国	84	8	巴西	78

资料来源：尼尔森。

未来互联网出行市场的发展主题将聚焦于共享出行、技术驱动、服务质量、海外市场。对于互联网出行企业而言，在不断扩大用户规模、提高用户体验的同时，还要根据自身优势向平台化延伸，布局上下游产业链，扩大领域优势，探索新的商业模式。

2. 在资本寒冬时期，互联网出行市场逆势上扬

2016年相对前几年，资本市场对新兴企业与商业模式的投资相对谨慎，但互联网出行市场并未受到太多冲击。共享单车市场受到资本市场高度关注，成为投资热点，且投资规模以亿元级居多。以摩拜单车为例，自2015年10月到2017年2月底，获得了4轮融资，D轮融资累计超3亿美元。2016年，ofo、小蓝单车等共享单车企业都受到资本青睐和追捧。

3. 共享单车完善了出行最后一公里

自2016年以来，以摩拜和ofo为代表的共享单车市场迅速升温，半年

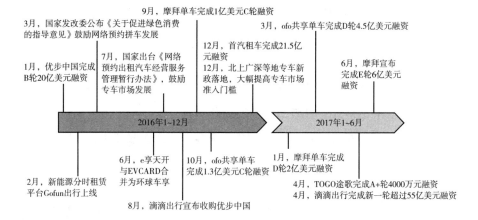

9月，摩拜单车完成1亿美元C轮融资

3月，国家发改委公布《关于促进绿色消费的指导意见》鼓励网络预约拼车发展

3月，ofo共享单车完成D轮4.5亿美元融资

12月，首汽租车完成21.5亿元融资

1月，优步中国完成B轮20亿美元融资

7月，国家出台《网络预约出租汽车经营服务管理暂行办法》，鼓励专车市场发展

12月，北上广深等地专车新政落地，大幅提高专车市场准入门槛

6月，摩拜宣布完成E轮6亿美元融资

2016年1~12月

2017年1~6月

6月，e享天开与EVCARD合并为环球车享

10月，ofo共享单车完成1.3亿美元C轮融资

1月，摩拜单车完成D轮2亿美元融资

2月，新能源分时租赁平台Gofun出行上线

8月，滴滴出行宣布收购优步中国

4月，TOGO途歌完成A+轮4000万元融资

4月，滴滴出行完成新一轮超过55亿美元融资

图2 互联网出行市场主要厂商融资时间轴

时间共享单车平台发展到十几家，单车出行成为用户短距离出行的一大潮流，用户规模快速扩大。随着行业竞争趋于白热化，共享单车市场也出现了无桩停车的乱停乱放、城市配套不足、定位不准确、公车私用、电子器件故障率高等问题。

图3 截至2017年6月中国互联网共享单车市场主要成员

二 互联网出行分领域发展情况分析

（一）互联网专车

2016年至今，中国互联网专车市场呈现如下特点。

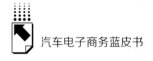

1. 互联网专车新政打破市场发展节奏，打车难现象重现

2016 年，随着滴滴出行收购优步中国，互联网专车市场格局基本稳定，现金补贴大战结束，服务升级成为新的竞争焦点。与此同时，国家和各地方政府专车新政陆续落地，其中多数对司机、汽车的准入门槛要求过于严格，导致市场供需平衡被强势打破，市场发展节奏被打乱，打车难现象重现，用户体验下降。未来互联网专车运营商在继续多方面优化服务质量的同时，将加大技术投入并加速产业链布局，稳固自身生态体系。

2. 市场寡头化格局趋于稳定

2016 年，滴滴通过合作、融资、投资等方式进军海外市场，领先者地位得以巩固。神州专车运营主体在新三板成功挂牌，成为中国互联网专车服务第一股。首汽约车借助首汽集团资源优势迅速打开市场，并推出多项特色服务，将保持快速发展状态。易到一度遭到乐视风波的冲击，随着新股东的进入，未来发展有待观察。总之，中国专车市场寡头化格局已定，主要企业会保持稳步增长。

3. 市场回归理性发展

从中国专车 APP 活跃用户榜单中可以看出，截至 2017 年 5 月，中国专车市场仍然是以滴滴出行为行业寡头、多家中小企业竞争细分市场的一超多强局面，前三名已经覆盖了超九成活跃用户（见图 4）。在经历了巨头合并、专车新政等洗礼后，市场已经从原本的疯狂竞争回归平稳发展的态势，传统活跃用户已经不是对市场及企业进行评判的最重要标准，进入稳定发展期的专车企业将更加关注用户对于专车品牌的黏性价值等相关领域。

4. 市场用户偏好明显，硬核用户分布较为集中

在对传统活跃用户指标的研究外，本报告提出了硬核用户指标。在统计周期内，某用户使用某 APP 频次大于其使用同领域内其他 APP 频次之和 1 倍，则该用户为该 APP 硬核用户。APP 硬核用户代表 APP 活跃用户中使用意愿或付费意愿比较强烈的用户群体，相较于 APP 活跃用户规模，更能体现领域用户对各产品服务的偏好程度。

凭借综合出行平台优势，滴滴出行 APP 硬核度最高。在互联网专车领

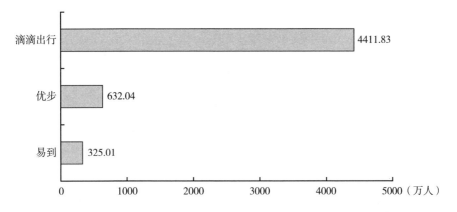

图 4　2017 年 5 月中国互联网专车 APP 活跃用户数 TOP3

资料来源：易观。

域，2017 年第一季度，滴滴出行 APP 硬核度达 92.09%，说明滴滴出行活
跃用户中，92.09% 的用户会优先选用滴滴出行 APP（见图 5、图 6、图 7）。
这主要得益于其作为互联网综合交通出行平台，覆盖多个互联网出行细分领
域，内部各产品线相互协同，为用户提供了全方位的出行服务。

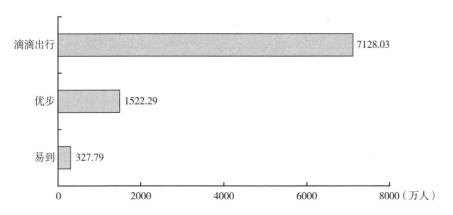

图 5　2017 年第一季度中国互联网专车 APP 硬核用户数量 TOP3

资料来源：易观。

5. 专车市场在经历爆发式增长后将进入稳定增长阶段

中国互联网专车市场在经历了爆发式增长后，市场格局基本确立，未来

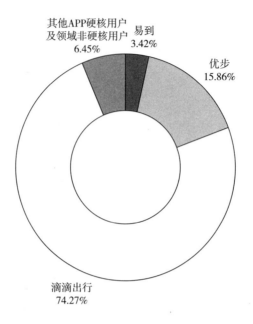

图6　2017 年第一季度中国互联网专车领域 APP 硬核用户分布

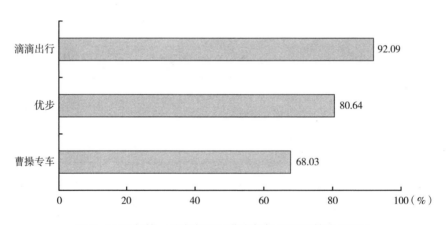

图7　2017 年第一季度中国互联网专车 APP 硬核度 TOP3

注：APP 硬核度是指在统计周期内，某 APP 硬核用户占其活跃用户的比例。

将进入稳定增长阶段。用户消费习惯逐渐形成，资本市场持续利好，服务质量不断提升，共同促进互联网专车市场向前发展（见图8）。

图8 2015~2020年中国移动互联网专车市场交易规模及预测

（二）分时租赁

1. 2016年，中国互联网汽车分时租赁市场加快了发展速度

自2016年以来，市场上相继出现了Gofun出行、TOGO、巴歌出行、EZZY等几十个汽车分时租赁品牌。市场热度主要源于各类发展机遇来临。一是消费升级，消费习惯及意识改变，从拥有到使用，从财产到工具。二是物质生活提升，自驾出行需求增加。三是政策优势，政府支持共享出行解决方案，鼓励新能源汽车推广，推出限行限购政策，为公务用车改革提供契机。四是技术进步，新能源汽车以及充电桩快速普及。

2. 投资者看好分时租赁市场，融资数量增加，融资规模扩大

2016年虽然被称为资本寒冬之年，但分时租赁市场依旧火热，被投资者看好，融资规模达到上亿元。其中大部分获得融资的企业为互联网创业公司，相比那些拥有整车背景的企业，这些企业在资金方面处于劣势，更加迫切需要资金的支持。

悟空租车、零派乐享、一度用车在2016年上半年获得亿元级别融资。从2016年下半年开始，融资市场开始逐步升温，分时租赁市场展开融资竞赛。2016年8月，TOGO途歌获得了数百万元天使轮融资，不到半年，又融

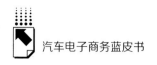
资 4000 万元。2017 年 2 月，海南的小二租车得到了数千万元 A 轮融资。Ponycar 在 2017 年上半年完成了两轮融资，总计两亿多元。2017 年 3 月，巴歌出行获得宝驾租车 1000 万元天使轮投资，7 月又获得 2500 万元投资。在获得了投资资金后，分时租赁市场发展步伐正在加快。

3. 提高运营效率，降低运营成本成为企业经营的重点

分时租赁业务的收入主要包括四部分：一是车辆租赁收入；二是二手车销售收入，二手车销售回笼资金，减轻运营压力；三是广告收入，伴随着市场渗透率的提高，流量将带来可观的广告收入；四是大数据运营收入，应用大数据分析技术可以提高运营效率，降低成本。目前，后三者的收入相对较少，分时租赁收入主要依赖于车辆租赁收入。

分时租赁企业的运营成本主要包括五部分：一是车辆成本，批量购置或租赁车辆；二是运维成本，车辆调度、车队管理、车辆维修保养等需要付出人力及技术成本；三是车位成本，停车位缺口大，一线城市停车费用昂贵；四是事故成本，运营企业需要承担车辆的事故连带赔偿责任；五是续能成本，充电成本（充电基础设施建设成本、电费、充电服务费）及加油成本。

从目前经营看，大多数企业仍然处于投入阶段。因此，很多企业都在寻找新的经营模式和经营方法，提高经营效率。

例如，分时租赁发展至今，出现多种模式，这些模式分别围绕不同用户需求，致力于降低运营成本，提升用户体验。单单在出行方式上，就出现了 A2A、A2B、A2X 等三类不同的模式（见表 2）。

表 2　中国新能源汽车分时租赁市场商业模式划分

运营模式	模式说明	用户体验	运营成本	代表企业
A2A	同一网点取还车	较低	较低	绿狗租车、Car2share
A2B	布局网络上任意网点取还车	一般	中等	EVCARD、Gofun 出行
A2X	无特定网点，自由流动于城市	最好	较高	途歌、壹壹

4. 未来市场交易规模将迎来突破性进展

从 2017 年开始，市场升温明显，未来几年将会获得突破性进展。根据易观预测，2017年市场交易规模将达10.64亿元。随着各运营商地域范围的扩张，必将迎来短兵相接的局面，预计未来数年，中国分时租赁市场将保持高速发展，但市场竞争将逐渐加剧，同时市场规模扩大亦将加速。

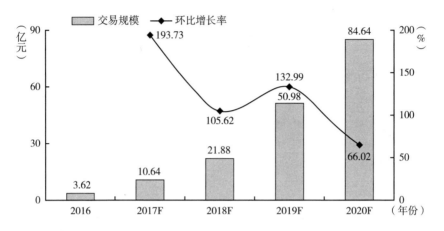

图9　2016～2020年中国互联网汽车分时租赁市场交易规模及预测

（三）共享单车

自2016年以来，共享单车市场规模急剧扩大。但共享单车在给用户出行带来便捷的同时也引发了各种社会问题和交通问题。分析认为中国共享单车市场即将进入洗牌期，一批资本实力、运营能力较弱的企业将陆续退出市场。未来，存活的主流厂商将与政府协作完善市场管理，同时探索成熟的商业模式。

1. 共享单车价值创造得到认可，在资本市场催化下市场急剧升温

共享单车飞速发展的背后离不开资金的支持，投资者纷纷看好这一领域，包括腾讯、阿里等。共享单车启动"烧钱"模式。

2. 依靠先发优势和规模优势，摩拜单车和ofo共享单车的用户使用产品意愿最高

2017年第一季度，中国共享单车市场中摩拜单车APP和ofo共享单车APP的硬核用户数量均远超领域内其他APP，领跑共享单车市场（见图11），

2014年12月	2015年1月	2015年6月	2015年10月	2016年4月	2016年9月	2016年10月
ofo 在北京成立	北京摩拜科技有限公司成立	ofo 共享计划推出，在北大获得2000辆共享单车，之后推广到各大高校	摩拜单车获得愉悦资本数百万美元A轮融资	摩拜单车在上海上线	滴滴出行以数千万美元战略投资共享单车平台ofo	小鸣单车宣布完成1亿元A轮融资，并在上海首发

2017年2月	2017年1月	2016年12月	2016年11月	2016年11月	2016年11月	2016年10月
小蓝单车获4亿元A轮融资，正式进入北京市场	摩拜单车宣布完成D轮2.15亿美元的股权融资	ofo 率先发布海外战略，在美国旧金山、英国伦敦展开试运营	永安宣布在成都推出无桩共享单车永安行	小蓝单车在深圳召开发布会正式落地运营	ofo 宣布正式开启城市服务，推出ofo3.0	ofo 宣布完成1.3亿美元C轮融资

2017年3月	2017年3月	2017年3月	2017年4月	2017年4月	2017年5月	2017年6月
ofo 完成4.5亿美元D轮融资	摩拜单车宣布在新加坡投入运营	摩拜单车和微信合作，接入微信红包九宫格	ofo、永安行、Hellobike、小蓝单车、优拜单车、funbike单车与蚂蚁金服达成合作，可免押金	ofo 接入滴滴出行	交通部发布《关于鼓励和规范互联网租赁自行车发展的指导意见(征求意见稿)》	悟空单车宣布停止提供服务

图 10　共享单车市场主要厂商融资时间轴

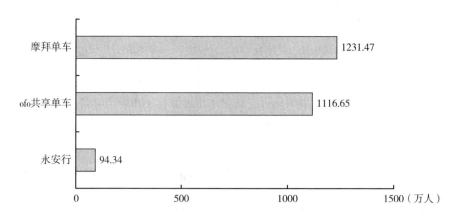

图 11　2017 年第一季度中国共享单车 APP 硬核用户数量 TOP3

资料来源：易观。

这主要归功于二者的先发优势和规模优势。从硬核用户分布来看,摩拜单车和ofo共享单车硬核用户之和占共享单车领域用户的90%以上,中国共享单车市场初步显现两超多强趋势(见图12、图13)。

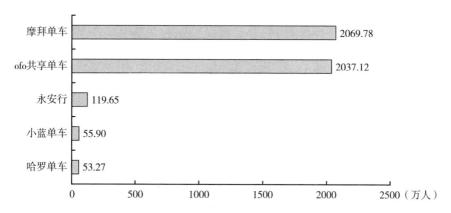

图12 2017年4月中国共享单车APP硬核用户数量TOP5

资料来源:易观。

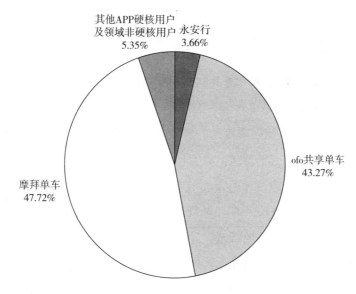

图13 2017年第一季度中国共享单车领域APP硬核用户分布

资料来源:易观。

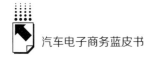

3. 用户会同时使用多个产品，但有明显偏好

共享单车市场竞争激烈，各企业产品服务有一定同质化。为获取用户，企业在大量投放车辆的同时针对用户推出各种补贴，为方便用车及获得更多优惠，用户会同时使用多个共享单车APP，但从APP硬核度排名来看，用户的选择有明显偏好（见图14）。硬核度较低的共享单车APP需要重点思考和解决如何对非硬核用户进行转化。

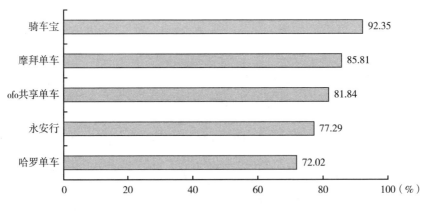

图14 2017年第一季度中国主要共享单车APP硬核度

4. 摩拜单车与ofo共享单车共同主导市场发展

摩拜单车和ofo共享单车作为中国共享单车市场的开拓者一直主导市场发展节奏，自2016年第四季度起，在资本市场助推下，二者的活跃用户规模很快从百万级增长至千万级，成为市场领头羊。2017年5月，ofo共享单车月度活跃用户首次超过摩拜单车，其激进的扩张和营销策略起到重要作用，摩拜单车活跃用户增长率显然降低，但依然保持增长趋势（见图15）。二者将继续保持竞争胶着的状态，并引领共享单车时代高速发展。

同时，企业应警惕价格补贴策略。目前，共享单车企业多采取价格补贴的方式保证活跃用户和订单量的增长。这一策略与数年前的专车大战策略相同，亦面临补贴结束后，非硬核用户从活跃用户中流失的问题。对于共享单车运营企业来说，这一问题值得警惕，企业更应以提升线上线下用户体验等方式来提升用户活跃数和订单量，这样才能在未来市场进入洗牌期和平稳发展期后继续拥有规模优势和健康的自我造血能力。

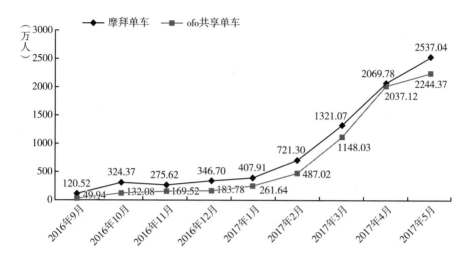

图15　摩拜单车 APP 和 ofo 共享单车 APP 活跃用户分布

5. 共享单车市场未来将保持高速增长并完成市场洗牌

2016 年下半年，共享单车进入大众视野，从第四季度起，共享单车市场呈现井喷式发展，并将这种发展延续至 2017 年。预计 2017 年市场将继续保持高速增长并完成第一波市场洗牌，确立主流厂商。未来，待人口红利消退后，市场规模将呈现稳定增长趋势（见图16）。2017 年，中国共享单车市场发展主题将集中在加强线下运营管理，提高车辆利用效率，促进相关政策落地，探索成熟商业模式等方面。

（四）其他互联网出行模式

1. 长短租服务商将布局产业链上下游，同时加强征信体系建设

2016 年，中国互联网汽车长短租市场发展实现稳定上升态势，除了资本利好外，各企业也在寻求新的突破点。

神州租车发力汽车金融与新车电商，作为神州优车集团旗下的汽车租赁平台，未来与神州优车之间的协同效应将更加明显，例如，与神州优车协同

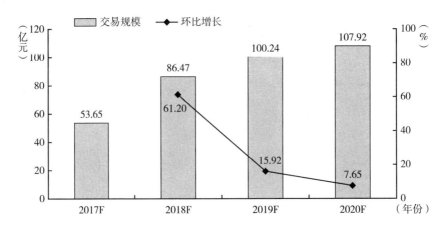

图16　2017~2020年中国共享单车市场交易规模预测

进行车辆采购，其成本以及其他业务上的合作较同行业更具竞争力。2017年3月，PP租车更名SMART，向体验型用车服务转型，从租车工具型定位向丰富车型体验的共享有车生活方式转变，实现用户"工具型"需求到"体验型＋工具型"的升级享受。2016年，凹凸租车首推试驾业务，拓展汽车后市场产业链，7月，上线"出险代步车"，该服务由凹凸租车与中国太平洋保险合作推出，用户在保单有效期内，一旦出险即可使用该代步车，解决用户险后用车难的困扰。

中国互联网汽车长短租市场发展时间较长，商业模式清晰，但在个人征信体系和风控体系方面，与发达国家相比，依然不够完善。未来，除了探索新的商业模式外，加强征信体系建设和风控管理正在成为市场各方的关注焦点和努力方向。

2. 拼车市场主流厂商基本确立，将继续探索新的盈利点

中国互联网拼车行业起始于2013年，相较于其他互联网出行服务，所面临的政策风险较低，政府对互联网拼车市场持鼓励态度。目前，中国互联网拼车市场处于高速发展期。拼车市场寡头竞争格局已经形成，有相当一部分企业已经退出或濒临退出。

2016年3月，互联网拼车垂直运营商嘀嗒拼车推出社交功能，深度挖掘拼车服务社交属性，以增强用户黏性。5月，百度退出拼车市场，滴滴顺风车、嘀嗒拼车占据市场大部分份额。分析认为，拼车市场发展已经进入下半场，互联网拼车服务商将持续进行技术升级，提升用户体验，并积极探索新的赢利渠道。

3. 代驾服务商充分利用人力资源，扩大服务范围

中国互联网代驾市场始于2011年，以e代驾的上线为标志。2011~2014年的市场探索期中，出现了e代驾、爱代驾、代驾宝等一系列互联网代驾厂商，而e代驾凭借强势运营能力和市场拓展速度，在2014年探索期结束时，已经占据了大部分的市场份额。2015年，互联网出行服务领域巨头滴滴出行开始涉足代驾领域，这加速了二线以下互联网代驾企业的淘汰，用车领域的各厂商之间的资源整合也将为市场进入高速发展期做资源准备。

2016年，代驾市场经历烧钱补贴大战后，格局基本定型。代驾服务商拥有大量司机资源，且日常代驾是以酒后代驾服务为主，需求大多集中在晚上，潮汐性较强。为了优化司机资源配置，提高司机收入，代驾服务商从2C端服务将向场景化、定制化方向发展，同时，将继续深化布局跨领域B端企业服务，打造多元化代驾服务。比如，e代驾已不仅仅提供最初的酒后代驾服务，还提供商务代驾，如晚宴、机场接送机、品牌发布活动等。滴滴代驾在推出包时服务、跨城包司机项目后，还与中联物流达成合作，扩大代驾服务的应用场景。

三 互联网出行市场热点事件

（一）投融资事件

表3 2016年至2017年上半年中国互联网出行市场投融资情况一览

时间	公司	轮次	金额	主要投资者	主营业务	公司所在地
2016年1月	优步中国	B轮	20亿美元	海航资本、中国人寿等	网约车	上海
2016年2月	滴滴出行	战略投资	10亿美元	北汽产业投资基金、中投公司等	专车、快车、顺风车、代驾等	北京

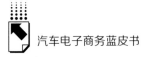

续表

时间	公司	轮次	金额	主要投资者	主营业务	公司所在地
2016 年 2 月	ofo	A 轮	1500 万元	金沙江创投、东方弘道	共享单车	北京
2016 年 5 月	PP 租车	C 轮	5 亿元	天图资本等	P2P 租车	新加坡
2016 年 5 月	悟空租车	A 轮	数千万元	博将资本	分时租赁、长短租等	北京
2016 年 5 月	零派乐享	首轮	20 亿元	乐视	分时租赁	北京
2016 年 5 月	一度用车	A 轮	1.28 亿元	国轩集团、中华创新基金会	分时租赁	北京
2016 年 5 月	租租车	B 轮	数千万美元	—	境外自驾游租车	广东
2016 年 6 月	嗒嗒用车	A 轮	2000 万元	香港某集团公司	分时租赁	泉州
2016 年 6 月	e 代泊 - 泊友慧	A + 轮	数千万元	—	O2O 平台代客泊车服务	上海
2016 年 6 月	滴滴出行	战略投资	45 亿美元	中国人寿、Apple 苹果、阿里巴巴、腾讯、招商银行、软银中国	专车、快车、顺风车、代驾等	北京
2016 年 6 月	滴滴出行	战略投资	4 亿美元	保利资本	专车、快车、顺风车、代驾等	北京
2016 年 7 月	凹凸租车	B + 轮	过亿元	熊猫资本	租车	上海
2016 年 7 月	滴滴出行	战略投资	2 亿元	国机汽车	专车、快车、顺风车、代驾等	北京
2016 年 8 月	TOGO 途歌	天使轮	数百万元	创投圈拓璞基金	分时租赁	北京
2016 年 8 月	租租车	B + 轮	数亿元	广发信德	境外自驾游租车	广东
2016 年 8 月	ofo	A + 轮	1000 万元	真格基金、天使投资人王刚	共享单车	北京
2016 年 8 月	摩拜	B 轮	数千万美元	熊猫资本、愉悦资本、创新工场	共享单车	北京
2016 年 8 月	摩拜	B + 轮	数千万美元	祥峰投资、创新工场	共享单车	北京
2016 年 9 月	摩拜	C 轮	1 亿美元	红杉资本中国、高瓴资本	共享单车	北京
2016 年 9 月	小鸣单车	天使轮	数千万元	联创永宣	共享单车	广州
2016 年 9 月	ofo	B 轮	数千万美元	经纬中国、金沙江创投、唯猎资本	共享单车	北京

时间	公司	轮次	金额	主要投资者	主营业务	公司所在地
2016 年 9 月	ofo	B + 轮	数千万美元	滴滴出行	共享单车	北京
2016 年 9 月	优拜单车	天使轮	数千万元	中路资本、初心资本等	共享单车	上海
2016 年 10 月	ofo	C 轮	1.3 亿美元	滴滴出行等	共享单车	北京
2016 年 10 月	摩拜	C + 轮	—	高瓴资本、华平投资等	共享单车	北京
2016 年 10 月	小鸣单车	A 轮	1 亿元	凯路仕	共享单车	广州
2016 年 10 月	叮叮约车	战略投资	50 亿元	光大金融租赁	专车、顺风车等	北京
2016 年 11 月	Gofun 出行	战略投资	—	大众汽车	分时租赁	北京
2016 年 11 月	优拜单车	A 轮	1.5 亿元	一村资本、黑洞投资等	共享单车	上海
2016 年 11 月	HelloBike 哈罗单车	A 轮	—	愉悦资本、纪源资本	共享单车	上海
2016 年 11 月	1 步单车	天使轮	2000 万元	恒基浦业、众驰投资	共享单车	成都
2016 年 11 月	1 步单车	A 轮	2 亿元	恒基浦业、众驰投资等	共享单车	成都
2016 年 11 月	骑呗单车	Pre-A 轮	—	—	共享单车	杭州
2016 年 12 月	首汽租车	B 轮	21.5 亿元	太平洋网络等	租车	北京
2016 年 12 月	优拜单车	A + 轮	1 亿元	黑洞投资等	共享单车	上海
2017 年 1 月	京鱼出行	种子轮	500 万元	—	分时租赁	北京
2017 年 1 月	摩拜	D 轮	2 亿美元	腾讯、华平投资等	共享单车	北京
2017 年 1 月	摩拜	D + 轮	—	富士康	共享单车	北京
2017 年 1 月	小蓝单车	A 轮	4 亿元	黑洞资本、智明星通	共享单车	天津
2017 年 1 月	HelloBike 哈罗单车	A + 轮	—	纪源资本、磐谷创投	共享单车	上海
2017 年 1 月	骑呗单车	A 轮	1 亿元	丰瑞投资、浑元投资	共享单车	杭州
2017 年 2 月	Ponycar	天使轮	5000 万元	中致远汽车集团、国信基金	分时租赁	深圳
2017 年 2 月	小二租车	A 轮	数千万元	海创资本	分时租赁	海南
2017 年 2 月	凹凸租车	C 轮	近 4 亿元	太平洋保险、信中利资本	租车	上海

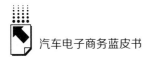
续表

时间	公司	轮次	金额	主要投资者	主营业务	公司所在地
2017 年 2 月	神州专车	战略投资	46 亿元	中国银联、浦发银行	专车	天津
2017 年 2 月	摩拜	D + 轮	超 1 亿美元	淡马锡、高瓴资本	共享单车	北京
2017 年 3 月	巴歌出行	天使轮	1000 万元	宝驾租车	分时租赁	北京
2017 年 3 月	快快租车	战略投资	—	Formax 金融圈	P2P 租车	广东
2017 年 3 月	ofo	D 轮	4.5 亿美元	DST、滴滴出行等	共享单车	北京
2017 年 3 月	永安行	A 轮	—	蚂蚁金服、IDG、深创投	共享单车	常州
2017 年 4 月	TOGO 途歌	A + 轮	4000 万元	真格基金、创投圈拓璞基金	分时租赁	北京
2017 年 4 月	ofo	D + 轮	过亿美元	蚂蚁金服	共享单车	北京
2017 年 5 月	EZZY	A 轮	—		分时租赁	北京
2017 年 6 月	Ponycar	B 轮	1.5 亿元	OPPO 手机、惠友通讯	分时租赁	深圳
2017 年 6 月	一步用车	A 轮	1.35 亿元	多氟多集团	分时租赁	郑州
2017 年 6 月	大圣出行	天使轮	1000 万元	福建动感汽车销售服务有限公司	分时租赁	泉州
2017 年 6 月	神州专车	战略投资	24 亿元	中国人保资产管理有限公司	专车	天津
2017 年 6 月	首汽约车	B 轮	—	—	约车	天津
2017 年 6 月	摩拜	E 轮	6 亿美元	腾讯、交银国际等	共享单车	北京
2017 年 7 月	悟空租车	B 轮	近 5 亿元	成都新世纪国际会展、瑞滇投资	分时租赁、长短租等	北京
2017 年 7 月	巴歌出行	A 轮	2500 万元	知行创新、联想之星	分时租赁	北京
2017 年 7 月	ofo	E 轮	7 亿美元	阿里巴巴、弘毅投资等	共享单车	北京
2017 年 7 月	小鸣单车	B 轮	数亿元	联创永宣	共享单车	广州

（二）企业事件

1. Car2Go 进驻中国

2016 年 4 月，戴姆勒旗下公共交通项目"即行 Car2Go"在重庆正式上线，首批投放约400辆奔驰smart，运营区域分布在渝北区、江北区、渝中区等中心区域，另外大学城区的学生也是目标市场。租赁价格采用时长加里程的计费方式，即1.19元/公里加0.59元/分钟。

戴姆勒Car2Go将拓展亚洲市场的第一站设定在中国重庆，说明其对中国分时租赁市场持有较强的信心。与此同时，戴姆勒还在中国探索新的模式，推出了Car2share。

2. e享天开与EVCARD合并，成立环球车享

2016年6月，上汽车享网旗下的分时租赁公司e享天开与上海国际汽车城旗下的EVCARD整合，双方合资成立了环球车享汽车租赁有限公司（环球车享），注册资金2亿元，其中，上汽占股51%。

这次合并为中国带来了一个最大的新能源汽车分时租赁运营平台。环球车享通过实践，正在逐步成功地探索出一条符合中国国情的城市交通共享平台之路。

3. 神州挂牌新三板，成为全球专车第一股

2016年7月，神州专车的运营主体神州优车登陆新三板，神州专车成为专车第一股。作为国内首家网约车概念股，神州优车同时成为新三板实业板块市值最大的公司，成为新的"股王"。

神州专车挂牌申请获批，意味着其B2C模式获得官方的认可和支持，同时，也意味着，相对于C2C模式来说，通过B2C模式来赢利似乎更加清晰和可靠。

4. 2016年下半年共享单车火爆发展

自共享单车推出后，ofo、摩拜单车都相继完成多轮融资，随着小鸣单车、永安行、小蓝单车、优拜单车等陆续跻身共享单车阵营，共享单车市场的竞争进入白热化阶段。

共享单车发现了人们出行的痛点，最后一公里的问题得到了很好的解决，共享单车的火爆成为发展必然。

5. 滴滴收购优步中国

2016年8月1日，滴滴出行宣布与优步全球达成战略协议，滴滴出行

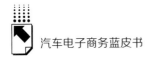

收购优步在中国大陆运营的全部资产。滴滴出行和优步全球将相互持股，成为对方的少数股权股东。

合并后产生的统一平台为精准营销、开放性平台、大数据运营等互联网生态圈做好了准备，虽然有产生垄断的嫌疑，但从整体来看，利大于弊。这一合作标志着网约车行业进入新的发展阶段。滴滴将继续加快进军全球的步伐。

6. 2016年10月，易微行获通用汽车战略投资；首汽 Gofun 出行获大众汽车战略投资

2016 年 10 月，通用汽车战略注资分时租赁经营者易微行，双方将充分利用对方的优势资源探索更加个性化的出行方案。2016 年 11 月，首汽 Gofun 出行与大众汽车集团（中国）举行战略合作签约仪式。这次合作是建立在双方对未来出行市场的共同认知基础上的，未来双方会在分时租赁领域深入合作。

随着竞争的激烈，企业逐渐意识到，任何一家企业都无法实现一家独大，只有进行合作，整合资源，才能在该市场中立足。通用和大众的投资也说明其对中国分时租赁市场的重视。

7. 友友用车猝死

2017 年 3 月，成立不到 3 年，获得 3 次融资的友友用车宣布停止运营，退回所有用户账户存款，并称停运的直接原因是"之前签署的投资款项未如期到位"。

友友用车的关停对火热的分时租赁市场来说无疑是朝其泼了一盆冷水。厂商如若投机盲目跟风只会耗财耗力。这意味着以新能源汽车为基础的分时租赁市场确实存在较高的进入门槛，，资本仍是新能源汽车分时租赁绕不过的门槛。

8. 摩拜成为第二大互联网交易平台

摩拜单车日前推出的人工智能大数据平台"魔方"显示，2017 年 4 月 13 日，摩拜单车当日订单突破 2000 万个。ofo 在此之前，宣布日订单超过 1000 万个。至此，摩拜单车车辆投放总数超过 300 万辆，其中，在北京、上海、广州、深圳、成都和天津六大城市的投放量均超过 10 万辆，成立不到一年时间，完成了 6 亿次骑行。

这也标志着在互联网出行领域，摩拜成为全球第一大平台，在所有互联网平台服务上，仅次于淘宝排名第二。

9. 2016年12月，ofo 率先发布海外战略，在美国旧金山、英国伦敦展开试运营

2016 年 12 月，ofo 率先发布海外战略，从硅谷、伦敦等地切入，首批投放 2 万辆单车，不到一星期，ofo 确认已布局新加坡市场，首批单车已到当地。未来也会面向海外用户开启"城市大共享"计划。

共享单车首先是在中国产生并创造出来的，国外市场对许多中国共享单车厂商来说算是一片蓝海。未来，ofo、摩拜将发展成为跨国互联网出行公司。

10. 无人驾驶技术与应用迅速发展

2016 年 9 月，Tesla CEO 埃隆马斯克宣布 2018 年无人驾驶技术可以成功实现。另一家硅谷公司——谷歌声称其无人驾驶汽车将在 2020 年问世。到 2017 年 7 月，包括传统车企、互联网车企、汽车零部件公司等在内的 19 家企业，宣布在 2020 年前后，自动驾驶汽车将上路或者量产。

通过无人驾驶技术，消费者可以享受自动的专车服务，另外，企业也可以实现智能自动调度，进一步降低企业运营成本。然而，无人驾驶技术的安全性是用户最为关心的问题，也是其推广的一大障碍。

（三）行业事件

1. 国务院办公厅发布《关于深化改革推进出租汽车行业健康发展的指导意见》

2016 年 7 月，国务院办公厅发布《关于深化改革推进出租汽车行业健康发展的指导意见》，提出规范发展网约车和私人小客车合乘，给予网约车合法地位，鼓励探索符合本地出租汽车行业实际发展的管理模式。

指导意见鼓励网约车发展，体现了政府管理部门的开放，对网约车等的健康有序成长将发挥重要的积极作用。指导意见充分尊重地方城市人民政府的权利，同时又希望全国在一些重要问题上能够比较明确，以增强地方政府继续改革的决心。

2. 交通运输部、工信部等7部委联合发布《网络预约出租汽车经营服务管理暂行办法》

2016年7月，交通运输部、工信部等7部委联合发布《网络预约出租汽车经营服务管理暂行办法》，确定了网约车发展定位，即高品质服务、差异化经营，规定了平台公司承运人责任及平台公司、车辆和驾驶员应该具备的条件，并对平台公司经营行为、车辆报废、驾驶员专兼职从业、部门联合监管等事项做出了具体规定。

办法将网约车车辆界定为"预约出租客运"，这既体现其本身就作为出租汽车的性质，又反映其新兴业态的特征。同时，办法还建立了新的按里程报废的标准，提出了适用于网约车发展的原则，鼓励创新，更加强调以乘客为本。

3. 交通运输部发布《关于鼓励和规范互联网租赁自行车发展的指导意见（征求意见稿）》

2017年5月，交通运输部发布《关于鼓励和规范互联网租赁自行车发展的指导意见（征求意见稿）》，为鼓励和规范以互联网为基础的自行车租赁发展对外公开征求意见。

该指导意见（征求意见稿）是交通运输部在对全国多数大中城市深入调研的基础上完成的。指导意见将"共享单车"名称定为"互联网租赁自行车"，客观科学地界定了共享单车的性质并肯定了其推动分享经济发展的积极作用，为共享单车的发展指明了方向，摩拜单车等品牌也给予支持与配合。指导意见必将促进共享单车朝更健康的方向发展。

4. 国家发改委等部门印发《关于促进分享经济发展的指导性意见》

2017年7月，国家发改委联合工信部等印发了《关于促进分享经济发展的指导性意见》，提出要充分利用"互联网＋"，促进分享经济更好更快发展，创新业态，营造公平规范的市场环境。

该意见认为，共享经济涵盖了各个行业，在互联网浪潮的大背景下，共享经济将得到更快速的发展。作为首个由国家层面出台支持分享经济发展的文件，意见是指导共享经济发展的总方针，在总方针不变的前提下，地方政府可根据实际情况出台适合自身发展的相应文件。总之，该意见是互联网出行市场健康发展的一个重要支持。

5. 交通运输部等发布《关于促进小微型客车租赁健康发展的指导意见》

2017年8月8日，交通运输部和住建部发布《关于促进小微型客车租赁健康发展的指导意见》，本着"安全第一"的原则，明确指出要鼓励分时租赁发展，并对分时租赁下了更确切的定义。另外，意见还鼓励分时租赁厂商免收押金，通过信用管理模式来运营。

意见是迄今为止最权威的鼓励分时租赁发展的文件。在分时租赁发展的关键时期，意见明确了分时租赁在城市综合交通系统中的位置，为分时租赁的发展保驾护航，分时租赁的地位得到了合法承认。Gofun出行等厂商也在第一时间进行了积极回应。同时，由于目前分时租赁运营车辆基本上为新能源车，该文件也将对新能源汽车市场产生深远影响。

四 互联网出行行业未来趋势

（一）市场规模将保持高速增长

2016年，中国移动互联网出行市场依然保持高速增长，这主要得益于互联网专车市场的拉动。年底共享单车市场爆发，共享出行概念进一步普及。未来，共享、智能、新能源将成为互联网出行产品和服务的关键要素。在技术、资本、政策的推动下，现有的互联网出行领域将深化变革，同时将有更新的出行细分领域出现。易观国际预测，未来几年，出行市场规模将继续保持高速增长（见图17）。

尼尔森的调研分析显示，截至2016年，城市出行人口约3亿人，互联出行需求市场为1.5万亿元；2020年城市出行人口将增加到4亿人，互联

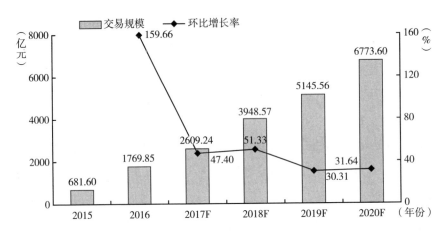

图17 2015～2020年中国移动互联网出行市场交易规模及预测

资料来源：易观。

出行需求市场为1.8万亿元；未来消费者愿意为理想的出行服务支付更高的价格后，互联出行的需求将形成3万亿元的大市场（见图18）。

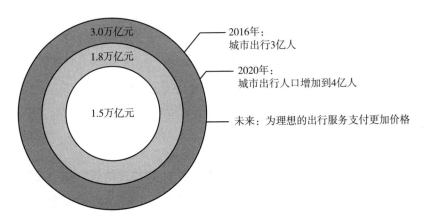

图18 市内出行服务需求预估（含通勤/生活/交际/公务外出）

资料来源：尼尔森。

（二）未来对互联网出行方式的需求并存，都有较好的增长前景

尼尔森调查显示，在当前的共享交通出行工具中，专车和快车的使用率

最高，达到8%，其次为顺风车和拼车，使用率为4%，分时租赁使用率则较低，为1%（见图19）。目前共享交通使用率合计为13%，用户使用率还处在较低阶段，消费者更多的处于尝试状态。

但在未来，消费者对各种出行方式的使用意愿都会提高。顺风车和拼车使用意愿将达到52%，快车和专车使用意愿将达到43%，智能巴士则为35%，P2P租车和交换车的使用意愿相对较低，分别为19%和12%。汽车共享服务具有巨大的成长空间。

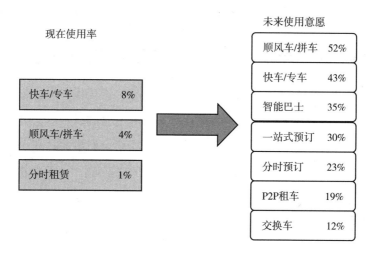

图19　汽车共享服务现在使用率和未来使用意愿对比

资料来源：尼尔森。

（三）企业加快研发无人驾驶技术，分时租赁将成为其主要应用场景

目前，整车厂如特斯拉、北汽等，互联网出行厂商如滴滴、Lyft等，科技公司如谷歌、百度等都在采取若干措施进军无人驾驶领域，包括自主研发无人驾驶技术，合作或收购无人驾驶企业，成立无人驾驶实验室，进行无人驾驶上路测试等。未来分时租赁或将成为无人驾驶商业化落地的首选。

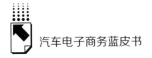

（四）互联网出行领域成为新能源汽车企业关注的重点市场之一

现阶段新能源汽车以电动汽车为主。由于新能源汽车受到政策鼓励，加之电动汽车在行驶成本上具有较大的优势，因此，在互联网专车、分时租赁、巴士领域将更多可能地使用新能源汽车。此外，互联网专车、分时租赁以及巴士厂商将与互联网汽车后市场厂商在二手车电商、汽车金融、汽车维修保养等方面紧密合作，形成新能源汽车出行的生态闭环。

（五）分时租赁行业还在变动期，很多企业探索不同的商业模式

分时租赁运营要比一般的租赁业务更为复杂，不仅仅因为包括车辆车型选择、定价、网点选择、车机与系统、停车与充电基础设施以及车辆调度和清理等诸多方面在内的管理问题，更因为其是一个全新事物，并没有太多的经验可以借鉴。因此，运营是分时租赁公司的重要方面，具有竞争力的企业将会是通过技术创新、管理创新和商业模式创新解决好运营问题，提高运营效率的企业。

（六）共享出行未来发展需要政府政策的支持

近两年来，政府出台了一系列文件鼓励共享经济发展。共享出行的相关政策制定与落实主要依赖地方政府，不同地方在政策的理解、规范和执行上尚有很多差异。在互联网专车、分时租赁和共享单车三个不同的领域，政府管理方式还是有所不同。在互联网专车领域，地方政府希望互联网专车能够成为出租车的重要补充，而不是替代出租车。对于分时租赁，目前政府还是运用鼓励发展的方式，未来会在具体的鼓励措施上，如停车位支持，运营补贴等推出相关的政策。共享单车虽然在大中城市取得了较快的发展，但未来要在更多城市普及，还是需要共享单车运营企业与地方政府的有效沟通，获得符合共享单车发展的较为理想的政策环境。

五　互联网专车行业企业案例

（一）滴滴出行

1. 公司概况

滴滴创立于 2012 年。经过这几年的不断发展，滴滴出行成为涵盖快车、专车、出租车、顺风车、代驾及大巴等多元化业务融合发展的一站式出行平台。到 2016 年底，滴滴平台上的用户注册量已经超过 3 亿，司机注册量超过 1500 万，滴滴成为全球最大的出行平台，中国第二大互联网交易平台。

滴滴出行创造并引领了大数据互联网时代下的现代化出行方式的发展，改变了传统的打车方式。相对"招手停"来说，新型的打车方式利用了互联网的特点，使线上和线下完美地融合到一起，从用户打车到用户下车并使用线上支付车费，形成了一个完美的与司机紧密相连的 O2O 闭环，使乘客的打车体验得到了最大限度的优化。

2. 商业模式

滴滴最早的商业模式源于与出租车的合作，将出租车接入滴滴平台，在原有打车方式的基础上提供了另一种更加省时省力的方式，这种方式利用网络平台将供需双方实时地联系在一起，相比于传统的"招手停"，有效地降低了出租车的空驶率，减少了司机拉不到活、乘客打不到车的现象。不仅节省了双方的时间，还最大化地利用了资源，将运营效率提升到一个新的高度。对于乘客来说，开放式的网络环境可以获取大量的信息，选择最适合自己的服务，同时还可以更快捷地进行支付和预定，免去了中间环节许多不必要的麻烦。

滴滴快车（专车）是推动滴滴快速发展的产品，采用 C2C 的商业模式，即个人对个人。个人可以选择带车加盟快车或者专车，车辆挂靠到租赁公司名下，自己出去接单，时间灵活，可以自己安排工作时间，接单挣来的钱滴滴平台抽取 25% 左右，剩下的为自己的收入。没有车辆的个人直接加盟滴滴司机，然后滴滴从汽车租赁公司租车再转租给滴滴司机。每天租金为200元，平台抽取25%左右的费用。所以滴滴快车（专车）的车辆有两大来源，一是私家车，二是汽车租赁公司。与B2C模式相比属于轻资产类型，主要是提供一个可以整合资源的平台。

此后，滴滴加快了业务多元化的探索，先后推出了顺风车、巴士、代驾、试驾等一系列业务，将出行用户全面覆盖。一方面，滴滴希望打造一站式移动出行平台，另一方面，还将汽车产业链横向扩张，进行非出行方面的探索。

滴滴顺风车主要面向的是拼车市场，利用自己终端的大数据平台进行合理的演算，可将顺路的两拨人在不超过车辆承载范围的情况下一同运送到目的地，不仅节约了车辆的运营成本，也使用户减少了等待时间。

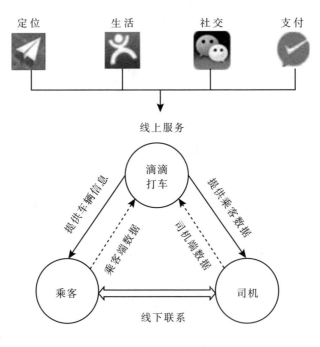

图20　滴滴出行商业模式

3. 业务转型

2016年7月网约车新政发布，在之后的几个月里，各地政府相继出台了地方网约车新规细则，对网约车的车辆规格和驾驶员的资格做了更进一步详细的规定，其中包括"京人京车"、"沪籍沪牌"、高端车型要求和注册为营运车辆等要求，此外还有报废年限、保险税费等要求。

北京新政还要求"合乘是一种免费互助或者只分摊出行成本的不以营利为目的的民事行为；合乘软件合乘功能应与巡游车、网约车软件功能分别设置，不能合并；合乘频次每车每天不得超过两次"。滴滴拼车、顺风车也受到了极大限制。

滴滴2016年经历了大起大落，有人说，"滴滴赢得了市场，但输给了政策"。在政策很难有大的转向之前，滴滴需要思考企业下一步的战略。

面对新的市场形势，并结合自身的发展，滴滴出行重新给自己定位，把成为一个世界级的科技公司作为自己的目标。为此，公司还提出了五大战略关键词：修炼内功、智慧交通、专车决胜、全球布局、洪流落地。今后，滴滴将深入进行"潮汐"战略，积极打造多元化业务并加速进行融合，专注于提升服务品质，打造能够更好地服务于社会的高性价比一站式出行服务。与各传统出租车企业积极合作，并帮助其进行产业升级；与各地政府合作，利用自己大数据的优势，为城市建立智能化的交通体系；将海外国际市场作为重点发展对象，将用精锐部队成立滴滴远征军，远赴到巴西、日韩、欧洲。把在中国探索出来的创新产品、服务与技术，在全球市场进行推广，让更广大的人群、更多元化的城市共同享受到这种不同于传统出行业的大数据互联网时代的快捷出行。

未来是新能源汽车和智能驾驶时代，滴滴没有落后于他人，参与新能源汽车项目，和国家电网独家合作，在未来替换共享新能源汽车；在硅谷成立实验室，开发自动驾驶技术，全力投入当下最热门的无人驾驶研发。

为了更好地贯彻五大战略，滴滴将内部的组织结构进行优化升级，建立了快捷出行（出租车、快车和优步）和品质出行（专车、代驾和豪华车）两大事业群、一个交通团队、多个事业部协同发展的独特架构。

4. 总结

滴滴出行成为全球最大的互联网出行公司之一，也成为近年来互联网发

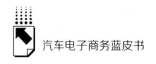

展的旗帜性企业，成为共享经济的典范。在未来，滴滴目标是成为一家科技型企业，在互联网出行、无人驾驶等方面引领行业发展。

（二）神州专车

1. 基本介绍

神州专车于 2015 年 1 月 28 日在全国 60 大城市同步上线，是租车连锁企业神州租车和第三方公司优车科技联合推出的互联网出行品牌。神州专车采用 B2C 的运营模式，定位于中高端群体，主打中高端商务用车服务市场，神州专车是很早就取得了网约车经营牌照的互联网专车。

2016 年 2 月 C 轮获得 36.8 亿元融资，7 月 D 轮获得 19.21 亿元融资。2016 年 7 月 21 日，成功挂牌新三板，估值达到 369 亿元。2017 年 1 月 13 日，开放 U + 出租车平台，接入租车服务，神州曾经单一的 B2C 专车平台正向 B2C、C2C、出租车的多元化出行服务入口升级。

2. 运营模式分析

神州专车的运营模式属于 B2C 型，即公司直接面向消费者。神州专车的车辆是全部来自神州租车的专业车辆，车型车况标准统一，并且有专人对车辆进行维护与管理。司机全部来自第三方劳务公司，神州专车对司机进行高标准严要求的招聘、考核、培训并提供专门的福利待遇，即"自有车辆 + 劳务派遣"的组合，通过专业司机、专业车辆，为消费者提供高端的标准化专车服务。

神州专车的车辆是由神州租车提供的，主要由两大部分构成，一部分是常年用于专车业务的长租车，另一部分在专车与租车业务之间根据需求调配的短租车。由于工作日用专车的人比较多，专车的需求量较大，所以会从神州租车租更多的短租车来弥补长租车的空缺。而休息日和节假日的时候，租车用的人会更多，短租车将被调回用于租车业务。在租车用的两个订单之间，有时候会有大量的空余时间，这段时间专车司机可以去开专车。这样安排车辆的使用可以提高资源的利用率，降低成本，提高车辆运营的效率。

司机是由第三方劳务公司招募的专业司机，筛选过程相当严格，录取比例为1:8，要验证身份信息与驾驶信息等常规项。司机全部统一着装，统一行为。每辆车都有OBD（全程车载诊断）系统，该系统可以读出发动机运行参数、发动机温度油耗、有几次超车，随时获得司机的位置信息、状态信息等，通过网络5秒一回传司机的行为，例如，有没有关好车门；有没有系好安全带都会被严格监控，并由此判断出车辆的行驶状况和司机的驾驶状态，从而可以有根据地对车辆和人员进行有针对性的管理，进而保证服务的质量和行车的安全。

神州专车的极速佛系统（GSFO，Grid Based Supply Forecast And Optimization System），即网格化运力预测与优化系统，能够通过科学的预测未来一个时间段内各地区的专车需求，来进行专车的调度，从而达到合理配置资源、提高运营效率的效果。此系统以每平方千米为单位，把提供专车服务的地区用网格的形式进行划分，用颜色的深浅来表示订单需求的密度，预测未来一段时间内各地区的专车需求率，然后从车少的地方调度车去车多的地方。对于派单，当用户下单后，后台会根据就近原则自动给司机派单，司机不能拒绝，否则会扣和绩效相关的响应率。当附近有很多司机的时候，系统会一单多派，此时就需要司机抢单。另外，如果之前用户收藏过某个司机，而且那个司机恰巧就在附近，则优先给收藏过的司机派单，当这个司机没有接单，扣除响应率后再给附近其他的司机一单多派。

神州专车采用动态定价，根据周围订单数量的密集程度进行动态定价，密集度高，价格高，密集度低，价格低，以此来调整达到供需平衡。

神州专车的服务有面向企业的和面向个人的服务。

立即叫车：用户下单后立刻就近派车，有公务轿车、商务7座和豪华轿车3种车型选择，价格依次递增，在确认上下车地点和车型后会预估费用。预约用车：可以预约近4天内的专车，自己选择上车时间与上下车地点；有公务轿车、商务7座和豪华轿车3种车型选择。接送机：司机会根据用户提供的航班号，提前做准备，保证准时接送，有公务轿车、商务7座和豪华轿车3种车型选择。日租/半日租：以半日或整日为单位的专人专车租车服务，半日包含4小时50公里，日租包含8小时80公里，超出部分计价增收。孕

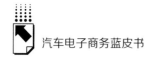

妈专车：能够满足怀孕人群特殊需求的专车服务。

根据神州优车（神州专车运营主体公司）所公开的 2016 年财报，神州专车的收入为 50.58 亿元，同比增长 190.45%。并且根据业内人士分析，神州专车下半年的营收要高于上半年，同时下半年的亏损还要低于上半年。B2C 模式的成本结构很清晰，并且可控性比较高，在运营过程中可以不断优化程序，使成本降低。2017 年神州专车预计可以实现赢利。

3. 发展规划

神州专车的目标是打造国内最具生态协同性的共享出行平台。通过 B2C 模式的主营业务赚取利润，利用 C2C 模式业务作为换取流量的补充。

神州专车的 B2C 业务，未来的目标是在现有业务的基础上，在政府用车、会议用车两方面进行深度挖掘。B2C 业务继续推进，通过在 U+平台接入出租车服务实现了神州专车 C2C 既定战略的第二步，进一步扩充用户使用场景，大大提高了平台生态价值，引入网约车平台与出租车公司合作的新模式。未来神州专车表示不排除将会推出顺风车、拼车等更多业务，使生态圈内各板块之间的协同作用更加到位。

图 21　神州专车相关业务生态圈

4. 总结

神州的母公司关注的是汽车整个生命周期的价值链，神州专车作为神州优车旗下神州租车、神州专车、神州买买车、神州车闪贷的四大板块之一，与神州租车构成了至关重要的出行板块，是产业链中承上启下的关键一环。完备的共享出行平台再结合上下游的汽车金融、电商、保险、维保等业务板块高效协同发展，最终将形成汽车与出行产业的闭环。神州目前已经实现了汽车电商、金融服务以及出行服务领域的布局，在这个生态中还囊括了维修服务、汽车保险、二手车交易、新能源车等板块。在造车领域，神州通过入股小鹏汽车，为其"生态圈"补上了"智能汽车和新能源汽车"这一块拼图。未来神州产业需要进一步融合和发展已有的业务，并且逐渐完善产业链上的薄弱环节，以便更好地形成汽车产业生态圈。

（三）盔甲科技

1. 发展概况

在滴滴、易到、神州专车、斑马快跑等网约车企业的带动下，全国有超过 2 亿人口使用网约车，一线城市人口使用比例达到 75%，黏性和使用习惯已经形成，网约车发展已经成为趋势。

盔甲科技的创始人刘洋看到了发展机会，开始筹备盔甲科技项目。2016年初，确定了面向未来车队管理平台的方向，开始一线实战调研及产品研发。2017 年 1 月，产品正式命名为"Auto + 车队管理平台"。

2017 年 5 月，正式启动平台的市场推广，并迅速在 10 个城市落地。2017 年 7 月，选定深圳为试点城市集中开展业务，20 天后获得规模车队[①]的 30%，30 天后规模车队市占率超过 70%。

2. 商业模式

（1）Auto + 车队管理平台

盔甲科技自主研发的"Auto + 车队管理平台"，以 B2B 的 SaaS 方式，在紧贴一线实战调研、研发沉淀一年半后，在中国车队爆炸式发展到管理平台变成刚需的节点上，适时向市场推出"全周期全场景一站式解决方案"，快速覆盖市场。

---

① 规模车队指 100 辆以上规模车队（含滴滴 DP 公司 50 辆以上）。

图22 盔甲科技全周期全场景一站式解决方案

Auto＋车队管理平台，涵盖了金融方案、购车、合同、订单、派单、定位及轨迹、征信、资管、司管、财务、违章、年检、保险、维保、事故、车务处理、车辆处置等车队管理的全内容，内嵌最佳车队管理实践案例，工作自动提醒和跟踪，有针对性地解决了车队目前"快速规范、快速发展、快速复制"的核心需求。

在产品的细分市场上，盔甲科技采用"完善一代、推出一代、预研一代"的做法，稳扎稳打，追求"爆款"和口碑。在管理平台阶段，盔甲科技追求的市场目标，并非收入和利润，而是市场占有率。

（2）自动进化的盔甲商业模式

车队会向好的管理平台提出越来越多的需求，希望在盔甲的平台上解决更多的问题，"向车队赋能"的过程很自然地契合了盔甲科技"让车队更强大"的使命，这个过程中，盔甲的商业模式很自然地完成了两个进化。

一个是平台功能从"车队管理平台"向"交易服务平台"进化。

第二个是赢利模式从"以车队为单位"向"以车辆为单位"进化。

这个过程，实际上还完成了天花板的突破，从千万级市场到万亿级市场的跨越，盔甲科技将自动完成进化和突破。

3. 核心能力

（1）实战和口碑中树立的标杆地位

客户方面：随着使用的深入和客户的积累，强大的口碑力量推动盔甲客户席卷式的增长。以深圳为例，集中推广 20 天突破 30% 市场占有率，30 天超过 70% 市场占有率。

（2）实战积累的客户、经验及模式

"产品技术不是壁垒，实战中的积累才是壁垒"，通过长期与车队客户探讨和解决问题，盔甲科技积累了大量的"研究室级"客户，一起研究需求和未来，分享经验和探讨案例；客户相信盔甲会挖掘探讨过程中的价值点，并快速加以实现；盔甲也因此获得了越来越多的实力行业伙伴。

盔甲已研究到车队的团队和日常，比如说，"相对低的技能和操作水平""高流动率""说走就走/喊滚就滚缺乏工作交接"等实际存在的现象，催生了"3 次点击""1 天掌握"等盔甲标准。

盔甲科技根据实战过程中案例和经验的逐步积累，调整了自身的组织结构、资源配置、工作流程、研发流程、支持流程、服务流程，以及相关标准。

4. 未来规划

2017 年 8 月，盔甲科技开始向深圳以外的城市复制和拓展，并有计划、有节奏地准备和培养团队，为加速后的市场推广和服务效果的确保做准备。

2017 年底，盔甲选定的 36 个重点城市中，落地覆盖率为 2/3。

2018 年 6 月，完成全国规模车队 20% 的市占率，平台车辆数十万辆。2018 年 9 月，完成商业模式进化，盔甲科技 2.0 时代开始。

5. 总结

在互联网深刻改变出行的今天，盔甲科技看到车队管理上的发展机会，专注于车队管理平台的极致打造，集成资源不断向车队赋能，提供最适用的企业级 SaaS 服务。

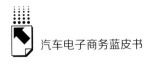

六 分时租赁行业企业案例

（一）盼达用车

1. 盼达用车简介

盼达用车自 2015 年 11 月 11 日上线，目前在重庆、杭州、成都、郑州等多地运营，截至 2017 年 7 月，盼达累计投入运营的新能源汽车数近万辆，累计用户数超过 100 万，是国内最大的新能源分时租赁运营商之一。

2. 商业模式

盼达主要采用力帆汽车的 330EV 和 620EV 纯电动新能源汽车。定价方面，盼达采用 2 厢 5 座车型 19 元/小时、129 元/天，3 厢 5 座车型 26 元/小时、179 元/天的资费标准。

盼达用车主要专注于大型城市的分时租赁运营，主要在工业园区、大型社区、交通枢纽、旅游景区、购物中心、大学城等城市通勤高频场景布局车辆，进而完成城市网格化、规模化布局。

盼达用车与阿里云、支付宝在大数据、高精度地图、人工智能等方面进行深度合作，在分时租赁行业第一个实现以第三方征信来免押金、在支付宝等第三方平台上"扫码用车"的共享汽车项目。

与大多数新能源汽车分时租赁企业普遍采取的交流电慢充模式不同，盼达用车创新性地采用分布式换电与集中式充电相结合的模式，将能源互联网的理念与新能源汽车技术开发结合，电池设计模块化、小型化，实现了一键送电上门，来解决充电难题。

在新能源车使用或租赁过程中，电池数据信息会通过 ICU（车载信息云单元）上传到车联网平台，并同步到能源站后台。当车辆的电量低于一定阈值时能源生产作业系统会产生换电工单，换电人员接收到换电工单后就会从就近的电客站派发移动能源车直接送电到车。

盼达用车一直在探索如何基于"位置"、"数据"、"流量"和"场景"

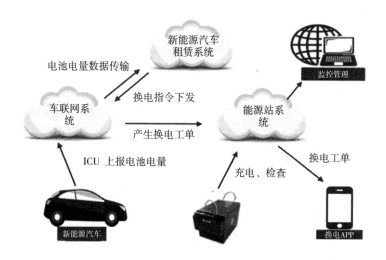

图 23 盼达用车能源互联网系统架构

来产生更大可能的发展机会，希望能够让数据提升体验，用数据驱动未来。

3. 核心能力

盼达用车基于车辆换电模式的新能源车前装"车联网"系统，为"无卡无钥匙启动""随借随还""无人值守"等提供先进的技术保障，是国内较早实现用车全流程纯移动端、纯线上化的"人机互动"出行平台。盼达用车通过搭建"移动 + 能源 + 租赁 + 绿色"的互联网平台，采用建设固定站点、全城异点还车模式，实现车辆规范化管理调度、能源集中分布式运维以及精准信息化的场景运营，提高了用户服务体验。

盼达用车建立了先进的新能源汽车移动互联网应用系统。该系统打通了车载电脑、使用平台、换电系统以及车辆保险系统等各个车辆使用、服务、维修的环节，对车辆状态和用户信息实时监控，完成车辆远程控制、电量报警、换电分配以及维修、保险等。车载终端可以与企业管理平台连接，上报车辆状态信息与警告信息，同时也可以直接或者间接向国家管理平台上报车辆状态信息。

盼达用车整合了主机厂、车联网、运营商、大数据平台、能源站等多方

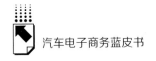
资源，拥有汽车生产商定制新能源汽车、专业新能源体系及运营保障公司、IT开发等体系的支持，建立了包括新能源汽车、新能源供应、车载终端、汽车金融等在内的整个产业链的战略布局。

4. 企业运营

盼达用车是国内较早开展全异地还车的分时租赁项目。换电模式使其取得了较高的日均运营数据，目前工作日车均运营时长达8小时左右，周末车均运营时长超过10小时。

自盼达用车上线以来，截至2017年7月，运营车辆已累计行驶2.2亿多公里，减少4.0亿多千克碳排放，相当于种植133.4万棵树，节约1.8亿万升汽油，为节能减排、缓解城市交通压力做出了突出贡献，各城市的道路交通利用率、城市车位利用率、单一车辆利用率均逐步全面提升。

5. 未来发展规划

盼达用车未来在多地将继续投放新能源车辆，3年内投入共5万多辆，在全国包括北上广深等一线城市在内的30多个城市形成战略布局。为了更好地推行分时租赁，盼达还推出了智能出行大数据实验室、人工智能、新能源汽车金融服务、共享经济研究院、基于地理位置衍生的商业项目等，未来会逐步落地实施。

盼达用车成立的"Xpand Lab"人机交互和核心算法实验室，致力于探索人工智能在共享出行领域的商业应用，计划在2017年实现车载语音交互、智能客服、无人驾驶等多项先进技术落地，探索"车来找人"的应用场景。

6. 小结

盼达用车是迄今分时租赁行业规模最大的运营企业之一。盼达用车采用换电模式，用互联网金融为用户提供免押金服务等，是分时租赁行业寻求技术创新和商业模式创新的重要探索。

（二）Gofun出行

1. 公司概况

Gofun出行是北京首汽（集团）股份有限公司旗下新能源汽车分时租赁

项目，于 2016 年 2 月首先在北京上线。目前，Gofun 出行已相继完成全国 21 个城市的布局，其中不乏北京、上海、武汉、成都、南京等一、二线城市，更有西安、青岛、昆明、桂林等重要旅游地。截至 2017 年 7 月，车辆总数已突破 1.2 万辆，预计到 2017 年底，车辆数将达到 1.5 万辆。

2. 商业模式

Gofun 与首汽约车、首汽租车定位不同，主要致力于分时租赁市场。目标市场以白领上班族、商旅及游客等年轻人为主，取还车网点遍布交通枢纽、住宅区、写字楼、商圈等人流密集区域。目前其所有车辆均为新能源电动汽车，Gofun 共享汽车迅速成为"有本无车族"和摇号及限行城市的福音。

目前，Gofun 收入主要是车辆租赁收入。计费方法采用"里程＋时长"方式。根据市场需求，计费标准根据具体地域而略有不同。

成本方面主要包括车辆购置成本、运维成本、充电成本等。目前，Gofun 部分城市已实现收支平衡，随着市场的成熟以及 Gofun 出行的壮大，未来还会有广告收入、二手车销售收入等。未来 2~3 年，企业的规模逐渐扩大，资源集成能力、电池和充电桩以及汽车技术逐渐成熟，车辆成本、运营成本越来越低，更多停车资源可以被充分挖掘，赢利是可预期的。

3. 市场拓展

自 2016 年 2 月上线以来，Gofun 出行从北京开始，很快就开始在全国布局。

表4　截至 2017 年 7 月 Gofun 出行在全国部分地区运营情况

城市	开始时间	运营情况
北京	2016 年 2 月	基本覆盖北京市三环内的核心商业区。到 2017 年 1 月,运营车辆达到 1100 辆
上海	2016 年 3 月	已覆盖五月花生活广场、龙之梦雅士大厦等核心商业区域
厦门	2016 年 7 月	到 2016 年底,已完成了岛内以软件园二期为中心覆盖周边 16 个网点以及对岛外海昌、集美等用车网点的布局
青岛	2016 年 11 月	重点覆盖李沧区天都茶城、欧尚超市以及崂山区新兴办公区等多个地区,未来还将在青岛各大高校周边设立停车点位

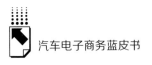

续表

城市	开始时间	运营情况
南京	2017 年 3 月	集中投放于南京的商业中心、高校园区、软件创业园区、交通枢纽、旅游景点等人流密集区。到 4 月底，共投放了 200 辆车，覆盖整个南京市
西安	2017 年 3 月	首批在高新区、长安大学城等地投放 200 辆新能源电动汽车。未来还以西安为中心，逐步向周边城市辐射
成都	2017 年 3 月	首批投放 200 辆新能源汽车，拥有环球中心、大悦城等 5 个点位，未来将逐步覆盖整个成都市
长沙	2017 年 3 月	首批投放 200 辆奇瑞 EQ 纯电动汽车，集中在岳麓区等城内区域
武汉	2017 年 3 月	首批投放 200 辆，有 10 个固定取还车点。未来还将延伸至汉口、武昌、汉阳、沌口、青山及武汉二环至三环区域，实现武汉核心商业圈的重点覆盖
乐山	2017 年 7 月	首批百余辆新能源共享汽车陆续投入运营，布局选择了高铁站等近 10 个休闲娱乐和交通枢纽作为网区，保证成都、乐山与峨眉山之间的打通
无锡	2017 年 7 月	首批投放数百辆奇瑞 EQ1，集中分布在梁溪区、滨湖区的热门商圈等近 10 个点位，并逐渐向锡山区、新吴区、惠山区等地进行辐射

4. 竞争能力

与其他分时租赁企业相比，Gofun 出行拥有首旅和首汽集团的国企背景，这为其带来了很大的先天优势。首汽旗下有很多酒店资源、商业资源等，可以整合足够多的商业、酒店、餐饮、旅游场景，提供更多的场地资源，串联生活场景，打通用车的生活圈。Gofun 可以借助母公司的产业布局实现产品、客源、厂站和营销等方面的资源共享，开发深度定制产品。

作为传统租车行业中的佼佼者，首汽集团在车辆运营方面拥有 66 年经验。Gofun 出行的线下运营服务经验丰富，深受用户好评，这也是很多分时租赁公司并不具备的能力。

Gofun 出行非常重视大数据分析技术的应用和高效的运营，目前正在加速推进大数据系统的建设，开展系统和算法的研发，进行智能化调度和精细化管理。2017 年 5 月，Gofun 出行启用"人脸识别"技术对驾车用户身份进行验证，以此来降低非注册人本人用车等安全隐患。此外，Gofun 出行也正在研究通过增加车载硬件、生物及物理信息采集等方式，最大限度地规避风险和事故的发生。

5. 运营能力

Gofun 出行网点主要分布在交通枢纽、住宅区、写字楼、商圈、酒店等人流密集区域，如 2017 年初，首汽集团与北京市政路桥股份签署战略合作协议，在北京利用数十个立交桥下空间作为租赁场站。随着运营数据的增加，目前，Gofun 开始通过数据进行分析，寻找消费者的使用规律，并进行归类和展示。

在车辆运营上，为保证每一辆运营车辆的充足电量，Gofun 通过专门开发的系统实时监测每辆车的电量，并对低电量车辆及时充电。对车辆的清洁、充电、内饰维护、保养等诸多细节问题，工作人员也会根据制定好的时间表，完成相应工作。工作人员每天都有几次对停车点车辆核对检查。

6. 总结

Gofun 利用集团公司强大的资金资源和社会资源，以及车辆租赁行业的背景进入分时租赁领域，具有自身独特的优势。从目前看，Gofun 的发展速度较快，企业运营效率不断提高，有望发展成为分时租赁领域的领导企业。

（三）巴歌出行

1. 企业概况

北京巴歌汽车租赁有限公司成立于 2015 年 12 月，是一家新兴的汽车分时租赁服务平台。巴歌出行于 2016 年 10 月正式上线，目前已经在北京、广州、唐山投入运营。截至 2017 年 6 月，巴歌出行在全国每天有上千单交易。2017 年 7 月 18 日，巴歌出行完成 A 轮融资，金额 2500 万元，投资方为知合控股、联想之星。

2. 商业模式

巴歌出行的客单价比出租车要便宜，主要为日常使用公共交通和出租车的年轻白领提供便捷的出行方式。此群体对价格并不很敏感，并且青睐比网约车更便宜的"自驾出行"方式。

价格按照车型采取不等价收费，主要按"时间 + 里程"计价。以奇瑞 EQ 为例，一段 10 公里的路程（行驶约 30 分钟），总费用为 $0.36 \times 30 +$

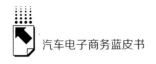

$0.5 \times 10 + 3$，约 18.8 元，现行时长费五折活动，实际价格仅为 13.4 元，而同样路程的网约车价格大约为 27 元。免收押金，无起步价。单次保险和司乘险按车型不同，费用为 3~8 元。

巴歌出行目前主要专注于二、三线城市运营，采取"全城任意取还车"的模式。巴歌出行采取"运营社会化"的策略，巴歌出行利用汽车管理员、修理厂、洗车店等管理车辆，利用有限车辆建立分时租赁的生态。虽然车辆成本高，但周边设施却是轻资产、可赢利的模式。在运营车辆达到一定规模时，可以采取加盟模式，为各地加盟者提供完整的运营方案，利用加盟者资金来占领市场。

停车费是分时租赁的一项重要成本，巴歌出行采取与停车管理公司合作的方式。在北京，巴歌出行与 ETCP 达成合作，巴歌出行将平台上所有的车牌号输入进 ETCP 的后台系统，二者进行系统打通，由巴歌出行再和 ETCP 进行结算。

3. 企业布局

目前巴歌出行在北京、广州、唐山开展业务。在北京地区运营设置了 9 个车区、50 个网点、100 辆车，主要分布在朝阳、海淀，覆盖国贸、三元桥等重要商圈和区域。同时也开始布局北京周边，如密云、怀柔城投入了 100 辆车。

2017 年 3 月 2 日在唐山地区，首次开通自由取还车业务。品牌已经实现在唐山市区环城高速公路以内任意取车、还车，在丰润、滦县等地也开通了网点，用户在指定网点区域范围内可以取车、还车。

4. 运营管理

巴歌在进入市场之前会做大量的前期调研，根据城市的特性来制定不一样的运营模式。投放多少辆车、配置多少线下运营人员都是需要提前计算的。

巴歌出行 CEO 孙杨认为运营才是做分时租赁的关键。用户可以随意取还车——降低了用户的用车使用门槛，提高了单车周转率。

保证运营车辆电量充足对分时租赁非常重要，为保障用户使用巴歌出行的线下运营人员会及时调度车辆，保证车辆的充电。为此，巴歌自主研发了智能运营调度系统，这个系统将有力地保障巴歌出行的高效运营。在巴歌车管中，工作人员能够看到每一辆车的电量，同时巴歌车管会以派单或是让工作人员接单的形式，让车管将车辆从停车费较高的车场调度到较低的车场。

风险控制是租赁车辆必须解决好的问题。巴歌出行在用户注册时会进行背景审查，以第三方专业接口和巴歌平台大数据分析为主。如果用户驾驶证扣分已满或者身份证系统识别有不良记录的话，系统不会让其注册通过。

目前唐山的车辆已经可以达到每天每车完成 5 单（同期北京是每天每车 3 单），客单价 30 元，扣除车辆租金、充电、场地、人员成本，车辆整备的成本，每车每月已经能够产生一些纯利润。

5. 未来规划

2017 年巴歌出行希望能将全国车辆数扩增到 3000 辆。在租赁牌照获取方面，巴歌出行目前是向有牌照的租赁公司租赁车辆，进行运营，未来巴歌出行获取自己的租赁牌照后采购车辆，能将车辆成本再降低 20%。

6. 总结

巴歌出行的优势是采取了比较正确的适合分时租赁的发展模式，如轻资产运行，以二、三线城市为发展主要区域，重视线下运营等。但分时租赁当前还是面临规模发展与企业赢利的矛盾，在具体运营中还需要进一步引导好消费者的消费行为和规范行为，可持续发展需要企业的持续创新。

（四）壹壹出行

1. 企业概况

北京壹租科技有限公司成立于 2015 年 1 月，APP 于 2015 年 7 月上线运营。在运营初期，国内分时租赁市场刚刚起步，并没有太多可供参考的案例，壹壹出行在探索中发展。

目前公司主要在北京、桐乡发展。在北京地区运营车辆 280 辆，覆盖亦庄经济开发区、丰台总部基地、三元桥核心商务区、酒仙桥产业园区、四惠等重要商圈。桐乡地区运营车辆 200 辆，在桐乡火车站、桐乡市政府、乌镇

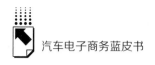

东栅、西栅景区等地设有壹壹出行的站点。

2. 商业模式

（1）模式的探索过程

壹壹出行在 A－X 模式稳健运营的同时，始终探索一线城市的运营思路。在一线城市运营普遍不赢利的情况下，壹壹出行通过探索 B－B/B－C/B－B－C 的商业模式。B－B－C 的商业模式随着企业及企业员工的使用，APP 的下载量的大幅提升，用户量、用户活跃度、客单价、收入都随之稳步提升。

在网点运营上，壹壹采用管理更方便、成本更低的 A－A 的车辆运营模式，实现运营成本最低化。A－A 运营模式有以下特点：一是有有针对性的、稳定市场需求的必然趋势；二是可降低自身或合伙人对资源掌控能力的担忧，可快速复制；三是多样化小半径，可实现运营成本、车辆无效调度的最低化；四是可实现客单价最大化，日均两单（日间＋夜间）可实现单车收入过百元。此外针对 A－A 运营模式推出的"标准分时租赁产品、日租产品、区间定价产品（包夜套餐）、企业账户产品、优惠券产品、跨平台分成产品"等各类产品，可以满足企业用户和个人用户的多种用车需求，有效地提升了 APP 的下载量，迅速扩充用户量，另外，A－A 运营模式中的跨平台业务合作，可以共担成本及收益，降低集客成本，模式可快速复制。

（2）B－B－C 式的深场景运营

壹壹出行目前的 B－B－C 式的深场景运营，主要围绕周边市场、细分市场、高端市场开展。

一是京畿地区经济发达城市、长三角核心城市群、粤港澳大湾区等周边市场。这些区域受国家限牌限号政策影响，消费者买车和开车并不十分方便。公共交通仅能满足人们大众化的出行需求，对于更加自由的用车则无法满足。壹壹出行则以该市场为切入点，在提供传统分时租赁服务的同时主推包夜、包日、周末套餐等产品，满足不同阶层用户的需求。

二是企业园区、核心商务区、非城区的高校园区、大型社区等细分市场。在"B2B2C"的运营策略中，壹壹出行与各个企业合作，将车辆直接放在企业内部。用车部门、企业员工可根据自己的实际需求自助用车，满足企业用车、商务出行、员工个性化出行等各种需求。

三是大型企业、政府机关、体育组织机构用车定制服务等高端市场。根据大型企业、政府机关、体育组织机构的商务用车或车辆改革的需求，定制功能不同的车辆管理平台。可提供纯技术平台支持，也可以提供带车入驻服务。与用车机构直接对接的方式，不仅提高了车辆的运营效率，降低了运营成本，同时也在源头上做好车辆风控。

（3）企业运营

根据北京、桐乡两地运营的不同特点，壹壹出行采取了完全不同的运营模式。

在北京地区以商圈为中心，壹壹出行采取多场景深运营的业务模式，与大型企业、科技园区、写字楼等合作，车辆直接入驻内部停车场，提供企业用车、园区用车等服务，同时作为区域内公共交通的重要补充，也可以为员工的日常通勤、商务用车等提供多种选择。因此，北京地区采取"站点取车－站点还车"的运营模式，成功避免了北京停车不便、停车费昂贵的问题，大大降低了运营成本。

在部分站点，与停车场以及物业采用合作分成的业务模式，壹壹出行负责车辆的充电、维护、调度等运营工作，停车场的管理方以及园区、大厦的物业公司负责所辖区域内的推广工作。壹壹出行只付很少或者不付停车费，双方按照约定比例进行运营收益分成。物业的先天优势，加之利益驱使调动其主观能动性，使推广方面达到事半功倍的效果。

在桐乡地区结合旅游优势资源，壹壹出行将站点开到火车站、交通枢纽、旅游景区等地。作为目的地旅游中的起点，用户到桐乡的第一站就可以享受到壹壹出行带来的服务，从而在旅游的过程有机会多次使用壹壹出行。由于旅游用户的目的地不确定，壹壹出行在桐乡地区采取"站点还车"与"任意还车"结合的方式。"任意还车"需要收取一定的调度费用，不但平衡了运营成本，而且还满足不同用户个性化的需求。

（4）商业效益

从运营效果上看，随着共享出行概念的深入人心，壹壹出行的车辆出租率也在迅速攀升。2017 年第一季度，每辆车日均运营里程为 22 公里，日均运营时间为 3.2 小时；2017 年第二季度，每辆车日均运营里程为 68 公里，日均运营时间为 8.8 小时。截至 2017 年 7 月，注册用户累计 10 万，订单数超过 35 万。

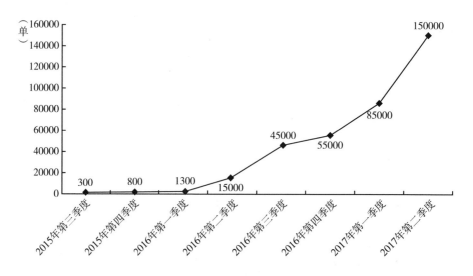

图 24　壹壹出行每季度订单量

对于新能源车非常重要的充电问题，北京和桐乡两地都采取有桩站点与无桩站点相结合的方式。有桩站点又分为合作建桩站点与自有电桩站点。合作建桩：壹壹出行与充电桩公司进行合作，由壹壹负责站点开发，充电桩企业负责建设，壹壹享有充电桩的优先使用权，并支付低于市场价的充电服务费。自有电桩：直接入驻带有充电桩的园区、写字楼停车场，以最快的方式完成市场布局。每个有桩站点可覆盖 2~3 公里区域，在区域内可开辟多个无桩站点，提高车辆充电效率。

3. 核心竞争力

壹壹出行有以下三个方面的核心竞争力。

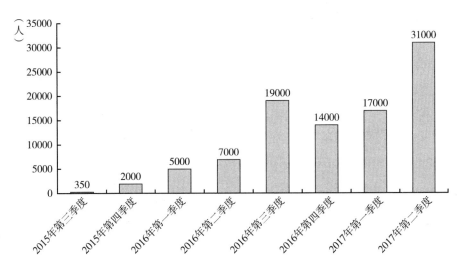

图25　壹壹出行每季度新增用户量

一是拥有优质合作资源。壹壹出行与国内一线汽车厂商及租赁集团达成战略合作关系，覆盖全国30余个省市地区。借助优质的合作资源，壹壹出行完全不用担心车源问题，可在短时间内迅速扩充车队规模，快速复制成功的运营模式，迅速打开市场。

二是企业运营能力。作为最早进入分时租赁市场的企业之一，通过长时间的积累以及对市场环境的摸索，壹壹出行已确立市区深场景用车、目的地旅游用车的双线运营模式，其丰富的线上线下运营经验，是其他公司所望尘莫及的。

三是技术实力。与其他分时租赁企业不同，壹壹出行一直在同时进行个人用户与企业用户的共同研发，目前除常见的"分时租赁"APP外，壹壹出行还打造了一套完整的企业用车平台，不仅在企业端可以提供分时租赁服务，还融合权限及审批、轨迹数据的可视、BI分析、多功能车辆管理、车辆成本费用管理及分析等功能。

4. 未来规划

2017～2019年，壹壹出行计划入驻企业集团总部、中关村软件园、大连软件园、上海北外滩商圈、苏州工业园等50个企业总部、20个国家级科

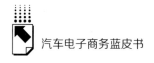

技/工业园区，覆盖 1200 家高新技术企业，服务 1000 万中高端用户。

2017～2019 年，壹壹出行计划与京畿经济发达地区、长三角核心城市、粤港澳大湾区的政府及企业达成合作，开城 50 座，为 3 亿人的政务出行、商务出行、短途出行、日常通勤提供全领域解决方案。

5. 总结

壹壹出行是分时租赁行业的先行者之一。壹壹出行与环球车享、盼达用车等具有车企背景的分时租赁企业不同，也不同于一些互联网企业，壹壹出行在分时租赁行业非常具有典型性，有很多类似壹壹出行背景的企业参与这一朝阳产业。通过一段时间运行，壹壹出行已经摸索出一套适合分时租赁发展的商业模式，运营效率逐步提升，客户数量逐步增多。

B.6
我国新能源汽车销售模式专题研究

摘　要：　本报告梳理了我国新能源汽车市场发展概况，分析了影响新能源销售模式变革的主要原因，总结了新能源销售模式变革的主要特征，并对未来新能源汽车销售发展趋势进行了展望，最后，介绍了新能源汽车销售模式变革的几个典型创新案例。

关键词：　新能源汽车　汽车经销商　销售模式　互联网思维　新零售

一　我国新能源汽车市场发展概况

（一）我国新能源汽车市场销售情况

1. 近年来新能源汽车销售情况

近年来，我国新能源汽车取得了飞速发展。2010～2016年，我国新能源汽车销量一直呈增长趋势，在2013年之后开始飞速增长。2016年，我国新能源汽车销售50.7万辆，占汽车总销量的1.81%，累计销量超过100万辆（见图1）。与此同时，自2013年以后，充电桩建设数量也快速增加。2016年，我国建成公共充电桩15万个，车桩比达到7∶1，比2015年增长203.4%，如图2所示。

2012～2016年，新能源乘用车销量增长迅速。2012年，新能源乘用车销量仅为9904辆，不足万辆；2013年，增长到15006辆；2014年飞速增长到58548辆；2015年，大幅增长到170027辆，首次超过10万辆，2016年，销量达到320256辆。

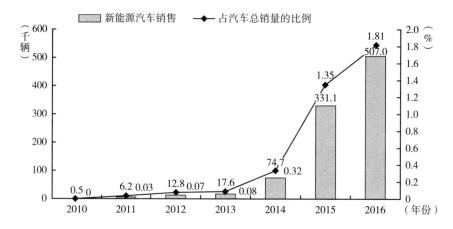

图1　2010～2016年我国新能源汽车销售情况

资料来源：中国汽车工业协会（CAAM）。

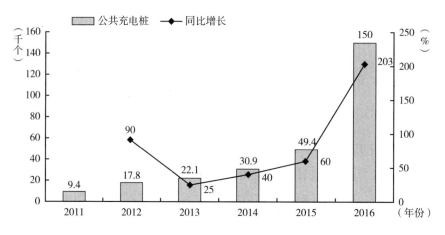

图2　2011～2016年我国公共充电桩建设情况

资料来源：电动汽车充电联盟。

2. 2017年上半年新能源汽车销售情况

2017年1～6月，新能源汽车产销分别完成21.2万辆和19.5万辆，比上年同期分别增长19.7%和14.4%。2017年1～2月，受补贴政策调整的影响，销量不太令人满意，之后产销量呈逐月递增趋势。2017年6月，新能源汽车产销量分别达6.5万辆和5.9万辆，如图3所示。

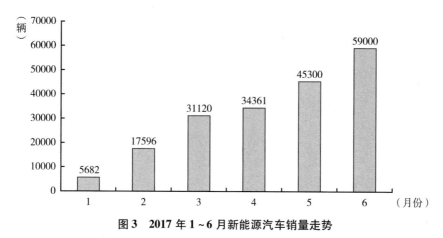

图3　2017 年 1～6 月新能源汽车销量走势

资料来源：中国汽车工业协会。

分动力类型来看，2017 年 1～6 月，新能源汽车的产销量均以纯电动汽车为主。纯电动汽车产销分别为 17.5 万辆与 15.9 万辆，比上年同期分别增长 30.4% 和 26.2%；插电式混合动力汽车产销分别为 3.7 万辆与 3.4 万辆，比上年同期分别下降 14.4% 和 19.7%，如图 4 所示。

图4　2017 年 1～6 月新能源汽车分车型销量

资料来源：中国汽车工业协会。

分品牌来看，2017 年 1～6 月，销量排名前三的品牌为比亚迪、北汽新能源和知豆。比亚迪以 34634 辆的销量排名第一。比亚迪向市场投入

唐 100、秦 100、宋 DM、宋 EV 和 2017 款唐五款车型，同时也推出秦 EV
和 e5 升级版，丰富多样的车型阵容使比亚迪稳居第一。北汽新能源以
30154 辆的销量排名第二。北汽新能源汽车旗下有多个纯电动车型系列，
其中 EC 系列在国内外均有不俗成绩。知豆以 18718 辆的销量排名第三。
知豆旗下的 D2 车型在推出后一直持续畅销，基本都在月度最畅销电动车
型前三强之中，知豆 D2 虽然是微型车，但爆发力不容小觑，如图 5
所示。

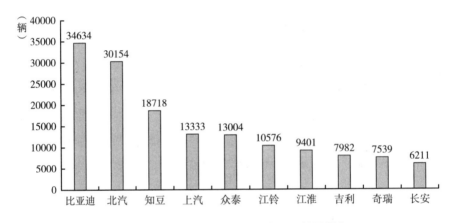

图 5 2017 年 1～6 月新能源汽车企业销量排名

资料来源：中国汽车工业协会。

3. 新能源汽车销售的主要特点

（1）乘用车与商用车并举，以乘用车为主

2017 年 1～6 月，新能源汽车销售呈现乘用车与商用车并举的局面，
乘用车与商用车的销量均逐月递增。两者中以乘用车为主，新能源乘用车
的累计销量是新能源商用车的 5.3 倍。新能源乘用车累计销售 16.4 万辆，
同比增长 26.1%；新能源商用车累计销售 3.1 万辆，同比增长 55.9%，如
图 6 所示。

（2）乘用车以小车为主

2017 年 1～6 月，中国纯电动汽车销量排名前三的车型为知豆 D2、北汽

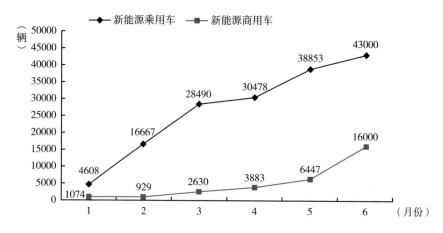

图6　2017年1～6月新能源汽车销量走势

资料来源：中国汽车工业协会。

EC 系列和比亚迪 e5。销量排名靠前的车型以小车为主。其中，知豆 D2 属于微型车，以 18693 辆的销量勇夺第一，如图 7 所示。

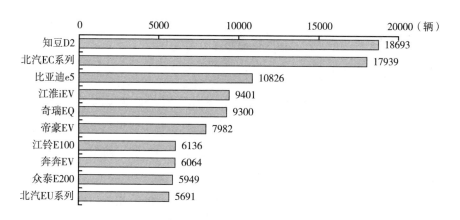

图7　2017年1～6月纯电动汽车畅销车型

资料来源：全国乘用车市场信息联席会。

（3）以推广城市、限购城市为主

2017 年 1～6 月，在新能源汽车主销区域的分布中，北京市场以 32723 辆的销量大幅领先，上海、广州次之。2017 年，中国汽车限购城市有北京、上海、广州、深圳、天津、杭州、贵阳和石家庄八个城市。可见，新能源汽车主销区域主要分布在限购城市，其中又以一线城市领先，如图8所示。

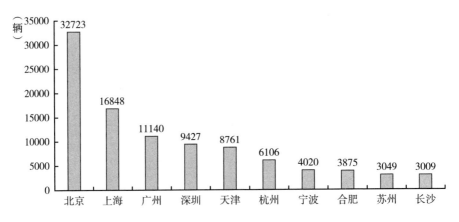

图8 2017年1~6月新能源汽车主销区域分布

资料来源：第一电动网。

（二）我国新能源汽车消费者情况

1. 车主群体特征

根据尼尔森于2017年开展的调研，整体来看，新能源汽车车主和普通燃油车一样，以男性、80后和已婚有孩人群为主。如果以30万元为分界线，将车型分高端和中端，女性则相对更偏爱高端车型，而中端车型中男性的比例更高，如图8和图9所示。

从纯电动汽车车主来看。男性车主明显多于女性。相对而言，女性更喜欢高端车型。车主集中在80后与70后，以80后为主。50岁以上的消费者很少购买纯电动汽车，对新能源汽车的接受程度不如年轻消费者。家庭结构对消费者选购高端、中端车型的影响不大。但大多数车主为已婚有孩消费者，因为有了小孩，家庭对用车有了刚需，在限购城市，由于燃油汽车摇号困难，消费者只能转向购买纯电动汽车，如图10所示。

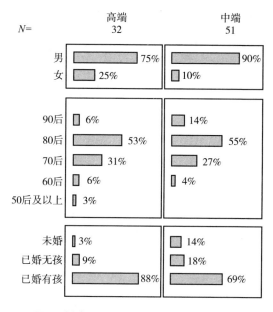

图9　插电式混合动力汽车车主样本特征

资料来源：尼尔森。

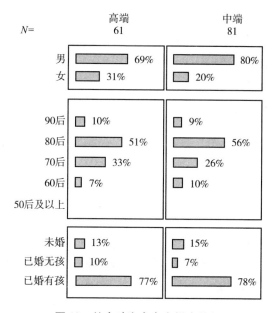

图10　纯电动汽车车主样本特征

资料来源：尼尔森。

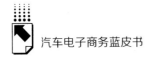

2. 购买动机与理由

出行方便和提高生活质量是消费者购车的主要动机，中端新能源车主对车辆的基本需求较为明显和一致，如"出行方便""大家都有车"；而高端车的购买需求有一定差异，高端插电混动消费者更多出于提高社会地位的需求，而高端电动车主的购买需求，除了提高社会地位，还有想要体验驾驶乐趣的原因。

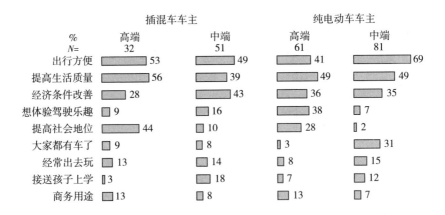

图11 消费者购买新能源汽车的原因

资料来源：中国汽车技术研究中心 CATARC。

3. 产品与品牌偏好

根据尼尔森的调查，消费者对新能源汽车产品的外观与内饰有如下偏好。

（1）外观偏好

对于汽车的外观而言，总体上来讲消费者偏好时尚、大气的车型。高端车型消费者偏好动感的外观，希望车型能更具运动气息。中端车型消费者更偏好优雅、精致的外观。

因为新能源汽车是一种新鲜事物，在某种程度上反映消费者的生活态度与生活理念，所以消费者首先希望新能源汽车的外观是时尚的。

（2）内饰偏好

对于车型内饰而言，消费者偏好科技感、舒适、做工精细的内饰。高端车型消费者认为车是用来享受的，并希望能体现他/她们追求低碳环保的生活，相对更喜欢人性化、环保的内饰设计，而中端车型消费者认为车型首要的功能是要实用，相对偏好功能丰富、材质好的车型内饰。

纯电动汽车比插电式混合动力汽车更环保，消费者希望纯电动汽车在内饰上也体现出环保的特征。由于新能源汽车应用了很多先进技术，消费者希望新能源汽车的内饰具有科技感。

此外，近六成潜在车主希望个性化定制产品，愿为个性化定制等待的时间平均为两个月。

（3）品牌偏好

由于中国政府会运用税务激励、补贴和免费私车牌照等措施鼓励消费者购买本地制造品牌的新能源汽车，所以，本地制造的新能源汽车销量占据最大份额就不足为奇了。毕马威[①]调查发现，受访者对比亚迪汽车、荣威和北汽等中国品牌的偏好和认识特别明显。值得注意的是，受访者主要认识的外国品牌（但只限于潜在消费者）只有特斯拉，而且排名在比亚迪和荣威之后。

除了品牌认识外，产品质量和专业服务也是车主购买汽车的两大原因。对于潜在消费者来说，品牌认知是关键，其次是新能源汽车领域的行业领导地位和科技的成熟度。

4. 购买渠道偏好

高端纯电动车车主更偏好电商和体验店；中端纯电动车车主最喜欢4S店。整体来看，消费者新能源汽车购买渠道偏好呈现多样化特征，4S店不再是唯一选择，如图12、图13所示。

5. 满意度

在不同技术等级车辆的车主中，高端纯电动车车主的满意度最高，主要对外观设计及品牌形象感到满意；高端插电式混动车车主的满意度最低；在

---

① 参见预致汽车资讯有限公司和毕马威中国于2017年联合发布的《中国新能源汽车消费者洞察》。

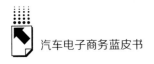

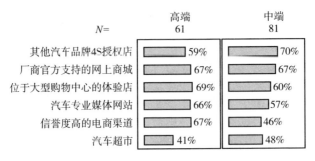

图12　纯电动汽车车主购买渠道偏好

资料来源：尼尔森。

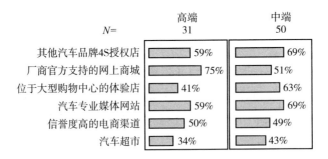

图13　插电式混合动力汽车车主购买渠道偏好

资料来源：尼尔森。

中端新能源车主中，油混车主对动力性能和百公里能耗满意；纯电动车车主则对车辆价格、补贴、续航及充电时长等方面相对更满意。

5%对车辆不满意的车主不满意的地方主要集中在冬天电池衰减、续航里程短及售后维修保养等问题上，如图14所示。

但是，消费者对新能源汽车的疑虑仍然存在。根据毕马威的调研，首次购买新能源汽车的车主和潜在买车人士认为电动汽车的缺点是电池续航力不足（及电池技术），充电速度缓慢，以及充电设施短缺等。大多数新能源汽车车主会在家中或工作地点（如有充电设施）为汽车充电。然而虽有疑虑，仍有45%的现有新能源车主表示将来会再购一辆新能源汽车，反映了消费者对新能源汽车的未来仍有信心。

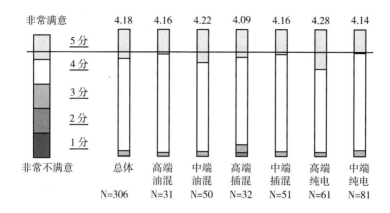

图14　车主满意度

资料来源：尼尔森。

6. 未来期望

据毕马威的调研，中国消费者，特别是较年轻的消费者较容易接受新科技，尤其是为日常生活带来便利的高科技产物，如手机银行、社交媒体、网购等。对消费者来说，便利才是关键。中国新能源汽车车主，尤其是潜在车主对未来的新能源汽车功能有新的期望。

整体来看，中国新能源汽车车主对新能源汽车智能化有所期待，他/她们的最大期望是新能源汽车能够把半自动及/或全自动驾驶功能作为标配。自动驾驶、停车辅助和其他高级驾驶辅助系统（ADAS）功能在两大消费者类别中的排名均位于前列。在新能源汽车车主中，49%的受访者期望新能源汽车能够具备3级自动驾驶功能（解放双眼），32%的受访者期望具备2级自动驾驶功能（解放双手），而高达68%的潜在消费者期望未来的新能源汽车可同时具备2级和3级自动驾驶功能。两大消费类别的受访者均同意3级自动驾驶功能将大幅改善驾驶质量，因此可提升生活水平。

现有的新能源汽车车主和潜在消费者对电动汽车共享经济的态度较为积极。据毕马威的数据，当问到选择自动驾驶的电动汽车，还是共享汽车服务时，65%的受访者表示虽然他们仍希望拥有自己的汽车，但他们会使用共享汽车服务。

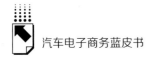

中国的新能源汽车车主和潜在车主对电池的续航能力也有类似的期望。据毕马威的数据，超过70%的受访者期望电动汽车续航力为350公里，他们认为这个距离足够满足其驾驶需要。在可接受的最长充电时间方面，超过53%的新能源汽车车主目前接受4小时的充电时间（潜在车主为73%），而84%的新能源汽车车主期望最快充电时间在1小时以内（潜在车主为61%）。

二 影响新能源汽车销售模式变革的主要原因

（一）新能源汽车在很多方面有别于传统汽车

新能源汽车不仅在产品结构、技术上与传统汽车明显不同；对于新能源汽车经销商企业而言，消费者对新能源汽车的需求、使用方式也有很大不同。传统汽车销售企业的主要利润来自维修保养等服务项目；新能源汽车的维修保养等相对简单，使经销商在后续服务上可获得的利润较少——以上决定新能源汽车需要采取新的销售模式。新能源汽车为初创企业进入汽车流通行业带来了极佳的发展机遇。

（二）厂商－经销商矛盾激化导致传统经销商经营困难

近年来，我国汽车行业发展增速逐步放缓，厂家与经销商之间的矛盾开始凸显。其中厂家利用强势地位，迫使经销商处于服从地位的现象尤为突出。行业内经销商与厂家冲突的事件越来越多，在2016年，现代中国、长安福特和一汽奥迪等经销商都出现退网、要求厂家赔偿等现象。

2016年，虽然汽车销售量取得了较快增长，但经销商对厂家满意度平均得分仅为70.8分，整体满意度仍然不高，没有像经销商期待的那样实现较大提升，如图15所示。

根据中华全国工商业联合会汽车经销商商会的调研，从经销商赢利情况看，经销商生存情况令人担忧，2016年前三季度，有47%的经销商处于亏

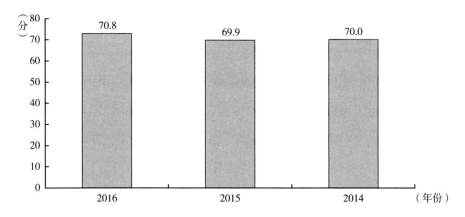

图15 经销商满意度变化情况

资料来源：中华全国工商业联合会汽车经销商商会。

损状态。赢利能够达到 5% 以上的仅有不到 1/10，说明经销商行业已经成为低利润、高经营风险的行业。

从 2013～2015 年三年的经营时间看，连续三年亏损的比例达到 1/3，而连续三年赢利的经销商仅为 26%，说明经销商的赢利状态较差已常态化。

行业的投资回报时间在 5 年以下的仅为 1/3，而且是以老店为主，经销商行业对未来投资吸引力已经降到较低的水平。

（三）新销售管理办法引导行业发生新变化

2017 年 4 月 14 日，商务部正式发布了《汽车销售管理办法》（简称"新《办法》"），自 7 月 1 日起实施。新《办法》将"品牌授权模式"变为"允许授权与非授权两种方式同时存在"。新《办法》规定供应商不得要求经销商同时具备销售、售后服务功能，不得规定汽车销售数量及整车、配件库存品种或数量，不得限制经营其他供应商商品等。新《办法》还鼓励加快发展城乡一体的汽车销售及售后服务网络，加强新能源汽车销售和售后服务网络建设，引导发展汽车超市、汽车大卖场及汽车电商等共享、节约型的销售模式。

新《办法》将打破以品牌授权为核心的 4S 店销售模式，汽车超市、汽

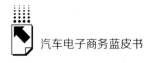
车大卖场以及汽车电商等将成为新的汽车销售形式，从而开启汽车流通和后市场多元化竞争的新时代。

（四）互联网影响传统汽车经销模式，新零售代表未来发展方向

互联网对汽车销售模式的影响正在不断加深，汽车电商经历了导流的发展阶段，正在进入线上线下结合的新发展时期。很多企业在不断探索。

从未来看，汽车销售也会是"新零售"的重要组成部分。汽车"新零售"将从单向被动销售转向双向获客，从纯线下发展为线上线下全渠道融合，汽车电商、汽车物流、汽车金融和汽车服务等深度融合。

三　新能源汽车销售模式变革的主要特征

（一）新能源车企以用户为中心，主动寻求销售模式变革

新能源汽车，特别是纯电动汽车采用全新的电力驱动系统取代传统燃油驱动系统。根据以往的经验，产品技术重大变革，往往意味着产品、产业价值体系的重塑，其中也包括销售体系和销售模式变革。这种变化主要是以用户为中心，贴近用户，追求用户体验和用户价值最大化。

1. 更贴近消费者的直销模式

特斯拉公司是新创企业的代表，特斯拉的销售模式为直销模式。

特斯拉直销模式的主要操作流程为：车型了解、意向购买→门店体验、预约试驾→官网预订、支付定金→工厂接单、定制生产→支付尾款、车辆交付。由该流程可见，特斯拉的电动汽车销售不是通过以4S店为主的特许经销商，而是直接销售给消费者。同时，只有消费者发出了订单，特斯拉才会制造汽车，运营效率更高。在线下，特斯拉拥有体验店与服务中心。然而，体验店并不卖车，消费者在体验满意、有意购买之后，需要自己在网上下单。

特斯拉之所以坚持直销模式，主要有以下三方面原因。

（1）离消费者更近，消费者体验更好

传统的独立经销商门店通常建在离市区较远的大片空地上。相比之下，特斯拉的线下体验店一般建在人流密集区域，比如，大型商场或市中心，对于消费者来说更为便利。另外，特斯拉的门店面积更小，更亲近顾客。电动汽车是一项新技术，特斯拉的潜在用户需要了解特斯拉与电动汽车，因此，特斯拉的门店要成为潜在用户的教育中心，必须拥有便利的地理位置。

很多消费者到传统经销商那里购车是为了拿到最低的价格，而特斯拉的潜在车主来到特斯拉的门店则是为了了解这项技术，进行体验。特斯拉的销售代表往往要花几个小时向消费者讲解如何给汽车充电，政府为电动车提供了哪些优惠政策，以及充电和加油相比能节省多少费用等，是以向消费者推广电动汽车的理念以及特斯拉的品牌为目的，而不是像传统的4S店以销售为目的。销售代表与消费者的交流更加人性化而不是商业化。

消费者还能对性能、座椅、配置（感应式驾驶员车门、全自动驾驶能力和零下气候套件等）、车漆、轮毂和内饰等进行个性化定制。通过直营门店，可以减少与消费者之间的隔阂，获得最直接有效的信息反馈，以提高产品的适应性和快速应变能力，进而提升产品的市场竞争力。

（2）降低成本，实现零库存

对消费者而言，相比于传统的4S店，特斯拉的直销模式取消了经销商，减少了中间环节，简化了购买流程，从而降低了消费者的购买成本。对于特斯拉公司而言，采用直销模式，按订单生产，可以有效降低产品库存和资金占用，收到的定金又可以进行生产组织。

高库存提高了经销商的运营成本，缩小了经销商的赢利空间，厂商"压库"的行为是经销商对厂商不满意的主要原因之一。为了降低库存量，一批车辆运到经销商门店后，经销商就要想方设法尽快将它们卖出去。而特斯拉车型的生产和销售则采取了完全不同的方式。特斯拉的线下体验店没有库存，用户在网上下单后，特斯拉按照订单生产，很多时候车主甚至要等待半年才能提到心仪的车。

（3）解决4S店模式难以赢利的痛点

当前的4S店销售模式，很多品牌经销商汽车销售处于亏损状态，经销商的利润更多来自销售服务、汽车改装和配件等汽车后市场。相比传统的燃油汽车，电动汽车不需要更换机油与调试引擎等定期服务，使经销商在后续服务上的利润较少。特斯拉的利润来自销售电动汽车，其利润不依靠电动汽车后市场，这决定了特斯拉必须依靠电动汽车销售来赚钱，承担不了4S店巨额的建店、运营和人力成本。基于此，特斯拉选择由服务中心来提供售后服务。

然而，直销模式也存在以下三方面局限性。

一是建店成本较高。特斯拉的直销模式，需要自建体验店，因为体验店重在线下展示、体验和聚集顾客，地点通常选择在城市中心或人群密集地，购地或租店成本很高，再加上豪华的装修，需要花费高昂的建店成本和运营维护成本。

二是周期较长。特斯拉对线下体验店的选址是极为慎重的，建设标准又很严苛，从店面选址、内部装修、消费者体验设计到店内员工招聘培训等各个方面都由特斯拉公司全权负责，很多需要特斯拉美国总部确认，再加上各地建店审批程序办理的复杂性，导致体验店的建设速度非常慢。

三是市场覆盖面较低。特斯拉在中国销售的主力车型是ModelS，售价在70万元以上，2016年的销量是一款定位于高端的小众车型，或许当前依靠"线上销售＋线下体验和服务"的直销模式是合适的。未来，当售价3.5万美元的Model 3进入中国市场以后，可能会像当年的苹果iPhone 4一样成为大众的选择。这时，"直销＋特许经销"可能才是特斯拉的最佳选择。

2. 车桩一体化与生态化服务模式

特斯拉为用户提供家用充电桩、目的地充电桩和超级充电站。超级充电站提供免费服务。目前，特斯拉在全球拥有超过800座超级充电站、超过5000根超级充电桩。在中国的超级充电站已经超过100座。特斯拉公共充电（包括超级充电和目的地充电）合作伙伴计划全面启动，在公共充电网络的铺设中广泛吸收社会力量的参与。

北汽新能源虽然为国企控股，但也在运用互联网思维，推动销售服务体系的快速迭代优化。北汽新能源认为，电动汽车不仅需要好的产品，更需要好的基础设施、好的售后服务和好的商业模式。为了解决好充电问题，北汽新能源与特来电、星星充电等充电运营企业建立了充电厂桩联盟，提出了结合家庭充电、保障性充电、目的地充电、移动充电、公共充电和商用换电"六位一体"的充电方式，解决用户的里程焦虑问题。线上开展网络营销，线下建立专营体验店，将线上线下有机结合。北汽新能源先后建立新能源汽车专营体验店和分时租赁公司，拓展卖车和租赁延伸体系。这些创新活动，把产品、渠道和品牌服务融为一体。北汽新能源提出，未来的汽车市场，掌握在消费者手中；未来将不是主机厂主导的状态，汽车要满足用户的需求，实现产品的个性、极致、友好和互联愿景，需要实现消费互联网和工业互联网双网融合，形成内外资源互动，建立一个充满想象力、活力、创造力的众创平台。

3. 中心店 + 卫星店"两级火箭"销售模式

众泰芝麻采用"两级火箭"销售模式，即在全国主要城市建立中心店，在中小型城市建立卫星店。中心店相当于一个区域总店，承载着一系列功能——地方补贴申领、物流中心、管理中心、培训中心、客服中心、金融中心、政府教育和科普基地等。卫星店负责"体验 + 交车"，从店面、库存和人力三方面实现轻资产运作。卫星店的主要任务是卖车；中心店的功能是物流中心和管理中心，是卫星店的管理者和服务者。同时，众泰芝麻使用微销 + 会销"创客计划"营销手段，在大幅降低人力支出的同时，也解决了用户信任、沟通效率、销售专业性和销售效率等问题。

（二）传统经销商以新能源汽车为新业务增长点，积极变革

近年来，汽车销量增长趋稳，以 4S 模式为代表的汽车经销商经营压力凸显。汽车经销商寻求转型升级，以更好地适应新的竞争态势。在销售、售后传统业务之外，二手车、汽车金融和新能源汽车成为转型的主要机会。

传统 4S 店在很长时间内依然是新能源汽车的主流销售渠道。主要原因在于：一是消费者已经接受和习惯于授权 4S 店背后的品牌认知，新的销售渠道很难在短期内扭转这一局面；二是新能源汽车主要还是由传统汽车企业生产提供，它们与经销商之间有长期的合作关系；三是新的销售管理办法刚刚开始执行，新的渠道和模式还需要一段时间的摸索和实践。

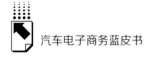

在政策优惠、限购城市传统汽车摇号难和消费者购买习惯等因素的影响下，很多汽车经销商较早地意识到新能源汽车领域的机会。

庞大集团已经将新能源汽车列为发展的主要战略，希望成为新能源汽车产业链的综合服务商，积极拥抱新能源汽车时代。庞大是国内最早进入新能源汽车领域的经销商，2014 年，庞大开始代理北汽、腾势和江淮等新能源汽车品牌，2015 年与海马、康迪等新能源汽车品牌合作，2015 年新能源汽车销量超过 1.1 万辆，2016 年销售与租赁新能源汽车累计约 2.8 万辆。

万帮新能源销售的主要新能源汽车品牌为北汽新能源。2015 年，北汽新能源的一级经销商只有七家，当时的销售情况非常好。例如，北京万帮五道口店在 2015 年 10 月开业时，短短 20 天卖出 365 辆北汽新能源汽车，并创造 1 天销售 156 辆新能源汽车的销售纪录。到 2016 年 6 月，该店又迎来了一个销售高峰，月销量达到 341 辆。

然而，新能源汽车销售并不像企业预期的那样一帆风顺，以北京为例，在很短时间内，市场从蓝海迅速进入红海，原因在于以下四点。第一，新能源汽车品牌之间的竞争日益激烈。以前，市面上的新能源汽车品牌有限，且每个品牌旗下只有少数几款车型，消费者选择有限；现在，市面上供选择的新能源汽车品牌与车型越来越多，竞争日益激烈。第二，厂商布点越来越多。以北汽新能源为例，2015 年，北汽新能源只有七家一级经销商；而 2017 年已经增加到 19 家。第三，消费者日趋理性。以往，消费者在拿到购车指标后，做决定十分迅速，4S 店的一次进店成交率曾超过 50%；现在，消费者在选购新能源汽车时越来越理性，往往货比三家，要多次进店才会购买。第四，新能源汽车售后服务利润少。国家明确规定，新能源汽车的核心三电（电池、电机、电控）的质保期限不低于 8 年或 12 万公里。新能源汽车除了钣金活之外，可以修的地方太少了，换换轮胎、刹车油，做做简单的保养，几乎就没有什么可以做的事了，售后服务利润点太少。以上因素导致新能源汽车销售只用了一年多的时间就走过了传统燃油汽车销售十年的历程。

在这种局面下，新能源经销商主动转型。

庞大集团在国内建立了"新能源电动汽车一条街"，方便用户进行选择和比较，这也是传统汽车经销商商业模式的一次创新。庞大还进入新能源汽车分时租赁领域，为政府机关、企事业单位、高校和市民几大群体提供分时租赁服务。

对新能源汽车来说，车桩是不分家的。万帮新能源在初期销售电动汽车时，发现消费者在充电方面的痛点，也找到了商业机会，成立国内规模较大的充电运营商——星星充电。为解决场地难与电力条件约束两大难题，星星充电使用"众筹模式"，得到了国务院副总理马凯的肯定。

万帮提出了"垂直业务链"模式。以用户服务为横轴，包括新能源汽车销售、二手车和分时租赁等；以产业服务为纵轴，包括装备制造、星星充电运营、互联网平台和电池回收等；横轴和纵轴的交叉点是用户，以用户为中心。

为了保持"4S店是综合体验最好的汽车销售渠道"这一优势，万帮北汽新能源汽车4S店融合厂商（北汽新能源）的服务体系与自身累积的销售服务经验（以梅赛德斯-奔驰为标杆），不断提升员工能力与顾客满意度。

（三）众多企业跨界进入销售行业，出现"汽车超市"、"汽车大卖场"和"车桩联动"等新销售模式

新《汽车销售管理办法》打破了过往以品牌授权为核心的4S店模式，为多种模式并行的新汽车销售局面提供了保证。未来的汽车销售将不再只是单一的4S店模式，"汽车超市"、"汽车大卖场"和汽车电商等新的汽车销售模式将不断涌现。

2015年6月，联合电动旗下的电动汽车超市在北京五棵松的卓展购物中心正式开业，这是中国首家电动汽车超市。汽车超市集合了北京在售的全线电动汽车品牌（不包括特斯拉），免去了消费者往返于各个品牌店的奔波之苦。同时，专业的销售顾问为消费者提供电动汽车试驾、信息咨询、车辆选购、充电桩安装咨询、保险和上牌等一站式服务。

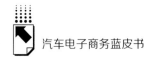

与传统的4S店不同，电动汽车超市既方便了消费者在短时间内对各个电动汽车品牌进行全面的了解与比较，又把电动汽车这种耐用消费品带到了商场与购物中心这样的生活空间，以一种全新的生活理念来推广电动汽车。目前"汽车超市"的销售模式已经在上海、义乌和衡水等国内很多地方出现。

联合电动提出"电动汽车就是大家电"的理念，与苏宁云商、大中电器合作，建立"汽车大卖场"。在售后服务方面，联合电动建立社区服务站，为社区周边的电动汽车车主提供电动汽车租赁、充电、检测、维修、美容、续保和租赁等多元化服务。联合电动自主开发"聚能充"手机APP，方便用户搜寻充电桩，众筹换桩和电桩共享。联合电动以轻资产的模式实现了销售、售后服务和充电三大核心业务的联动。

除了联合电动之外，很多产业链相关企业，甚至行业外企业也纷纷跨界进入新能源汽车销售行业。

富电集团在进入充电设施领域一段时间后，采取"车桩联动"模式，在2016年进军新能源汽车销售行业。到2017年6月底，累计销售帝豪EV系列电动汽车近万辆。买车客户可以成为富电"小易出行"会员，享受各项服务优惠。可以通过实时查询小易充电站的位置、剩余数量、当日电价等相关信息。

电动生活从充电桩查找手机APP做起，开发出被誉为最精准的"找桩神器"电动生活手机APP，以此为切入点聚集用户，现已延伸了资讯与导购业务，未来计划进入销售业务。

（四）新能源汽车电商模式在实践中探索

电动汽车的潜在消费者以年轻人为主，这一群体对互联网接受度会更高；此外，很多电动汽车品牌的线下渠道相对较少，给线上电商平台更多机会；最后，电动汽车售后需求相对较少——以上三大因素使很多人认为电动汽车比燃油汽车更适合电商。

目前，新车电商走过了解决信息流1.0时代，如汽车之家、易车、天猫等电商处于导流阶段，正在进入解决交易流的 2.0 时代。2016～2017 年，新车电商逐渐实现线上与线下的融合：一是从"电商"走向"店商"，如一猫汽车网，已形成"资讯＋导购＋商城＋线下店"的一站式 O2O 模式；二是以融资租赁等方式带动汽车销售，切入交易流，如神州买买车、弹个车等。

虽然这些平台仍以传统车交易为主，但也有一些平台以电动汽车为主，如电动邦、第一电动网团购等电商平台。

（五）政策是新能源汽车销售模式变革的重要影响因素

当前，新能源汽车成本要明显高于传统汽车，因此，企业要销售新能源汽车离不开政府政策支持。政策对新能源汽车销售模式有着非常大的影响，而且具有很多的不确定性，主要是政策变化较大，从 2016 年开始，新能源汽车经历了"骗补"风波、补贴下调、地方政策重新出台以及碳积分等相关政策事件和政策变化。2017 年的政策对运营车辆有 3 万公里运营里程的要求等。

以北京地区为例，消费者购买续航里程超过 250 公里的纯电动汽车，国家补贴减少了 1.1 万元；同时地方补贴上限不能超过中央补贴的 50%，即 2017 年北京市补贴为 2.2 万元，比 2016 年减少了 3.3 万元（2016 年地方补贴上限不能超过中央补贴的 100%）。这样，补贴总共减少了 4.4 万元——减少的部分需要厂商、消费者和经销商共同承担。

这些政策影响到企业的销售策略，甚至决定了企业能不能卖车。2017 年 1～2 月，就曾经出现新能源汽车销售滑坡等不正常的现象。

2017 年 3 月 27 日，四部委发布 2016 年度新能源汽车补贴清算工作通知，要求"非个人用户购买的新能源汽车申请补贴，累计行驶里程需要达到 3 万公里（作业类专用车除外）"。该政策鼓励新能源汽车使用，避免车辆闲置。

与此同时，各地不同的政策，也给整车企业以及经销商带来很多的工作负担。很多企业声称，需要花很多精力分析、研究和要回新能源汽车补贴。

从微观运营层面，新能源汽车销售对销售顾问的要求更高。销售顾问不仅需要懂新能源汽车，还需要懂充电桩，懂政策，此外还需要对顾客的购车动机与需求有更精准的把握，4S 店需要付出更多的人力成本。

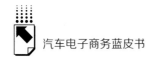

政策对企业的产品销售和生产计划制订会产生较大的影响；而对一些较有远见的企业和经销商来说，也意味着发展的机会。

（六）低速电动车经销群体多样化，销售模式不断创新

2016年，在没有任何补贴的情况下，中国低速电动车销量却迅猛增长，超过百万辆。

低速电动车之所以受到消费者热烈欢迎，原因主要在于以下三方面：第一，价格便宜，售价主要为2万~5万元，明显低于纯电动汽车；第二，不需要任何驾驶证件就能驾驶；第三，不需要充电桩，用插线板就能充电，解决了纯电动汽车充电难的痛点。

与此同时，越来越多的经销商愿意销售低速电动车，很多以前只销售两轮电动车的经销商转向销售低速电动车，原因主要在于以下四方面。

第一，低速电动车利润高，这是最关键的原因。一辆电动自行车，利润普遍在两三百元，即使是一线大品牌的新品，利润最多也就七八百元；而低速电动车的利润高得多，一些品牌能达5000元以上。

第二，在国家大力发展绿色新能源产业的背景下，低速电动车势必得到政策支持，发展前景看好，不会被轻易封杀。

第三，电动自行车市场已经饱和。越来越多的消费者是二次购买或多次购买，在这些消费者中，有相当一部分愿意花更多的钱去购买一辆比电动自行车更便捷、用途更广的交通工具。

第四，电动自行车行业的门槛低，产品同质化严重，价格战不断。而低速电动车门槛相对较高，很多厂商具备强大的资金与研发实力，在产品品质、售后服务等方面有足够的保障。

在受到消费者与经销商双重青睐的情况下，低速电动车越来越受到行业关注，其销售体现出以下四个特点。

第一，销量快速增长。2016年，全国低速电动车产销量约100万辆。2012~2016年，山东低速电动车保有量连续五年保持高速增长，年平均同比增幅超过60%。

第二，销售区域分布极不均衡。销售集中在山东与河南两大核心区域。2016年，山东低速电动车产销量分别达62.3万辆、61.8万辆，均占全国总量的50%以上；而各边缘市场占比在8%以下，且仅零星分布于各省区的中心城市附近。

第三，经销商构成多样化。以电动自行车和摩托车经销商转型居多。

第四，销售模式多样化。代理、代售、专卖店、超市等多种销售模式共存。生产与销售分离，基本上都是由厂商负责产品的制造；经销商负责市场、销售以及售后。市场区域零散，真正的消费群体并不集中，销量分散于各个小零售点。

与传统汽车以4S店为主流销售模式不同，低速电动车的销售模式更加多样。同时，以下因素也决定了低速电动车的销售模式需要创新与变革。

第一，市场总量有限，区域分散，造成终端客户密度非常低。

第二，结构简单，售后利润非常低。

第三，单纯依靠线上销售难度大。原因如下：用户群体年龄偏大，对互联网不熟悉，对网络购物接受程度低；用户数量小，密度低，电商集客成本高；产品非标准化，用户认知偏差大。

由于以上影响因素，传统的4S店模式和单纯的线上模式可能均不适用于低速电动车的销售。

预计未来在同一区域的市场，可能出现多品牌联盟体，将共享的仓库和维修中心设立在城市租金较低的地方，同时在中心市场与社区的周围只保留体验店和展厅。少数实力强大的品牌可自建中心店，在中心店周围建立卫星店；多数品牌可能结成"销售共同体"，建立"低速电动车超市"。

四　新能源汽车销售发展趋势

（一）政策影响仍会持续，但整体渠道发展会日趋稳定

在一定时期内，新能源汽车不同水平的补贴会影响到企业销售区域的选

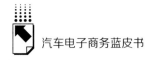
择，部分企业会针对政策较为有利的区域和客户展开重点销售。一些政策支持力度较大的城市地区，市场开拓会更受重视。一些企业会选择运营企业，如专车企业等作为合作伙伴，专车企业的车辆每日行驶里程较高，可以在半年时间内完成领取补贴需要行驶里程达到 3 万公里的要求。

2018 年，"油耗 + 新能源积分"的汽车"双积分制度"可能正式实施。截至 2017 年 6 月底，两版征求意见稿均指出，2018 ~ 2020 年，乘用车企业的销售车辆中新能源汽车积分比例要求分别为 8%、10%、12%。这意味着，2018 年新能源汽车产销量将达到百万辆级别。这一制度对比补贴制度更加趋于市场化，更容易被把握和熟悉。因此，双积分制度整体有利于销售模式的改革和创新。

未来随着产品品牌的丰富，新能源汽车逐渐被接受与了解，新能源汽车销售整体将保持较高的增长速度，对参与这一产业的企业，包括汽车经销行业都存在较好的发展机遇。

（二）新能源汽车会出现三种不同的渠道模式

不同新能源汽车企业会面临不同的渠道选择，未来三种不同的渠道模式为：一是传统汽车企业利用原有渠道销售新能源汽车；二是为新能源汽车新建专门的渠道；三是渠道自营，如特斯拉公司。

各类企业将结合自身战略，做出不同的渠道选择，每种方式都有利弊。

第一种方式很可能是传统汽车企业采取的主要方式。这种方式可以利用已有渠道优势，降低渠道成本，让产品更快地到达消费者手中。但燃油车与新能源汽车一起销售，消费者容易将新能源汽车与传统汽车进行对比，这并不利于车辆的销售。此外，传统企业也进行相应的人员、设备和充电设施投资，对企业经营以及售后服务提高了要求，并不一定得到经销商的认可与配合。

第二种方式能够提高新能源汽车销售的专业性，但面临前期车型单一、缺乏规模的缺点，短期内较难赢利。一些企业未来会寻找合作方式来共建渠道，前期会给予经销商一些建店的支持鼓励政策。

第三种方式能够拉近与用户的关系，但自营渠道范围有限，市场拓展较慢，而且会增加企业的成本。一些互联网创业企业正在考虑这种模式，但也有一定的顾虑。

（三）在一定时期内仍以4S店为主要销售渠道，其他销售业态的比例将逐渐上升

由于消费者的购买习惯、4S店的综合体验最佳，以及4S店与厂商的长期合作关系等因素，4S店模式仍然是未来一段时间内新能源汽车销售的主要模式。但从长期看，4S店仍然面临很多问题：一是4S店需要承担巨额的建店与运营成本；二是随着厂商布点的日益增加、消费者的日趋理性等，4S店单店销量急速下滑；三是新能源汽车售后利润点较少。

新《汽车销售管理办法》的实施，将打破以往以品牌授权为核心的4S店模式。传统汽车经销商都在探索模式变革，比如，探索新的业务，压缩4S店规模，加强与二级经销商及电商平台的合作，以及基于移动互联网进一步提升服务体验等。

从未来看，汽车超市、展厅、汽车大卖场和电商等其他销售业态比例将逐渐上升，汽车销售将形成多种业态并存的局面。各种销售渠道在不同地区会有不同的分布。在一、二线城市，可能出现多业态混合的销售局面；在三、四、五、六线城市，4S店将较少，经销商将以轻资产模式运营。

最后，随着厂商直营、汽车超市、汽车大卖场和电商平台等多样化销售方式的不断发展，未来汽车流通市场的利润可能更薄，竞争环境可能愈发激烈。

（四）应用互联网思维实现新零售，打造新能源汽车生态圈

在移动互联网时代，无论是厂家还是经销企业，都希望与消费者保持密切的合作，建立深层次的联系。很多企业使用手机与车载APP，可以将新能源汽车销售、售后服务、充电桩运营、充电桩共享和租赁等各项业务打通，

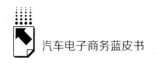
打造生态圈,实现企业与消费者的"双赢"。

未来前端的展厅与后台的数据系统将直接连接。消费者在线下实体店选车,系统可以为其定制个性化车型,并匹配最适合的金融方案。购置车辆将并入全国维保系统,通过 APP 为车主提供违章查询、油卡优惠、道路救援及用车服务,同时结合线下提供维修保养、代办、汽车抵押、置换等金融服务。

在新能源汽车销售方面,经销商鼓励消费者在线上与线下传播口碑,帮助发展新的客户,消费者可以获取一定提成与奖励。像家电一样,未来新能源汽车的销售可能越来越多地发生在线上,出现类似京东这样的销售平台。

在售后服务方面,经销商应用手机与车载 APP,可以通过移动互联网实时远程监控已售汽车,及时提醒消费者进行保养,并为消费者提供 24 小时救援与上门维修等服务。

在充电桩服务方面,消费者可以通过手机 APP 精准地查找充电桩,便捷地扫码充电,便捷地通过支付宝或微信等支付;经销商可以共享车主用车与充电大数据,对车主进行精准营销;私人电桩可以升级为个人共享电桩,经销商与消费者对服务费进行分成。

很多"新能源汽车 + 互联网"企业正在积极布局,当新能源汽车消费者与生态参与者积累到一定程度时,它们将建立起较强的生态优势。

五 新能源汽车销售模式典型案例

(一)众泰芝麻

众泰芝麻提出了"两级火箭 + 创客计划"的销售模式,具有一定的创新性。

1. 发展概况

众泰汽车位于浙江永康,是一家民营企业,旗下拥有众泰汽车、江南汽车两大自主品牌，是国内在新能源汽车布局较早的企业。2016 年，众泰新能源销量突破 3.73 万辆。2017 年上半年，销售 1.3 万辆，同比增长 65%，目前已累计销售超过 8.3 万辆。

2017 年 4 月，众泰芝麻正式上市，众泰芝麻是芝麻 E30 的改款车型。跨区域全国销售，全国各地无论有无地方补贴，统一定价为 5.88 万元。2017 年上半年累计销售 2100 辆。

2. "两级火箭"销售模式

众泰芝麻创新性地采用"两级火箭 + 创客计划"销售模式。"两级火箭"是指在全国主要城市建立中心店，在中小型城市建立卫星店。众泰芝麻计划在全国建立 1000 家店面、中心店 30 家、卫星店 970 家，专注于销售众泰芝麻品牌的电动汽车。希望实现在四、五、六线城市的渠道下沉，如图 16 所示。

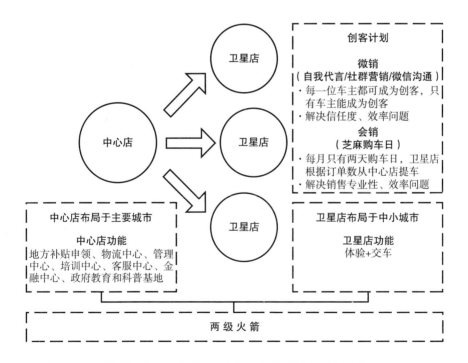

图 16　众泰芝麻"两级火箭 + 创客计划"销售模式

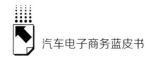

（1）中心店

中心店相当于一个区域总店，中心店承载着一系列功能：地方补贴申领、物流中心、管理中心、培训中心、客服中心、金融中心、政府教育和科普基地等。

（2）卫星店

卫星店负责"体验+交车"，也提供汽车改装、汽车上牌、汽车精品和售后等业务。众泰希望减轻卫星店负担，实现轻资产运作。具体体现在以下三方面，一是店面轻资产。卫星店只需要小的店面。二是库存轻资产。众泰芝麻采取订单式生产模式，卫星店根据订单数量从中心店提取车辆。三是人力轻资产。卫星店只需要一个销售人员、一个信息员和一个专业服务员基本就可以运转。

（3）中心店与卫星店之间的关系

众泰芝麻的卫星店不是中心店的分级经销商，而是众泰芝麻的一级经销商。卫星店的主要任务是卖车；中心店的功能并非卖车，而主要是物流中心和管理中心，是卫星店的管理者和服务者。基于中心店和卫星店这"两级火箭"的交互配合，再加上众泰芝麻订单式生产模式，中心店和卫星店都能够实现轻资产化。

3. "创客计划"营销手段

传统汽车销售模式一直遵循"挖掘潜在客户、培养意向客户、谈判、成交、签约客户"五大模块化流程，且大多依靠线下一对一沟通，获取客户和销售成本都很高，无法实现快速复制。

众泰芝麻提出"微销+会销"新模式，借助真实用户线上口碑吸引潜在用户，同时线下引入会销"一对多"模式，在大幅降低人力支出的同时，也解决了用户信任、沟通效率、销售专业性和销售效率等问题。

（1）微销

"微销"是指每一个车主都可成为创客（代言人），且只有车主才能成为创客——旨在解决销售人员和购车人间的信任度和沟通效率问题，能让产品口碑迅速扩散。创客包括三个方面：自我代言、社群营销和微信沟通。

众泰芝麻"创客计划"看似简单，但要将真实口碑放大，却需要精细化运营，众泰芝麻针对意向用户（芝麻粉）、定金用户（芝麻酱）和成交用户（芝麻创客），分别量身定制了不同的销售方案，为用户带来了一系列福利。

例如，用户申请成为芝麻创客，可获得一定的代言费，用于购车抵用；若一年内发展 20 名新车主，可免费获得一辆车。

（2）会销

"会销"（芝麻购车日）是指每月只有两天购车日，其他日子不销售；每个销售店按照用户订单供应车源——旨在解决销售专业性与销售效率问题，门店更多承担体验+服务中心功能。

4. 总结

众泰芝麻将产品定位为"家庭第二辆短途代步车"，利用低速电动车和一般电动汽车的市场空间，依靠实用性、操作便捷性、低廉的用车成本和时尚的外观，满足有短途代步出行需求的消费者；整体布局偏向三、四、五、六线城市。

众泰芝麻突破传统汽车销售模式的局限性，创新性地提出"两级火箭+创客计划"销售模式，实现了店面、库存和人力的轻资产化运用，极大地降低了运营成本，为利润普遍不高的汽车经销商探索出一条新的经营之路。

（二）万帮新能源

1. 发展概况

万帮新能源投资集团有限公司的母公司为万帮金之星车业集团，目前万帮集团汽车年销量超过十万辆，是华东地区最大的汽车经销商集团之一，旗下共有 65 家汽车经销店，其中以梅赛德斯－奔驰为主的豪华汽车品牌店 23 家。销售能力与赢利能力在行业内处于领先地位。

万帮新能源在全国共有 12 家新能源汽车 4S 店。在北京地区，万帮新能源专注于销售北汽新能源品牌，2016 年是销量最大的北汽新能源汽车 4S 店。

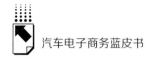

2. 发展模式

利用与北汽等车企合作的机会，万帮早在 2014 年就成立了万帮新能源投资集团，建立起新能源产业链，主要是在新能源汽车销售外，提供充电设施生产、运营和充电桩配套服务。

当前充电设施建设面临的主要难题包括两个方面：一是场地难，二是电力条件的约束。此外，对运营商而言，赢利还有很大的不确定性。之前，很多运营商探索的做法是政府以划拨、出让、租赁或合作等方式提供场地，承建方去投资建设，这样做的弊端是场地供应极为有限，场地位置有时并不是电动汽车车主经过的地方，充电设施建设与车辆充电需求容易脱节。

为了解决上述问题，星星充电开始了众筹模式。星星充电众筹分为三个层次。

第一，推出了一个类似于合伙的商业方案。星星充电主要选择了公共场所，将电力容量的场地提供方作为合作伙伴，包括酒店、景区、商场、超市、健身中心、公园绿地、学校、医院等。充电场所主要是供应场地，进行场地的管理。充电桩的建设、运营和维护由星星充电来负责。场地方和星星充电进行充电服务费的收益分成。目前主要是三七分成，星星充电获得充电服务费 70% 的收益，场地方获得 30% 的收益，如图 17 所示。

第二，平台众筹。将互联网引入充电桩的管理，将分散的充电桩连接成网络信息平台，以便用户通过移动设备快速寻找到最近的充电桩，及时了解其使用情况。

第三，投资众筹。许多参与场地众筹的业主方或者社会投资人提出成为充电设施的运营商。实现平台更高层次的滚动发展。

"众筹模式"得到了国务院马凯副总理的肯定。

3. 极具特色的服务体系

万帮希望将 4S 店建设成为综合体验最好的汽车销售渠道，万帮非常重视服务体系建设、员工能力提升和顾客满意度提升。

在服务体系建设方面。一是贯彻执行整车企业的服务体系。以北京万帮

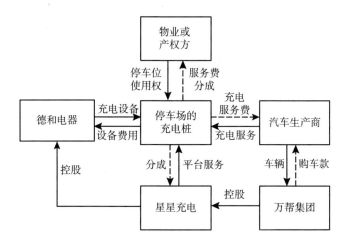

图17　星星充电的商业模式

五道口店为例，万帮很好地借鉴了北汽新能源环保、智能、人性化和全方位的服务体系，将4S店建设成为一站式全程无忧的"贴身管家"，为客户购车、保养、售后提供全程无忧的服务。二是融合了自身积累的销售服务经验，特别是与梅赛德斯－奔驰合作友好，得以借鉴其行业标杆式的服务体系。

这种优势使北京万帮五道口店2016年共售出2525辆北汽新能源汽车，在所有北汽新能源的经销商中排名第一，在所有新能源汽车品牌的经销商中也名列前茅。

4. 总结

新能源汽车能为传统4S店销售服务模式提供一定的发展机遇，也让万帮抓住了充电设施服务的发展机会。但4S店销售模式面临的压力依然很大：一方面，建店与运营成本日益高涨；另一方面，销量与利润又在急速下滑。在困境下，4S店积极变革：以往主要关注线下活动；现在建立线上平台，将销售前置，找到更好的集客渠道。新能源车企必须清醒地认识到：新能源汽车售后利润点较少，必须依靠销售赚钱。如何适应形势，让企业经营保持持续赢利，是时下包括万帮等在内的传统汽车经销商企业面临的共同问题。

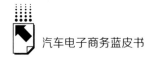

（三）联合电动

1. 发展概况

联合电动成立于 2015 年 5 月，是北青集团联手社会资本投资的一家企业，以"中国电动汽车跨界平台运营商"为公司定位。

联合电动旗下的业务主要有三大块：一是电动汽车超市；二是电动汽车服务站；三是电动汽车充电服务与电桩运营。联合电动集电动汽车销售、社区服务、智能充电于一体。

2015 年 6 月，联合电动旗下的电动汽车超市在北京五棵松的卓展购物中心正式开业，这是中国首家电动汽车超市。2016 年 5 月，联合电动首家社区服务站在回龙观开业。2016 年 9 月，聚能充 APP 上线。

截至 2017 年 6 月，联合电动约有员工 190 人，共有电动汽车超市 12家，其中北京 10 家、广州 2 家。2016 年，联合电动在北京的销量为 3000辆；预计 2017 年在北京的销量将达 4000 辆，全国销量将达 5000 辆。

2. 电动汽车销售

2015 年 6 月，联合电动旗下的电动汽车超市在北京五棵松的卓展购物中心正式开业（现在该店已搬迁至华熙 LIVE·五棵松），是国内首家电动汽车超市。不同于 4S 店主要建立在租金较为便宜的地段，联合电动的电动汽车超市全部开在北京的黄金地段。电动汽车超市方便消费者在短时间内对各个电动汽车品牌进行全面的了解与比较，为消费者购买与使用电动汽车提供了全新的生活理念。

联合电动电动汽车超市侧重于轻资产运营模式，大店一般有 10 位员工左右，小店一般有 6~7 位员工。

2016 年 1 月，联合电动与苏宁易购达成全面战略合作，提出"电动汽车就是大家电"的理念，首次将电动汽车引入家电连锁卖场，电动汽车作为新的电器商品门类第一次在苏宁易购紫竹桥店与消费者见面。截至 2017年 6 月，联合电动共与两家苏宁店合作。此后与大中电器合作，进一步扩展业务，以汽车大卖场的模式销售电动汽车。

在收益方面,联合电动按在苏宁云商、大中电器的销售额的一定比例提成。

在车源方面,联合电动既是厂商的正式经销商;同时也与经销商合作,成为二级经销商。

在销售渠道方面,除了线下直营汽车超市以及与家电大卖家合作外,联合电动也在努力发展线上销售业务。当前,联合电动在自己的官网、京东、苏宁易购和国美在线等都有电商平台。

与新车销售的火爆场面相比,二手新能源汽车市场显得格外冷清。针对当前的困境,联合电动推出的解决方案是"先试后买",即不确定车辆状况,还没下定决心买不买都没关系,消费者可以先租段时间开着,满意了以后再买。联合电动希望实现新能源汽车买、卖、租、换的无缝衔接,为用户提供最周到、全面的用车服务。

3. 社区服务

除了电动汽车销售外,联合电动也尝试以创新的方式(电动汽车社区服务站)为车主提供各种服务。

2016 年 5 月,联合电动首家社区服务站在回龙观开业,其目的是加速布局完整的电动汽车生态链。主营业务是为社区周边的电动汽车车主提供电动汽车租赁、充电、检测、维修、美容、续保和租赁等多元化服务。其中,租赁业务主要是为北京限号的用户提供在限号日开的车,按天来出租。充电业务是社区服务站的基础功能。联合电动社区服务站贴心地推出"代客充电"业务,车主如果需要充电,提前联系社区服务站(车主提供车钥匙),工作人员就会把车开到服务站,充电完成后再开回还给车主。检测与维修业务方面,相比传统燃油汽车,电动汽车维修率较低,主要是电池维修,这让社区服务站轻资产化运营成为可能。

截至 2017 年 6 月,联合电动共建立了 7 家电动汽车社区服务站,分布在北京市回龙观、常营、旧宫、黄村和燕郊等地。

4. 智能充电

2016 年 9 月,联合电动自主设计研发的手机 APP "聚能充"上线,聚

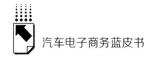

能充集充电桩查询、充电预约、电桩共享于一身，已收录全国 300 多个城市、8000 多个充电站点、65000 多个充电桩的信息，为电动汽车车主提供准确的充电桩位置、数量、类型、状态、预约等信息，优化了车主找桩及充电支付（支持支付宝与微信支付）过程中的体验。

2017 年 3 月，聚能充在支付宝城市服务板块正式上线。同时，双方还将在支付宝账号快捷登录、芝麻信用、蚂蚁森林等方向进行全方位的深入合作探索。除了与支付宝的合作，联合电动还与 e 充网（北京市充电设施公共服务管理平台）合作，用户在 e 充网 APP 上可查询、使用、支付联合电动充电桩。

聚能充通过扫码的方式，可以在支持扫码的特来电、国家电网和星星充电等的充电桩上充电，用户充值给聚能充平台，支付给特来电、国家电网和星星充电等充电桩运营企业。这样，联合电动不仅获得了沉淀资金，而且聚集了大批用户。截至 2017 年 6 月，聚能充手机 APP 的下载量超过 3 万，日活用户为 2500 ~ 3000 人，日活用户比例较高。

联合电动提出了众筹换桩、电桩共享的理念。计划针对北京市 2 万根左右的个人电桩进行招募，众筹升级。传统个人充电桩的车主可以通过"聚能充"开放个人充电桩信息，接受众筹；周边有充电需求的新能源汽车车主可以就近加入众筹计划。加入联合电动共享电桩计划，可以享受五年超长保修。

5. 总结

联合电动在新能源汽车销售模式上有很多创新，首先提出"电动汽车就是大家电"的全新理念，是最早使用电动汽车超市模式销售新能源汽车的企业。联合电动实现了"电动汽车销售 + 社区服务 + 智能充电"三大核心业务的联动，以轻资产的模式实现了销售、售后服务和充电的一体化。

但创新总是面临一些挑战。比如，如何降低车辆采购的成本，如何找到合适的电动汽车社区服务站，如何能够提高社区、个人参与共享充电的积极性等。

（四）中海同创

1. 发展概况

中海同创成立于 2016 年 5 月，注册资金 5000 万元，由原庞大集团总经理李金勇发起成立。中海同创旗下拥有三大平台：新能源汽车销售平台、投融资平台和基因测序健康管理平台。截至 2017 年 6 月，中海同创拥有 13 家线下直营店、13 家线下加盟店。

2. 展厅与 4S 店相结合的渠道模式

中海同创新能源汽车销售平台专注于新能源汽车的品牌推广、市场营销和售后服务等业务。中海同创与众泰、奇瑞、云度等厂商合作，在线下店面销售多个品牌的电动汽车。目前是 E200 在北京区域总代理、天津区域经销商，在北京、天津设置有多家众泰 E200 车型的销售网点。同时，中海同创也是众泰芝麻的陕西总代理。

在中海同创拥有的 13 家线下直营店中，4S 店有 4 家，展厅有 9 家。公司这一布局具有一定的创新，主要是考虑，4S 店建店成本越来越高，一个 4S 店面积要求达 600 平方米以上，而新能源汽车的销售模式与传统燃油汽车相比有很大不同，新能源汽车维修保养等相对简单，基本不赚钱。因此，新能源汽车必须依靠销售赢利，而汽车展厅 200 平方米就足够，展厅的成本比 4S 店低得多。

但与此同时，由于消费者的购买习惯，加上 4S 店设施完善、服务优良，一、二线大城市的消费者买车第一想到的还是去 4S 店——综合以上考虑，中海同创选择 4S 店与展厅结合的模式，以展厅为主，以 4S 店为辅。

以线下直营店为基础，中海同创积极开辟线上销售渠道，在官方网站、微信端和第三方线上平台开展线上销售业务。

在摸索的过程中，中海同创创造出一种"混合业态"的销售模式。

3. 将电动汽车销售与分时租赁相结合

中海同创与购车用户建立"合伙人"关系，共同创造一种基于客户服务的共享出行模式。核心思想为：客户在中海同创购买车辆，该车辆在闲置

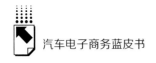

时，可以通过中海同创内置的车联网和分时租赁平台将汽车分享出去。

这种模式从根本上解决了分时租赁的痛点。第一，实现了轻资产。中海同创不需要自己购买大量汽车来开展分时租赁业务，车源可以来自在中海同创购买汽车的客户。第二，具有规模基础。每一位客户都可能成为中海同创的外部合伙人，购车客户可以将自己的汽车共享出去，也有动力为中海同创介绍新的客户，增加了使用者的便利。第三，充电与停车等问题可以由车主协助管理。

从加入"合伙人"计划的用户看，其也获得了三点好处：第一，降低车辆持有成本；第二，帮助一些用户占有牌照资源；三是可以通过"合伙人"计划，介绍新客户获得新收入。

4. 同创共赢的激励制度

为了将"同创共赢"的公司理念付诸实践，中海同创推出三大管理举措：一是全员合伙制；二是职业经理人培养计划；三是外部合作人计划。

第一，全员合伙制，即全体员工都可以拥有股份；职务高低不同，股权不同，并设置最高股份限额；如果员工愿意，公司可以借钱给员工让员工入股。这激发了员工的工作积极性，使员工自动自发，真正把工作当事业。

第二，职业经理人培养计划，通过初期投入资金与辅助管理，后期逐渐退出仅持有股份的方式，扶持一些在新能源汽车销售领域经验不足但又想要有一番作为的年轻人自主创业。

第三，鼓励外部人才带着项目加盟公司，中海同创鼓励缺资金、缺平台的外部人才带着项目加盟公司，以这种方式加入公司可以拥有更多的股份。

此外，李金勇还担任中华全国工商业联合会汽车经销商商会新能源汽车分会会长，并组织成立了中国汽车总裁俱乐部，为包括经销商集团、汽车厂商、投资机构和创新型企业等在内的成员搭建一个互通有无的平台。通过自觉履行企业社会责任，带动新能能源汽车行业的共同发展，中海同创赢得了行业的尊重。

5. 总结

中海同创运用互联网思维，提出"新能源汽车为平台，打造多彩的出行方式"的理念,在渠道建设、销售租赁业务协同以及经销商组织创新上都有很具实践价值的创新。目前公司还处于创业初始阶段,主要利用自有资金进行不断探索。

(五)电动生活

1. 发展概况

电动生活由魏士钦于 2016 年创建,魏士钦在创业之前在汽车之家与易车有过十多年的汽车行业工作经历。他最初的想法是做新能源汽车电商业务,并选择了在唐山创业,但运营了一段时间后发现当地购车人群主要为农民与工矿企业工人,他们把电动汽车当作农用与工具车用,且如唐山等三、四线城市充电桩很少,充电十分困难。

电动生活随之将重心转移到充电桩查找 APP 的开发上,试图解决"充电难"这一电动汽车发展的痛点。在四个多月的时间内,电动生活团队跑遍北京城六区和近郊三个区县,深入 400 多个小区,抵达 8167 个车位,探访 5025 个充电桩,收录可用充电桩 4056 个(快∶慢 =1∶2)。电动生活创新性地将旅行中常见的"路书"引入充电桩导航功能中,将导航结束后到达充电桩跟前的这"最后 100 米"用"独家路书"的方式为用户完美解读,帮助用户精准抵达最后 100 米。之后,在上海与深圳等城市,电动生活成功复制了这一艰难的探桩工作。目前,电动生活 APP 已累积 1 万多位活跃用户,并延伸到资讯与导购业务。

电动生活已与新能源汽车厂商、充电桩运营商等建立友好合作关系。在与厂商合作方面,电动生活在媒体与充电桩等业务上已经与厂商建立合作关系,现有合作厂商包括比亚迪、上汽新能源、吉利、北汽新能源、广汽新能源、江淮和知豆等传统主机厂,以及威马、蔚来和奇点等新兴造车企业。在与充电桩运营商合作方面,电动生活已经和几家电桩运营商完成了充电桩数据对接,同时完成从查询到支付的全路径合作。

2. 业务模式

电动生活提供"内容 + 销售 + 服务"产品平台,B 端与新能源汽车厂商、经销商、充电桩运营商、金融机构合作；C端直接接触车主、潜在和租赁用户。形成新能源汽车"资讯＋导购＋销售＋售后"O2O一站式模式，实现B2B2C完美融合，如图18所示。

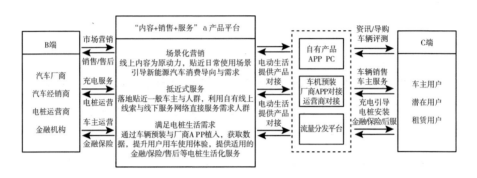

图18　电动生活的业务模式

（1）"内容＋销售＋服务"产品平台

第一，场景化营销。电动生活官方网站与手机APP提供充电桩查找、资讯、导购和评测等业务。线上内容贴近新能源汽车日常使用场景，引导新能源汽车消费导向与需求。

第二，抵近式服务。电动生活手机APP被誉为最准的"找桩神器"，带有导航功能，并创新性地植入"独家路书"功能，帮助车主精准抵达最后100米。用户只需要安装电动生活手机APP，就能找到每一个充电桩，不用重复安装每一个运营商的手机APP。同时，电动生活将充电桩的运营信息反馈给新能源汽车厂商、经销商和充电桩运营商，实现充电桩信息共享。

第三，满足电桩生活需求。电动生活与厂商合作，将电桩数据与支付功能植入厂商自带的手机APP，并协助厂商开发车机的查找电桩与导航功能（适配横/竖屏），提供"一键救命"功能，在车辆低电量时自动筛选出最近的四个肯定能够使用的电桩供车主应急充电。同时，电动生活获取车主用车与充电数据，提升用户使用体验。电动生活还与金融机构合作，为用户提供适用的金融/保险/售后等充电桩生活化服务。

（2）打通 B 端

第一，与厂商合作。厂商为电动生活的探桩工作提供经费支持；电动生活帮助厂商测试新车型与充电桩的兼容性，协助厂商开发自带的手机 APP 与车载 APP，帮助厂商改善产品。同时，电动生活将业务延伸到资讯与导购业务，与厂商的合作进一步升级。

第二，与充电桩运营商合作。电动生活打通与充电桩运营商在充电桩实时状态层面的数据互联互通，并打通与充电桩运营商在支付通道层面的业务对接，实现在线支付。电动生活将充电桩的使用与运营情况反馈给充电桩运营商，帮助其更精准地安装充电桩，实现赢利最大化。

第三，与经销商合作。电动生活与经销商共享 4S 店销售周边区域充电桩建设情况，并对 4S 店位置做导航推荐。

第四，与金融机构合作。电动生活通过植入新能源汽车的车载 APP，获取车主用车与充电等数据，将信息反馈给金融机构，方便金融机构对用户进行精准营销，提供适用的金融/保险/售后等充电桩生活化服务。

（3）聚集用户

电动生活的核心竞争力是其开发的"电动生活"手机 APP，被誉为最准的"找桩神器"。电动生活致力于在现阶段解决用户"充电难"痛点，满足用户在充电桩使用的"查""导""充""付"这四个动作上的一致性与便利性。为了获得与保持竞争优势，首先，电动生活不畏艰苦，"人肉"电动汽车主要销售城市的每一根充电桩；其次，电动生活周期性复合各城市充电桩建设/使用实际情况，并统计数据；最后，电动生活保证每座城市每年不低于三次人工更新。

电动生活解决了用户"充电难"痛点，聚集了大量用户；现已将业务延伸到新能源汽车资讯与导购业务，进一步聚集用户。以此为切入点，电动生活计划未来进入新能源汽车销售与租赁领域，以及充电桩运营和金融/保险/售后服务领域，打造"资讯 + 导购 + 销售 + 售后"的 O2O 一站式模式。

3. 未来规划

对新能源汽车来说，车桩是不分家的。与联合电动、中海同创等初创企业从新能源汽车销售切入、构建生态圈不同，电动生活的切入点是解决电动汽车"充电难"痛点。一开始，电动生活从新能源汽车销售起家，之后转向充电桩查找业务，在实现突破以后，以此为切入点，开展资讯、导购业务，未来计划重新进入新能源汽车销售业务，以"曲线救国"的方式实现新能源汽车"资讯＋导购＋销售＋售后"的一站式O2O模式。

电动生活将进一步加深与厂商的合作。由于前期在媒体与充电业务上与厂商结成的友好合作关系，未来进入新能源汽车销售时将拥有厂商资源优势。与此同时，电动生活将进一步扩大与充电运营商的合作范围。除了国家电网外，电动生活未来将与其他全国性的运营商完成数据测试与对接合作。为了保持在充电桩查找上的核心竞争力，电动生活在2017年计划完成共计8~10个城市的电桩探查和收集，并跟随市场发展布局全国，为将来更好地提供车主服务。

4. 总结

电动生活目前主要从事新能源汽车后市场服务的工作，从充电桩这一市场痛点入手，解决了厂家、消费者以及充电桩运营汽车的问题，并实现了自身的商业价值。在未来市场成熟以后，电动生活很可能会从充电桩服务进入电动汽车销售领域。

B.7
我国汽车金融专题研究

一 第1车贷

（一）公司概况

第1车贷于2013年11月成立，是国内最早专注二手车及汽车其他领域的金融服务平台，是中国二手车供应链金融的领航者。第1车贷针对二手车及其他汽车后市场提供金融、政策、科技、资源、咨询、管理等完善齐全的解决方案。

第1车贷的业务已经覆盖全国30个省份、130多个城市，覆盖城市的70%的大中型二手车商。截至2016年底，业务规模已突破百亿元。

（二）商业模式

中国目前有全球最大的国内市场，但二手车市场受政策法规、行业规范、自律程度、金融服务等诸多因素影响，仍处于未完全开发的状态。在二手车交易领域，行业与金融信息服务的结合程度较低。作为中国二手车市场主要销售渠道的二手车商，很多还是靠着自身较少的资金来经营，金融杠杆的应用仍然不普遍。与此同时，二手车商在融资成功后，如何能系统地管理融资资金，如何完成车辆参数信息与多种客户需求定制之间的对接，如何完成汽车收车和销售中的大宗车辆物流运输，这些都是二手车商在整个产业链中无从下手又难以独自完成的系统性的难题。

针对二手车市场中传统金融领域长期存在的信息不对称、金融支持少、金融服务弱、物流运输难、企业个体小的情况，以及由此产生的效率低、贷

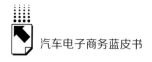

款难、周期长、资金不稳定等问题，第1车贷从2014年开始进入二手车金融信息服务领域。

车商及消费者可以通过APP、微信等移动端入口，在线申请金融服务。第1车贷利用自主开发的互联网业务系统，通过后台大数据分析系统实时处理需求，最快能够做到两小时内审批放款。这样贴心的服务大大地便利了车商，满足了车商快速融资的需求。

第1车贷不仅发展二手车，还整合了物流一体化、汽车管理、个人消费信贷等相关领域的发展，逐步向集资源、资金、售后、创新于一体的多站式产业链发展。第1车贷将经营者与消费者划归到一起，方便服务，划归对象包括二手车商、汽车物流商、汽配商、汽车租赁商以及购车族等。

第1车贷现已推出库存融资、单车融资、采购融资、物流应收账款保理、营运车辆融资、消费分期等覆盖B、C两端的各个方面的服务。融合整个汽车发展各个方面，以及对消费者的服务，实现2B+2C的发展路径。

（三）核心能力

第1车贷自主研发了DMS（Data Management System）资产端大数据管理系统。该系统实现在线业务提报、受理，车辆评估、监管，合同签署等，提高了企业效率，也可对积累的客户授信、融资、财务、车辆交易、流通等静态与动态数据进行联动多维动态实时分析，实现全业务链条的信息化、可视化、透明化。

第1车贷运用技术和大数据手段，可以非常精准地识别和分析各类客群，同时结合这样的数据分析可以更好地去捕捉目标客户群体，为其提供更加便捷、更加精准的服务。这套系统减少了人为干预，降低了人为的差错率，也可以大大地降低道德风险。比如，通过OBD和物联网手段可以很好地了解车辆的精确位置、实时位移、行驶里程、行驶状态，对于车辆是不是重复抵质押等问题可以做到很清晰的判断。通过远程视频，包括一些轨迹类管理，对整个车辆资产状态可以进行实时有效的沟通和反馈。这些技术可以实现自动报警等功能，大大提升了风控的精准性。

丰富的贷前、贷后和企业日常运营管理数据，可以让第 1 车贷更好地进行科学的分析和管理贷后分析，反过来指导客户生产经营活动。通过数据向消费者反馈其用车习惯、车辆偏好、用车周期等，提醒消费者车辆定期保养和维修，提醒消费者进行车辆置换等。这提升了客户服务附加值和客户满意度，同时也会加速整个汽车流通效率，带动汽车金融发展。

（四）风险管理

目前，第 1 车贷的人员中 60% 为风险管理人员，前线人员与总部联动配合，利用前沿的物联网技术，实现随时随地的现场风险监控，总部则利用大数据分析对经销商的各类信用情况进行实时监控，保证资产安全。

第 1 车贷的风险管控，包括贷前、贷中、贷后三级管理体系。贷前的整个授信调查阶段，结合不同项目，管理要求也是不一样的。比如，面对资质相对不好的企业客户或个人用户时，准入条件会比较复杂，第 1 车贷更多关注的是消费者还款能力，主要是个人的征信情况，包括收入、家庭资产，通过反欺诈模型，包括第三方征信和央行征信系统可以快速进行单个个体的识别，形成一个快速的用户画像。现在的审批速度是非常快的。

车辆作为整个汽车金融的重要抵质押资产，在整个贷中环节里会有一定的手续和要求。比如，车辆质押登记、质押合同签署。同时在贷中环节涉及的所有合同签署都基本上实现了线上化，而且录入后很快就会有反馈结果，用户体验非常棒。

在贷后的管理方面，通过 GPS 信号追踪车辆，保障资产安全。这个目前是行业普遍应用的监管方式。面对 B 端商户的贷后资产管理，第 1 车贷开了行业的先河，采取的是技术手段，OBD、OCR，再结合远程监控设备，从可视化的角度进行动态高效的贷后资产管理。这套监管模式和应用的技术在行业内目前是领先的。

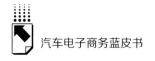

（五）未来规划

第 1 车贷 CEO 郭超认为，从金融供给方的角度来讲，单一的汽车金融服务对于客户的黏性是不够的，附加值也比较低。很容易陷入同质化竞争。所以说，从企业自身的发展来看，需要不断提供多元化服务来提升公司或者品牌的竞争力，同时通过竞争能力的提升也可以增强和客户之间的黏性。

第 1 车贷希望通过生态化、平台化的运营能聚拢更多资源，除了金融方面的资源外，还包括车辆采购渠道资源、销售渠道资源。通过平台化、生态化体系建设，赢得与更多伙伴建立合作关系的机会。

（六）总结

在传统金融机构对二手车产业链中的中小微企业望而却步时，第 1 车贷利用自身功能整合了众多中小规模企业资源，使之有规模、有标准、有质量地与传统金融机构衔接，为中国二手车市场的健康发展注入活力。第 1 车贷未来将致力于通过技术创新提升金融和服务业务水平，目标是成为一家杰出的汽车科技金融公司。

二 优信金融

（一）基本情况

优信集团在 2015 年 3 月上线了优信二手车客户端产品后，开始酝酿面向二手车消费者的金融产品。2015 年下半年优信与腾讯旗下的互联网银行微众银行达成战略合作，在二手车融资业务的审核、签约、支付等方面开展合作，面向购车用户先后推出了"付一半""付一小半"融资租赁方案，降低了消费者购车门槛。2016 年 10 月，优信面向国内的二手车经销商推出了短期信用贷款方案"任意袋"，帮助二手车商解决资金周转的问题。至此，优信金融覆盖 B、C 两端的金融服务体系，逐步在消费金融和供应链金融上布局。

（二）商业模式

1.二手车消费金融

优信针对二手车用户先后推出"付一半""付一小半"方案属于回租的业务模式，消费者将车辆抵押给优信，首付车款的 30%～50%，优信可以将二手车过户给消费者，消费者按照选择的无月供、低月供、低首付的不同方式向优信支付租金，两年或者三年到期后结清余款后解除抵押。其中无月供和低月供的方式，到期后消费者不想要车了，可以将车退还给优信。如果消费者最终支付了尾款，实际上这样的回租方式相当于消费贷，年费率为 6.25%～12.6%，利息包含在首付款中。

在与微众银行的合作中，优信的金融产品充分发挥了互联网金融的优势，用户通过优信二手车的 APP 填写身份证、驾驶证和储蓄卡信息就可以在线申请，在线审批，最快半个小时就能得到审批结果。

除了线上审批、风控的优势外，优信二手车近两年在线下发展金融业务人员，在全国 170 多个城市布局网点，为"付一小半"用户提供保姆式服务，带看车、面签、办理过户手续等。通过线下服务，优信也从售后服务中获得利润，将保险、购置税、手续费、GPS 费用等打包出售。

2.新车消费金融

优信于 2016 年下半年开始布局新车业务，2017 年 3 月正式推出了新车金融产品。首付比例为车款的 20%～50%，消费者同样可以选择无月供、低月供或者低首付的方式向优信支付租金，有两年期和三年期可选。

据悉，优信新车即将推出直租模式，首付降到 1 成，车辆先上优信的牌照，消费者到期结清租金后，再将车辆过户给消费者。直租模式将进一步降低消费者的购车门槛，推动新车销售。

除了优信自身的金融产品外，优信还与汽车厂商合作推出贴息的优惠购车活动，在新车消费的场景中深入挖掘金融业务。

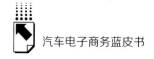
3. 供应链金融

优信从 2016 年开始开发针对二手车商的金融产品，2016 年 10 月推出了"任意袋"，帮助二手车商解决周转资金不足的问题。根据车商个人的征信情况和企业经营情况提供无抵押的短期信用贷款。对车商的信审准入要求至少有 3 个月的车辆成交记录，月平均交易额在 30 万元以上等。"任意袋"的日息为 0.025%，随借随还。

除了"任意袋"，优信还推出了针对优信拍买家的拍卖贷款"优信付"，缓解了拍卖交易中买家的资金压力。买家可在优信拍 APP 上提出申请，准入标准要求半年内至少有 3 个月的交易记录，交易总额不低于 50 万元。申请通过的买家办理完面签后一个工作日就可以获得授信额度，最高额度为100 万元，还款期限可选择 15 天和 30 天。

（三）运营情况

优信集团在金融领域经过两年的布局，率先在二手车金融市场上建立了口碑。2016 年优信新增贷款金额 70 亿元，金融产品成交 5.9 万台，平均每月近 5000 单。

优信集团目前已经与微众银行、稠州银行、新网银行、工商银行开展了融资合作，另外，还对接了第三方金融机构，比如有利网、中融信、云车平台等，对征信资质一般的客户提供融资服务。

除了线上融资、风控的能力外，金融业务对优信在二手车残值评估能力、车辆处置能力以及售后保障能力也提出了更多要求。每辆采用金融方案的车辆都要经过优信线下检测，并提供售后保障承诺，从最早的"15 天包退"到目前的"30 天包退、一年保修"，让用户买得放心。

在内部管理上，优信金融部门从最早的数据产品部门逐步发展到优信集团战略业务体系的重要部门，负责金融资产管理以及金融产品的设计和运营。

（四）总结

优信集团在汽车金融领域的开拓可谓顺势而为，相对稳健，稳扎稳打。

以解决汽车交易环节的痛点为宗旨，金融产品的销售场景得以稳定，促进了汽车消费，又扩大了优信的赢利来源。

三 "弹个车"案例

（一）早期探索

"弹个车"属于大搜车旗下业务，大搜车在二手车领域发展多年，商业模式也不断迭代调整。最开始创始人向 C 端客户销售二手车，转型为车商服务，开发了车牛、大风车等产品，主要是数据服务、SaaS 服务，为车商提供车源、客源、营销和微店服务。目前车商用户规模达到十几万个，规模车商用户达到4000多个。

2016年11月大搜车推出弹个车业务，并在2016年11月和2017年4月先后获得1亿美元和1.8亿美元的融资。

（二）融资租赁模式

大搜车发展融资租赁模式经历了一个摸索的过程。大搜车在为车商服务时获得了很多的数据，包括交易数据、车辆数据等。大搜车与蚂蚁金服有过深入接触，发现蚂蚁金服有用户、风控、资源和资金背书。双方优势互补，用户其身份识别可以通过芝麻信用确认，放款和还款也可以通过支付宝，大搜车在线上的风控与蚂蚁合作，蚂蚁给大搜车赋能，大搜车给车商赋能。大搜车看到了两者合作的商业机会。

到2016年11月，大搜车推出了"弹个车"产品。弹个车模式可以大大降低成本。大搜车副总裁刘昊认为，在弹个车业务之前，消费者购车首付为30%，加上购置税、保险基本达到50%。购车成本较高。而弹个车业务首付仅有10%～20%，其中还包括购置费用、上牌费用等，首付要比全款购车少付80%～90%，与传统金融分期相比，首付也要少付1/3～2/3。弹个车的新车购买一年后，可退、可买、可续租、可分期。首次的用车成本大

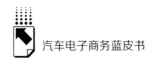

大降低，可以实现越级消费，消费者的购车能力大幅提高。弹个车还受到个体工商户和中小企业主的青睐，租车节省下来的资金可以用于企业的周转运营，开具的发票还可以抵扣进项税。

从大搜车来看，弹个车平台上都是成熟车型，很多车主甚至已经去4S店试开过，所以基本无须再去实体渠道看车、试车。弹个车产品系统与"芝麻信用"对接，用户通过支付宝扫码即可查征信，最快15分钟就能完成审批，整个挑选车型、征信审核、首付款、月供等前期所有手续都能通过线上完成。与此同时，大搜车在线下与二手车商合作，布局2000余家渠道商，为车主线下提车提供了便利，通过导流把用户和车辆带给二手车车商。

弹个车平台上已经累计销售了20多家主机厂的110余款车型，目前同期上线车型超过60款。这些车型主要来自厂家的批发，加上采取融资租赁模式，不会打乱原有价格体系，得到整车企业的支持。

（三）核心能力

弹个车主要体现了大搜车的整合能力。在车辆残值预估方面，基于大搜车车商SaaS多年积累的真实车源和交易数据，以及与车300公司合作，大搜车可以核算出最终计价残值，保证车辆残值的有效性和可控性。

大搜车的金融团队人员包括阿里小贷、中安保险和金融机构的人员。开发的产品主要基于数据，由于蚂蚁金服和大搜车在相关方面有很好的基础，容易建立风控模型，团队也能够很好地控制风险。

用户退回的车辆需要高效处理，需要融资租赁公司有很强的车辆处置能力。大搜车与二手车企业合作多年，能够将融资租赁车辆很快地提供给车商，因此，大搜车掌握着处理这些融资租赁车辆的能力和渠道。

（四）未来规划

2017年6月21日，弹个车宣布平台化，希望与市场上各类汽车金融服务机构共建中国首个汽车融资租赁生态平台。完成平台化后，大搜车将逐步撤出金融业务，只做"弹个车"电商属性部分的业务，为平台提供采购、物流、销售、交付、资产管理、二手车残值托底与处置等业务，实现融资租赁平台化、数据风控平台化和资金接入平台化。

（五）总结

我国当前的汽车金融市场主要依靠全款购车和分期贷款，但在美国较为普及的融资租赁并未发展起来。随着国内金融贷款的渗透率进入瓶颈期，竞争异常激烈，融资租赁的直租业务会是未来最具增长潜力的领域。2016 年被称为直租元年。弹个车做了很好的尝试，大搜车是这一市场的先行者和开拓者，此后很多公司在跟进这一模式。

大搜车将自己定位于一家大数据公司，未来目标是成为融资租赁业务的平台公司。大搜车希望向行业内的银行、汽车金融公司、融资租赁机构等提供优质标的，为融资租赁车辆的残值回购兜底，为用户提供对应便捷的融资租赁服务。

四　梧桐汽车

（一）发展概况

梧桐汽车由苗刚于 2015 年 7 月创立，总部设在北京，定位为二手车科技金融平台。专注渗透二手车交易场景，为二手车商、金融商提供多维度工具及数据解决方案，从"系统化工具＋体系化服务"切入，借助互联网科技打造二手车科技金融平台。

创业初期，梧桐汽车围绕二手车，2016 年先后上线了 AFS 车贷管理系统和博朗鉴定估价系统。AFS 车贷管理系统重点解决车贷业务流程无法标准化，贷前调查不深入，借贷车辆车值无法精准确定，坏账车辆不便处理等问题，为大型金融公司车贷业务标准化建设提供系统化解决方案；博朗鉴定估价系统初衷是解决市场上对车辆的范围估价状态，考虑车辆实况，参考更多

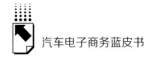

维度，对车辆进行精准估价。

随着中国二手车行业的深入发展，线上线下竞争日趋激烈，品牌化、规范化发展是对传统二手车商新的要求。为了更加深入地解决二手车商的管理问题，与二手车商共同成长，为二手车商赋能，2016 年中，梧桐汽车开始整合各类二手车行业垂直细分领域的公司，于 2016 年末推出了"车商 APP"，为二手车商打造一站式、闭环的解决方案，深受二手车商的欢迎。

在半年多的时间，梧桐汽车利用线下服务能力，将车商 APP 推广至东北、华北、华东、华南、西南等区域，覆盖全国 65 个城市，车商数量 17000 多家，预计到 2017 年底，平台注册二手车商数量将突破 2 万家。

2017 年 7 月，梧桐汽车获得由中海同创、车界汇资本、第 1 车贷共同投资的 1000 万元 A 轮融资。借助资本的力量，梧桐汽车将继续打磨产品，深化线下服务，拓展二手车金融业务，全方位赋能车商，与二手车商共同成长。

（二）商业模式

梧桐汽车通过车商 APP 搭建二手车商闭环交易场景，智能化动态采集数据；然后通过数据模型，分析数据，给出经营优化方案，提升车商的现代化管理水平；最后基于车商及 C 端用户数据，提供 B + C 的供应链及消费金融产品。

在车商经营服务方面，梧桐汽车针对二手车商的需求，提供以线下精细化管理为核心的系统化工具，实现车行数据的动态化采集，依靠平台的数据支撑、线下的咨询服务，辅助车商进行经营状况的分析，优化经营方式，提升经营效率。

在金融服务方面，梧桐汽车基于车商日常经营数据，将尽职调查前置，并实时了解车商真实经营数据，提前进行风险预警。此外，定价方式也与传统模式逻辑不同，以车商真实采购价格定价，解决产品定价难题，用技术解决线下过重的人力依靠，大大降低了道德风险。

目前，梧桐汽车围绕二手车商和金融商，先后开发了五款产品——车商

APP、TPS 交易成交促进系统、AFS 车贷系统、汽车管家 APP、博朗鉴定估价系统，已经形成了一个产品矩阵。

（1）车商 APP

车商 APP 是面向二手车车商的互联网工具，充分了解二手车车商底层业务逻辑，从车源供应、服务管理、金融配套、产品营销等全链条闭环服务车商，适用于各类车商经营场景。

车商 APP 服务全国二手汽车商，车商可以通过车商 APP 开设自己的微店进行线上经营，通过整备管理、门店管理等对线下门店进行管理，实现二车车商的线上经营系统化和门店管理标准化。车商 APP 还提供了 4S 维保记录查询、博朗鉴定、合同管理、商家 POS、配资等服务，解决车商车况不透明、支付不安全和资金周转等核心问题，让车商收车更放心，卖车更省心。

（2）TPS 交易成交促进系统

TPS 交易成交促进系统是基于车商 APP 用户的使用情况，通过大数据分析，开发的一款关于车商运营情况分析和改进的软件，主要包括整体运营情况分析、收车管理分析、整备管理分析、销售管理分析、保有客户管理分析、改进与提升分析以及买家端的设置，全方位为车商提升交易成交效率。

（3）AFS 车贷系统

梧桐汽车的 AFS 车贷系统是梧桐汽车自主研发的国内首家深入业务逻辑的车贷管理信息系统，重点解决车贷业务流程无法标准化，贷前调查不深入，借贷车辆车值无法精准确定，坏账车辆不便处理等问题。为大型金融公司标准化建设提供系统化解决方案。

（4）汽车管家 APP

汽车管家 APP 是一款汽车交易买家端平台，为用户提供买车后的贴心服务，为用户的爱车找个管家，让用户放心用车，无后顾之忧。同时全程提供金融服务，确保用户的资金获得最大的利益。

（5）博朗鉴定估价

博朗鉴定估价系统是由梧桐汽车基于大数据和智能算法自主研发的一款准确评估二手车车值的智能工具。

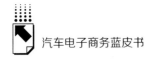
（三）核心能力

一是符合业务逻辑的产品研发能力。梧桐汽车定位是二手车科技金融平台，科技和数据是梧桐汽车开展金融的底层基础。梧桐汽车从二手车商的底层业务出发，基于真正的车商大数据做金融，从二手车商的精细化管理方面切入，通过为二手车商全面赋能，整合车商大数据。

二是线下咨询服务能力。梧桐汽车以产品＋服务的模式，大力发展线下服务团队、落地资讯服务团队，面对面地对车商进行深入的辅导和支持；同时，梧桐汽车以产品为助力。闭环式解决方案，为车商提供精细化管理模式，打造中国二手车行业的主机厂。

三是开展金融业务的能力。梧桐汽车利用数据为车商解决三方面问题：①车商尽职调查前置问题；②产品定价问题；③人员的道德风险问题。

（四）企业运营

梧桐汽车有着清晰的商业模式，梧桐汽车旗下 5 款产品——车商 APP、汽车管家 APP、TPS 交易成交促进系统、AFS 车贷管理系统、博朗鉴定估价系统，通过渗透二手车交易场景，为二手车商提供多维度的精细化管理工具及金融解决方案，并从二手车商的精细化管理工具切入，在全国范围内成立资讯服务团队，深度服务车商，与车商共同成长。

同时，梧桐汽车利用精细化管理工具，把金融思想贯穿到整个二手车交易链条中，基于大数据开展二手车金融业务。不与合作方争夺利益，用科技手段解决传统金融企业头疼的风险控制，与资金方一同拓展金融业务，从而实现真正的科技金融，用大数据解决金融痛点。

（五）未来发展规划

2017 年被称为中国二手车金融年，中国的二手车金融其实才刚刚开始，国外发达国家的汽车金融渗透率已经达到 70%，而中国的新车渗透率只有30% 左右，二手车金融渗透率不到 5%，可以提升的空间还很大。市场足够大。我国二手车金融尚属于发展初级阶段，金融科技刚刚兴起。打造交易场景，智能化、可持续化的采集用户与车商数据，建立消费者、二手车经销商的行为轨迹、交易轨迹模型，真正利用大数据分析，而不是单纯依靠人力做风控，是中国二手车金融的未来发展之路。

在未来规划上，梧桐汽车计划继续整合上下游供应链，用工具 + 服务，掌控自身节奏，不急切追求价值实现，不盲目追求资本，而是专心打磨产品，扎扎实实塑造真正能帮助车商、有竞争力的产品内核，全面为二手车商赋能，解决二手车商高效经营的需求和资金痛点，建立中国二手车行业的主机厂。同时，梧桐汽车于 2017 年末预计推广 2 万家车商并深度服务 3000 家展厅二手车商。在金融方面，2017 年放款总额预计达到 20 亿元。

（六）总结

梧桐汽车以车商为核心，从车商业务管理、鉴定估价、金融服务及标准化业务模式等维度全方位服务车商，解决车商痛点问题。梧桐汽车专注围绕二手车业务，为二手车领域的合作伙伴提供专业化的互联网工具，成为一个值得信任的互联网二手车工具服务商。

梧桐汽车能否真正做到为二手车商全面赋能，一是要看其产品及服务体系是否能够完善与成熟，迎合二手车市场发展需求；二是看其金融业务的发展，是否能够继续整合上下游供应链，解决二手车商的痛点。

五　百长好车

（一）企业概况

百长好车于 2016 年 12 月正式上线，是一家创新的汽车融资租赁平台，目前处于初创阶段。

百长好车的目前投资主要来自百长资产，这是一家综合金融服务集团。

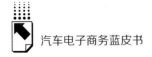

国内汽车融资租赁公司众多，想要脱颖而出，永续发展，需要新思维、新模式。在互联网时代，秉持"让拥有更简单"的经营理念，百长好车以融资租赁方式开展新车、二手车电商业务，致力于打造为"互联网＋汽车全产业链＋融资租赁＋消费金融"的综合型服务共享平台。

（二）商业模式

百长好车将其具体定义为F2B2C。其中，F端是指车辆、金融、保险、车务等服务的供应商；B端是指以小微型综合汽贸店为主体的渠道商；C端是消费者，主要包含个人及家庭、企事业单位以及网约平台司机。

百长好车的F端能够为B端提供车源、金融、保险和车务等多元化、定制化服务。B端采用合伙人计划，希望将原来城市中的汽车综合店、二手车商、汽车金融代理机构、中小型经营租赁公司等发展成为能够提供一体化服务的综合汽贸店。百长好车为B端企业做品牌导入、产品导入、系统导入和培训导入。在线下，百长好车委托运车管家等物流平台为B端提供新车、二手车物流服务。

B端的主体主要来源于线下二、三、四线城市的创业者。他们推崇百长好车的经营理念，在当地拥有或租赁独立门店，有自己的小型团队。在签署百长好车特许经营合同以及完成培训认证之后，这些主体以百长好车名义为C端消费者提供涉及新车、二手车交易，汽车金融，汽车保险等全方位服务。

百长好车的C端消费者主要聚焦于80后、90后群体。百长好车基于自身的风控体系，可以为用户提供比银行分期更低、更快的金融购车解决方案，一般周期为2~3年。百长好车认为，未来新车、二手车的融资租赁业务具备较大的发展空间，其中注重享受用车生活品质的80后、90后消费者是主要对象，随着这部分群体的超前消费意识不断加深，未来融资租赁业务的渗透率也将不断提高。

从2016年12月起，百长好车不断优化该商业模式。到2017年8月，百长好车线上提供的车型多达 20 余款。车辆主要来自汽车厂家、当地经销商集团和二手车商。新车采用集采方式，二手车主要以准新车为主，要求 3 年 5 万公里以内品牌车辆。在 8 个多月的时间内，百长好车在华东区域正式运营的展厅有 6 个，另外还在筹建中的有 2 家。百长好车认为，其 F2B2C 模式能够满足不同参与者的相关利益诉求。

以 B 端为例，百长好车为 B 端提供品牌设计、平台系统、金融产品、精准培训、营销策划等，B 端仅须负责物业装修、运营成本。一般，B 端总投资在 30 万元左右，每个展厅以 20 人计，每个人单月销售 2 辆车。当实现 40 辆车销售时，小微 B 端就能够保证利润。

百长好车与 F 端合作伙伴合作要求能够拿到汽车销售返利的 2%，保险拿到 30% 以上的保额返利，金融贷款能够拿到融资额的 3%。车务办理方面，每辆车可以获得 300 元钱返利。百长好车与 B 端合作人共享这些收益，采用"三七分"。从目前运营情况看，B 端客户基本可以 3 个月实现自负盈亏，第 4 个月开始赢利。

（三）核心能力

百长好车的核心是本身的科技能力，重视线上投入，百长好车以公司系统为支撑点，开发了将车源、零售商、客户、幕后运作团队连接在一起的移动化、高效化线上运营系统，即针对 F 端、B 端和 C 端开发相应的系统或 APP。而百长好车的线下投入相对并不太重。百长好车一方面可以从平台获益，另一方面也可以在自营的融资租赁业务上取得赢利。

（四）未来规划

当前，百长好车的主要工作是搭框架、做平台、谈合作、铺店面。具体而言，打通上游，协同 F 端各战略合作主体，为用户量身定制产品或服务；优化内部，调动各部门的积极性，制定标准化的服务流程与体系；铺设下游，广邀立志于在汽车行业的创业者，构建一个健康、互利共赢的运营循环系统。

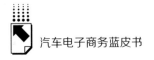

（五）总结

百长好车依托于母公司百长资产，致力于成为一家创新的汽车融资租赁平台，百长好车希望通过合伙人计划实现资源整合，站在前人的肩膀上，不断试错，不断总结，实现不断超越。

六　量子金福

（一）发展概况

量子金福于 2016 年由汽车后市场领先的供应链云平台——中驰车福发起成立。量子金福是一家创新的"互联网 + 供应链金融"的金融科技（FinTech）平台，致力于通过大数据风控技术（DT）和互联网技术（IT）将电商平台/核心企业及其上下游企业的外部征信数据、内部业务数据转化为信用资产，充分满足中小企业的金融需求，大幅提高平台供应链业务效率，快速助力平台业务拓展。

量子金福创始团队主要由行业内创新的金融及支付产品设计、资深金融服务及运营、顶尖大数据建模及风控等领域的专业人才构成。量子金福贴合电商及核心企业实际业务场景，构建创新的交易结构和大数据风控模型。并且，借助 IT 技术实现产品互联网化，利用 DT 技术进行数据挖掘及迭代风险建模，尝试区块链等新技术降低信用成本，从而为产品创新、高效运营提供坚实保障。

2016 年，量子金福联合平安银行召开发布会，达成双方战略合作，双方优势互补，共建"产业 B2b + 供应链金融"产融结合的 FinTech 新生态。

截至目前，量子金福以中驰车福为内生业务标杆，打磨业务模式及风控模型，已经为中驰车福提供了近亿元的供应链金融服务，有效地提升了中驰车福与其上下游之间的交易效率及资金效率，同时通过立体化、穿透式的贷前、贷中、贷后的风控模型以及线上线下联防的风控手段，将逾期率及坏账率分别严格控制在1%和0.1%以内，风控结果及资产质量优于行业平均水平。同时，通过纯线上、全流程、多节点的在线金融服务，沉淀了海量的支付及融资大数据。

（二）商业模式

量子金福核心是挖掘使用行业供应链及实际业务数据，将业务数据变成信用资产，并通过数据风控模型对不同质量的资产进行定价，并且基于优势IT技术，将完整业务方案（含风控、资金、资产）转化为线上的互联网产品。此外，量子金福努力做好供应链金融业务运营，围绕客户做好线上线下的内容运营及推广，并持续推动产品及风控的迭代优化。

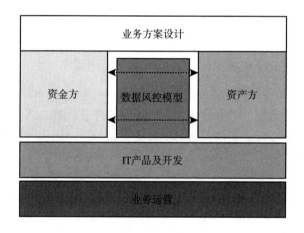

图1　量子金福商业模式

量子金福主营业务涵盖直接满足电商平台及核心企业业务场景与需求的融资类、理财类业务，以及用于支撑融资理财的钱包、支付、清结算等业务，并尝试通过区块链技术提升数据可信度，达到不断积累、沉淀小 b 数据最终形成自有数据征信平台。与国内最主要的 C 端金服平台——蚂蚁金服业务生态对标，类比来看，量子融资相当于 B 端的蚂蚁花呗、借呗，量子理财类似于余额宝，量子钱包、量子支付、量子清结算的功能等同于支付宝钱包，量子金福数据征信平台致力于成为 B 端的芝麻信用。

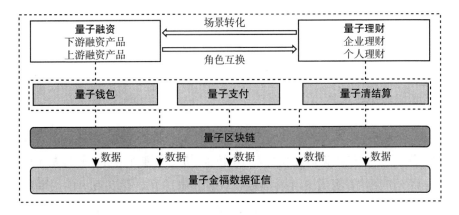

图 2　量子金服主要产品与组合

量子金福旗下产品族群中，已经上线的产品主要包括以下几个。

1. 量子金贷（下游供应链金融）

量子金贷真正打通银行，满足互联网新经济需求，是专门为 B2b 平台优质会员量身打造的创新在线供应链金融产品，具备在线开通、信用支付、免息账期、延期融资、随借随还、一键还款等显著优势，既能有效满足平台下游小 b 客户在线高效支付、采购免息账期、可选延期融资等经营过程中的实际业务需求，也能实现 B2b 平台加快回款速度、应收账款出表、提升财务及业务效率的目标。

2. 金易采（上游供应链金融）

金易采是量子金福针对供应链交易结构中的上游供应商的应收款融资需求而设计的一款在线融资产品。它通过与核心企业系统打通来采集其采购订单数据，为供应商提供 portal 支持其在线实名发起融资需求，资金的放款与回款均通过全线上的虚拟账户完成，安全便捷。金易采加速了上游供应商回款，提升了上游供应商的资金流转效率，从而提升了上游供应链的供货能力。同时可缓解核心企业的采购资金压力，提升了核心企业的采购支付效率。

3. 量子支付（在线支付）

量子支付是量子金福携手银行联合推出的线上支付平台，覆盖银行数量多而广，专为汽配或 B2b、B2C 电商提供小额便捷的资金监管和支付结算服务，其支持的对公网关银行数量高达 19 家，居行业前列，大大提升了平台小 b 客户对公支付体验。目前，量子支付支持的银行数量极具优势，支持 19 家银行 B2b 网关支付，支持 21 家银行 B2C 网关支付，支持 100 多家银行（覆盖全部主流商业银行）快捷支付，并聚合微信、支付宝等新型互联网支付入口。

4. 量子钱包（账户体系）

量子钱包是量子金福携手银行，针对 B2b 平台企业的供应链金融场景需求，通过与 B2b 平台系统的无缝对接，为平台搭建金融支付账户体系，并通过引入银行密令控件平台和账户验证机制，服务于平台管控好交易资金的使用安全，助力平台交易和结算的效率、安全、规范。目前，量子钱包支持在线支付、无缝充值、信用支付、实时提现和安全理财等功能。

（三）核心能力

量子金福围绕"让资产方融资省心、让资金方投资放心、让产业链因普惠金融而更具活力"的使命，打造面对资产方的产品创新设计能力、面对资金方的立体化闭环风控能力、普适于完整产业链的大数据分析及系统开发能力。

1. 面对资产方——创新金融产品设计能力

设计四方交易结构连接银行资金，既解决了银行难以直接面对众多上下游小 b 的行业难题（银行有属地管理的限制和面签尽调的要求），又为小 b 提供了远低于传统融资的银行级资金成本；基于线上数据开展信用融资，大幅降低了资产方的资产抵押质押压力，并通过完整的账户及支付体系设计大大优化了小 b 客户的操作体验。从而形成四大产品优势。

（1）开通简

真正的 100% 线上开通，仅填写信息和提交资料两步就可完成。

（2）还款快

支持钱包余额还款、网银还款、自动还款、微信还款、线下转线上智能还款等多种方式。

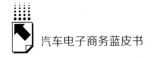
（3）支付宽

支持 20 家银行 B2b 网关支付，支持数量上居全国前列，解决了小 b 对企业类主体要求 B2b 网银数量多的需求。

（4）对账易

给每个客户提供一个独立在线台账页，随时高效对账。

2. 面对资金方——立体化闭环的风控能力：量子金福通过三个阶段（贷前、贷中、贷后）及两大维度（线上、线下联防）对资产风险进行严格管控

（1）贷前准入评估

线上——通过线上数据交叉验证做好反欺诈，并基于历史交易数据和外部征信数据简历贷前评分卡模型进行自动打分评额；线下——得到初评额度后再结合线下业务负责人对授信企业的评级进行最终的额度矫正及确定。

（2）贷中实时监测

线上——对每笔交易进行手机短信验证码验证或支付密码验证，线上系统实时监控采购稳定度、单笔采购额等业务数据，系统主动识别异常交易并发起预警提醒，同时，在运营过程中基于相关业务数据建立并逐步迭代优化了系统自动化调额；线下——要求电商平台（中驰车福）网格化分布的业务员、配送员每日跟踪小 b 的经营情况，尤其在周期性低估或政策要求下的"关停并转"情况。

（3）贷后环节

线上——系统会主动在相应的时间点（即将进入付息期、贷款到期、进入逾期等关键节点的状态）向小 b 客户发送短信提醒，并通过征信系统实时监控小 b 在外部其他网贷平台、小贷联盟是否存在失信的情况；线下——若发生逾期，会优先通过电话方式予以提醒及催促，若电话无效，会通过线下业务员进行现场催收。

3. 普适产业链——敏捷系统及大数据开发能力

（1）业务系统简介及架构

采用 dubbo + zookeeper + spring MVC 集成的分布式应用技术架构，在高并发情况下合理分配系统资源，有效地解决负载均衡问题；集成 Mybatis，更加灵活地实现数据交互开发；集成 memcached，有效利用缓存机制，极大地减轻数据库访问压力，加速服务响应能力；使用 H5、jquery、ajax、mui 等前端技术，增强客户体验，实现多平台的高适配性；通过区块链与数字签名技术实现智能合约的去中心化存储、签订结果的不可篡改性，具备不可抵赖的法律效力。

（2）大数据风控系统简介及架构

第一层是数据条线梳理，做业务数据概念抽象、数据清理，使存储逻辑和业务逻辑相一致，然后在数据仓库和数据集市上实现，数据仓库基于 hadoop 计算框架是 hive 和 impala，实现上万个输入变量的计算。第二层是用统计方法和机器学习方法实现业务价值，统计方法：指标维度的确定，假设检验（正态检验，t 检验，卡方检验），方差分析，聚类分析，判别分析，逻辑回归，广义线性模型，随机森林；用 R 和 python 语言实现神经网络算法及机器深度学习，生成自动化风控规则和动态评分卡模型。第三层是反欺诈：反欺诈解决方案采用了全量样本进行数据建模；在特征工程阶段，机器学习和专家规则一样，首先需要抽取交易报文、用户信息、卡人卡片档等基本信息，之后再结合其他已有数据，在符合业务逻辑的情况下，通过将交易报文中的原始字段进行超高维组合、衍生。最终，对比于总数在千条之内的专家规则、大数据机器学习模型的反欺诈特征体系，在总量超过数亿维的特征集上进行探索，最终发现有效特征数千万维。

（四）企业运营

量子金福以核心企业为依托，以真实贸易为前提，运用自偿性贸易融资的方式，通过信用评估、应收账款质押等手段封闭资金流，对供应链上下游企业提供综合性的金融产品和服务，并已经形成了一套以大数据驱动的供应链金融体系，成功将数据资产变成信用资产，成为资金方与资产方对接的桥梁。

量子金福自上线以来运营平稳，开户数与放款额快速提升。截至当前，授信总额近 5000 万元。开通客户数千余家，月均增长超过 20%。放款总额

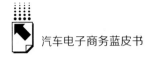

近亿元,半年内迅速增加 10 倍。且对于开通量子金福授信的中驰车福上下游客户,使用量子金福金融产品后相比于开通使用前,业务规模均有大幅增长,同比增长大多为 1 ~ 5 倍。同时,目前量子金福逾期率不到 0.2% ,逾期超过 3 个月的 M3 坏账率更低至 0.09% ,证明风控手段非常先进有效,资产质量优良。

（五）总结

量子金福主要服务于中驰车福 B2B 业务,提升中驰车福服务的效率,同时能满足跨行业的其他垂直领域供应链金融需求。量子金福借助 IT 技术实现产品互联网化,利用 DT 进行数据挖掘及迭代风险建模等新技术进一步降低了信用成本,提高了中驰车福产品创新和高效运营的能力。

附　　录

Appendix

B.8
中国汽车电商行业大事记

一　新车电商行业大事记

2008～2012年，有部分汽车企业试图与天猫、京东等大型平台电商进行合作，在该阶段无论是新车电商企业的销售数量或是交易规模，与传统汽车销售企业相比，都有较大差距。自2013年起以销售新车为主的汽车电商平台不断成立上线，通过提供差异化服务与资源在新车电商领域展开了竞争，也标志着新车交易电商化的开始。2015和2016年是新车电商百家争鸣、百花齐放的两年。众多新车电商企业纷纷表现出较强的发展势头，且商业模式各有千秋。

2015年

• 1月，小马购车获得A轮1000万美元融资。车惠网完成兰馨亚洲数千万美元B轮融资。

• 1月，易车与京东、腾讯签订三方战略合作协议，易车获得投资共计约15.5亿美元。其中直接投资13亿美元以及对易车旗下的汽车金融互联

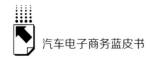

网平台易鑫资本的 2.5 亿美元现金投资。此次股权融资金额创下了汽车互联网行业的最高纪录。

● 3 月,宝马宣布与天猫合作,成为国内首家推出全产品线电子商务的豪华汽车品牌。

● 3 月,阿里巴巴集团与上海汽车集团宣布,共同出资 10 亿元设立"互联网汽车基金",并组建合资公司,专注互联网汽车的技术研发。

● 3 月,吉利博瑞礼宾限量版在京东、苏宁、天猫、我的车城等电商平台正式发售。发售的第一分钟就创造了 266 辆销量,短短 77 分钟千辆吉利博瑞被抢购一空。

● 3 月,小马购车上线汽车金融业务。

● 3 月,易车第一季度财报显示第一季度营收 7.013 亿元,同比增98.4%,成交数量超过 3.6 万辆。

● 4 月,阿里集团成立汽车事业部,与宝马、捷豹路虎、凯迪拉克、大众等近 50 家主流车企展开合作。

● 4 月,易车将旗下惠买车和易车商城的所有车型全部入驻到京东商品库,与京东完成商品对接;并计划进一步深化双方在订单、用户和客服三个方面的合作。

● 5 月,车风网完成 A 轮 6000 万元融资,其中腾信股份出资 3000 万元领投,持有股权比例达到 11.1%。

● 7 月,上汽集团旗下车享网的推出"车享商城"正式上线,主推"车享落地价"一口价模式线上售车。

● 7 月,买好车完成 A 轮亿元融资,本轮融资由北极光创投领投,创新工场跟投。此前买好车已获得创新工场 300 万美元的天使投资

● 8 月,国内首个由合资汽车公司主导搭建的汽车电商平台——东风日产自建电商平台"车巴巴"测试版上线。

● 8 月,阿里汽车与永达汽车签署战略合作协议,首次尝试"一口价卖全国"的整车特价销售模式,共同打造汽车生活 O2O 生态圈。

● 8 月,好车驾到首推"先用后买"模式。

• 9 月，"2015 中国互联网汽车电商峰会暨汽车创业投资论坛"在京召开，车享、东风日产数据营销公司、阿里汽车、车易拍、人人车、车置宝、海淘车、博湃养车等十四家企业成立了中国互联网汽车电商联盟。

• 10 月，天保基金、广汇汽车、易车、开利星空宣布将在天津航空物流区建设平行进口汽车电商总部基地，打造国内最大的平行进口汽车电商总部项目。

• 11 月，阿里巴巴于 11 日的交易额达到 912.17 亿元，全款成交的订单量达到 6506 辆，创造了"24 小时销售小汽车最多的平台"吉尼斯世界纪录。

• 11 月，汽车电商小马购车确认裁员 40%，关闭了二手车和汽车金融等相关业务，专注于新车销售并暂时停运营了北京、上海之外的城市业务。

• 12 月，汽车之家推出平行进口车私人定制服务，在业内尚属首例。

2016年

• 2 月，国家电网表示将通过自己的电子商务平台"电网商城"出售新能源汽车、小型电动车以及配套充电桩。目前，已有 5 家生产新能源汽车的企业与之达成了合作协议。

• 2 月，车享宣布 2016 年一季度将缩减人员 25%，同时计划调整业务重心，更倾向于后市场方向。

• 3 月，阿里汽车事业部宣布不再卖车，要把汽车业务的重心转向汽车金融市场，并做好车主服务。

• 4 月，车享踏上"定制化"道路，打造汽车电商差异化竞争力。

• 5 月，平行进口车新车电商"买好车"宣布转型做"卖好车"，服务经销商。

• 7 月，汽车之家在股权风波及原有高管团队的离职后，放弃自营电商业务。易车大量裁员，关闭了旗下的易车商城，放弃直营买断车业务。

• 8 月，曾经被估值 10 亿元的初创企业车风网，由于资金链断裂，最终倒闭。

• 11 月，"双 11"疯狂购车期间，易车订单总量 138970 辆，订购总额 212.07 亿元，参与品牌总数 140 多个，参与车型总数 1100 多个。汽车之家实

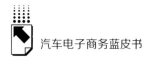

现了订单总量 134225 辆，交易总额 196.92 亿元，订单量同比增长 150% 的成绩。天猫售出近 10 万辆车，相当于线下 1000 家 4S 店 1 个月的销量总和。

• 12 月，行圆汽车信息技术有限公司成立，分别为汽车生产企业及汽车经销商提供汽车车源批发服务，汽车互联网营销服务，经销商互联网运营服务。

• 12 月，吉利汽车蓝色商城正式上线，首批开售车型为吉利热销 SUV 博越。10：00 整正式开抢，仅 75 分钟后，2017 台全部售罄。

2017 年

• 1 月，一猫汽车网宣布 2016 年建立了 1000 家线下店，预计 2017 年将建 3000 家，建立全国三、四、五、六线城市的线下店网络。

• 3 月，国美宣布以管家式服务平台让商户入驻无忧，并开通线上、线下两级渠道管理，计划开发 31 家省代理商，整合覆盖全国七个大区 5000 家汽车销售渠道。

• 4 月，商务部网站上登出 2017 年第 1 号令《汽车销售管理办法》（以下简称新《办法》），新《办法》于 2017 年 7 月 1 日起施行。这标志着 2005 年出台的《汽车品牌销售管理实施办法》将退出历史舞台，汽车流通业将进入一个新时代。

• 5 月，国美面向多地进行代理商招募，以管家式服务平台吸引商家入驻。

• 6 月，易鑫集团正式推出了淘车品牌，以汽车大数据智能交易系统为核心驱动，基于海量大数据智能交易平台，全面整合易鑫集团所有线上交易资源，为消费者提供涵盖新车、二手车交易及汽车增值服务在内的一站式汽车交易体验。

• 6 月，天猫汽车共售出 3 万多辆汽车。其中"天猫开新车"业务在三天内通过融资租赁缴纳首付或全款的车辆达 3000 多辆。二手车电商大搜车旗下品牌"弹个车"依靠金融方案，日订单突破千辆。苏宁易购线上汽车销售业绩实现增长 435%。

• 7 月，《汽车销售管理办法》正式落地实施，汽车电商迎来发展新时期。

- 7月，苏宁顺应新趋势，在南京新街口核心商圈开设首家汽车超市。
- 7月，车享家开设汽车商城，承接车享平台的互联网业务和品牌势能，提供多品牌、多车型的销售服务。

二 二手车电商行业大事记

虽然在2010年之前国内就出现了不少二手车网站，但是这些网站成立初衷只是充当在线信息的平台而非交易平台。2010年"车易拍"在线交易平台的推出意味着二手车交易电子商务化的开始，因此，编写组分析认为2010年是中国二手车电商的发展元年。进入2013年，以优信、车易拍为代表的企业陆续获得多轮投资。此后，众多互联网企业，包括传统企业竞相推出各类电商业务。二手车电商得到快速发展。

2015年

- 2月，车易拍宣布完成D轮融资，融资金额1.1亿美元。本次D轮融资由人人公司领投，红杉资本、经纬中国、晨兴创投和中信资本等基金分别进行跟投。汉能投资担任此次融资的独家财务顾问。
- 2月，车王宣布完成1亿美元D轮融资。此轮融资由雄牛资本领投，基石资本、盘古创投、君联资本以及海益得凯欣基金等跟投，至此车王估值超过3亿美元。
- 3月，优信集团宣布正式推出"优信二手车"垂直电商品牌。域名为www.xin.com的"优信二手车"网站及手机APP正式上线。同月优信二手车完成来自百度、KKR和Coatue的总计1.7亿美元的C轮融资。
- 4月，阿里巴巴成立阿里汽车事业部并发布2015年战略规划。阿里汽车凭借自身大数据优势并联手整车、二手车和本地服务等相关企业，意在将传统的4S服务升级为"16S"服务，打造"互联网＋汽车"产业。车猫网、车101等成为首批"阿里汽车认证二手车合作伙伴"。
- 5月，车101完成由五岳天下领投，光速安振跟投的1000万美元A轮融资，构建二手车B2C＋O2O一站式购车交易服务平台。

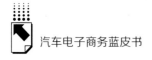

● 6 月，平安好车召开新闻发布会，正式宣布启动投资 60 亿元的项目"中国二手车保障计划"，为二手车买卖保驾护航。

● 7 月，车易拍正式上线帮助消费者卖车的 C2B 官网 cheyipai.com，开始涉足 C2B 个人卖车领域。

● 8 月，针对 85 ~ 90 后销售群体，阿里汽车事业部推出"0 首付"低门槛的"以租代售"购车新模式，用户仅需交纳车辆总价 10% 的保证金及首期月供（折旧费用 + 贷款利率），便可办理手续提车且拥有车辆产权。

● 8 月，优信二手车以 3000 万元价格拍得中国好声音决赛 60 秒广告位，被誉为中国"史上最贵广告"并引起社会强烈反响。

● 8 月，人人车完成由腾讯战略领投的 8500 万美元 C 轮融资，包括顺为资本在内的上轮投资者跟投，华兴担任财务顾问。在这新一轮融资中，大部分投资方都有增持。

● 8 月，车置宝完成由九鼎资本、毅达资本联合领投，戈壁等跟投的总额为 3 亿元人民币 B 轮融资。

● 8 月，车猫网与浙富控股集团有限公司、杭州财米科技有限公司共同出资 3000 万元设立杭州车猫互联网金融服务有限公司。

● 9 月，车猫网宣布完成 12 亿元的 B 轮融资。领投方为浙富控股旗下的投资基金，跟投者为上海举汇资产和元璟资本，并宣布开发二手车金融业务。该融资额度刷新了 2015 年二手车电商领域的融资纪录。

● 9 月，原"赶集好车"更名为"瓜子二手车直卖网"，投入 10 亿元深耕二手车市场，从 58 赶集集团完成分拆，成为该集团旗下主营二手车业务的独立公司。

● 9 月，上汽车享拍宣布五年内开设 1 万家车享家线下连锁实体门店，全面铺开包括二手车买卖等汽车生活服务网络。

● 10 月，车享拍正式推出其检测评估产品——AICS 3.0 系统。车享拍依托上汽背书的 AICS 检测评估体系，对车辆进行多达 254 项标准的全面检测，出具相关评估报告，为二手车 O2O 竞价平台交易提供保障。

● 11 月，天猫"双 11"全球狂欢节当日，阿里汽车二手车业务的消费者买入二手车超 900 辆，商家收车数量超 700 辆，所有交易都通过线上完成。

• 12 月，阿里汽车宣布联合平台上的各大二手车经销商和电商企业，统一二手车的买卖服务标准。

• 12 月，车猫二手车上线自主金融产品"喵喵速贷"，并获得二手车电商在金融领域的第一张金融营业执照。

2016 年

• 2 月，平安集团发布声明称，根据平安集团 3.0 战略，为继续加强业务协同，集团旗下的平安好车和平安产险进行业务整合。

• 3 月，瓜子二手车直卖网正式宣布其完成 A 轮融资，金额达 2.045 亿美元。在完成本轮融资后，瓜子二手车直卖网估值达 10 亿美元。

• 3 月 15 日，央视 315 晚会曝光，车易拍存在竞价猫腻，存在严重欺骗消费者的行为。央视指出，"行业市场份额第一，占二手车电商市场 35.2% 的车易拍利用了易置换和快易拍两个不同的登录端，截断了卖家与买家之间的信息对称，让买卖双方出现差价"。

• 3 与 23 日，国家发改委公布了《关于汽车业的反垄断指南》（征求意见稿）。反垄断指南针对于车市存在的厂家限价、二手车限迁、经销商地域限制等主要垄断行为做出了相应的规定惩罚。

• 3 月 25 日，国务院办公厅 13 号文件《关于促进二手车便利交易的若干意见》正式对外公布。文件提出营造二手车自由流通的市场环境，不得制定实施限制二手车迁入政策，已经实施限制二手车迁入政策的地方，要在 2016 年 5 月底前予以取消；进一步优化二手车交易税收政策；简化二手车交易登记程序等八条意见。

• 6 月 8 日，商务部等 11 部门联合发布《关于促进二手车便利交易加快活跃二手车市场的通知》，通知要求各地商务、公安、税务、工商等部门不得违反《二手车流通管理办法》，违规增加限制二手车办理交易的条件。各地商务、税务、工商部门要加强对二手车交易市场及经营主体的监督管理，维护市场秩序，保护消费者合法权益。

• 9 月 14 日，瓜子二手车直卖网获 2.5 亿美元的 A 轮融资，投资方为红杉资本、经纬中国、蓝驰创投等，本次融资破二手车电商领域单笔融资金额纪录。瓜子二手车直卖网CEO杨浩涌表示，在充足的资金支持下，瓜子二手车直卖网将会通过技术创新、强大的线下服务能力和品牌打造能力高速领跑行业，推动行业的整体发展。瓜子二手车直卖网处于行业爆发的风口，资本层面的零压力和团队的强大专业能力、执行能力，将使瓜子抓住机会，进一步扩大在二手车电商领域的市场份额。

● 10月13日，由全国工商联汽车经销商商会主办，全国工商联汽车经销商商会二手车行业发展委员会承办的"2016年（第三届）中国二手车行业发展论坛"在上海隆重召开。本届论坛以"顺势为、乘势上、与时进"为主题，对国家二手车产业政策进行了深入解读，对产业发展前景做了客观分析，特别是对"互联网＋"时代我国二手车行业出现的新趋势、新特点、新问题进行了广泛探讨。

● 11月17日，大众汽车集团（中国）近日在媒体沟通会上透露，大众汽车集团（中国）将携手大众汽车在长春和上海的长期合作伙伴共同成立一家全新的合资公司，并携手优信集团为快速发展的二手车市场共同打造虚拟平台。根据该合作意向书，大众汽车集团（中国）、一汽大众、上汽大众三方拟成立一家全新合资企业，针对二手车市场打造在线车辆周转平台。这是大众汽车集团（中国）首次携手两家合资企业建立一个全新的二手车电商平台。

● 11月，消息称车易拍与优车诚品将被全面整合至北汽集团，其旗下的北汽产投将为此投资数千万美元，北汽产投将成为车易拍第一大股东。北汽作为大型汽车集团，切入二手车电商市场，布局全产业链，完成自身的互联网转化，这是大势所趋。

● 11月15日，二手车交易服务平台大搜车正式宣布完成蚂蚁金服和神州租车共同参与的1亿美元C轮融资。本轮投资中蚂蚁金服以战略投资方的身份加入。当天，大搜车还推出一款"信用购车金融方案"产品——弹个车。弹个车的新车购车方案选用"以租代购""先租后买"的弹性购车方式，主要由首付租金、月租金以及购车尾款三部分构成。

• 11 月 30 日，中国汽车技术研究中心旗下华诚认证中心在杭州宣布，其主导的二手车服务认证标准——《二手车鉴定评估及其电子商务交易服务规范》（以下简称《规范》）已通过国家认监委备案。

• 12 月 3 日，中华全国工商业联合会汽车经销商商会为旗下经销商会员间的二手车调剂、置换业务的开展以及可能发生的法律纠纷提供价格基础和评定依据，推出 4S 店二手车置换价格指数（UCCI）。UCCI 的产生首先依赖于广泛的交易数据源，来自二手车商、二手车互联网媒体、电商平台、汽车厂商、移动应用、其他第三方等渠道每天提供的超过 1000 条拍卖数据、超过 60000 条车商报价以及 7000 条调价数据，为 UCCI 的计算提供了强大的数据支撑。

• 12 月 30 日，二手车 C2B 拍卖平台"车来车往"宣布与二手车帮卖企业"开新二手车"合并，双方将成立新品牌，意在实现二手车流通的全国一体化布局。车来车往与开新二手车合并后，由车来车往创始人谢磊出任集团董事长，负责公司战略规划；吴烨担任集团执行副总裁兼开新二手车 CEO。

• 2017 年

• 2017 年 1 月 15 日，二手车电商优信集团宣布完成新一轮 5 亿美元融资，由 TPG、Jeneration Capital、华新资本联合领投，华平、老虎环球基金、高瓴资本、KKR、光控众盈新产业基金、华晟资本等新老股东参与跟投。在这次融资完成后，优信集团的总融资额 10 亿美元。此轮融资后，优信将加大在业务发展、产品服务和品牌知名度方面的持续投入，优化二手车产业生态圈的布局；并将凭借雄厚的资金实力和强大的执行力。

• 1 月 15 日，第 1 车贷董事长李海燕正式宣布获得由酉金资本、毅达资本领投，经纬创投、宜信新金融产业投资基金、360 金融联合投资的 3.6 亿元 B 轮融资，青桐资本、绿领资本担任财务顾问。发布会上，第 1 车贷推出了信息共享平台（DASS），其是面向汽车供应链金融行业，基于全国范围，进行资产监管的可视化信息公示、查询、核检平台。2 月初，第 1 车贷宣布完成 1.4 亿元 B + 轮融资。

• 3 月 17 日，车置宝宣布获得近 1 亿美元 C 轮融资，此次 C 轮融资的领投方为太盟投资集团（PAG）。伴随着此次融资，车置宝也完成对中高端

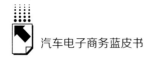

二手车交易平台又一车的战略并购。并购完成后，双方将以车置宝品牌继续拓展 C2B 二手车交易业务。

- 3 月 21 日，商务部网站发布了《商务部办公厅　公安部办公厅　环境保护部办公厅关于请提供取消二手车限制迁入政策落实情况的函》（以下简称《取消限迁函》），各地区（北京、天津、河北、上海、江苏、浙江除外）在 2017 年 4 月 14 日前将取消二手车限迁政策落实情况和《取消二手车限迁政策情况表》（附件）分别报商务部、公安部、环境保护部。商务部将根据各地上报情况形成报告，商公安部、环境保护部后上报国务院，对取消二手车限迁政策进展缓慢的地区，将提请国务院适时开展实地督查，并向社会公开各地工作进展。

- 4 月 12 日，优信集团旗下集资讯、点评及社交等功能的汽车类媒体内容平台车伯乐更名为优信新车。车伯乐原本定位于汽车资讯互动社区平台，优信 CEO 戴琨曾宣布将斥资两亿打造"伯乐号内容生态扶持计划"，鼓励众多汽车爱好者与车伯乐一同搭建汽车资讯平台。更名后，优信官方介绍"优信新车"定位为中国首个集汽车资讯、报价、社区为一体的汽车导购平台。

- 4 月 24 日，"中泰 - 易鑫二期资产支持专项计划资产支持证券"在上海证券交易所固定收益平台正式挂牌，发行规模超 20 亿元。易鑫本轮 ABS 的发行规模，远高于自身此前 5 轮场内 ABS，同时也是目前汽车互联网交易服务领域，受证监会监管、以汽车融资租赁资金为底层资产发行规模最大的场内 ABS。

- 2017 年 6 月 15 日，瓜子二手车直卖网宣布，获得 B 轮超 4 亿美元融资，投资方包括 H CAPITAL、招银电信新趋势股权投资基金、首钢基金旗下京西创投、Dragoneer Investment Group 等；老股东红杉资本牵头并追加此轮投资，经纬创投、蓝驰创投、山行资本等持续跟投并追加投资。泰合资本担任本次交易的独家财务顾问。瓜子二手车直卖网本轮融资创下二手车领域 B 轮融资规模之最。

- 6 月 21 日，大搜车旗下的汽车融资租赁品牌"弹个车"宣布平台化战略布局，加速进入 2.0 发展阶段，以互联网新零售基因与市场上各类汽车金融服务机构共建汽车融资租赁生态平台。据了解，完成平台化后，大搜车只做"弹个车"电商属性部分的业务，为平台提供采购、物流、销售、交付、资产管理、二手车残值托底与处置等业务支撑大搜车创始人 CEO 姚军红认为，弹个车平台化是大搜车开放与行业赋能理念的延伸。当前二手车商应该做好渠道下沉，接入平台完成电商化，去除二手车化。

• 6 月 22 日，人人车宣布推出"十天包卖"服务，卖家可将车源全权委托给人人车以协议价出售，人人车方面承诺，凭借在交易规模和交易效率等方面的优势，车源将在十天内售出，未能出售将按协议价支付给用户。

• 7 月 26 日，定位为二手车科技金融平台的梧桐汽车，在北京举办了以"新科技，新金融"为主题的二手车商全面赋能战略及 A 轮融资发布会。梧桐汽车此轮融资共计 1000 万元，由中海同创、车界汇资本、第 1 车贷共同投资。

三 汽车后市场电商行业大事记

虽然在 2012 年之前国内就出现了不少汽车零配件电商网站，其中的部分网站也发展成为非常重要的汽车后市场领域的互联网平台，但是这些网站成立的初衷是提供相关信息而非进行交易。2012 年"途虎养车网"、"车易安""养车无忧网"等汽车后市场电商平台相继推出，标志着我国汽车后市场电子商务化的开始。2014 年大批创业公司成立，上门洗车、上门保养等模式涌现。2015 年到 2016 年市场格局经历较大变化，众多维修保养平台进行 O2O 转型，并向前端的配件用品领域延伸。

2015 年

• 2 月，主营汽车配件 B2B 采购的淘汽当口启动"淘汽云修"项目"，通过构建汽修服务平台正式进入汽车 O2O 领域。

• 3 月，橙牛违章管家完成由如山创投领投，德同资本、盈动资本以及投资人李治国跟投的 3000 万元人民币 A 轮融资。

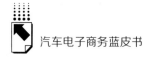

- 3月，e洗车完成平安创投2000万美金A轮融资。

- 4月，阿里集团成立阿里汽车事业部，涵盖新车、二手车、本地化服务、汽车商品等汽车电商各环节。

- 6月，金固股份募集近27亿元资金，建立以"汽车超人"O2O互联网项目为核心的，包含汽车金融、汽车救援、汽车改装、车务服务等多个后服务市场的生态圈。

- 6月，途虎养车网完成近一亿美元的C轮融资。领投机构为愉悦资本，远东宏信、汇勤、海通、君联、启明投资跟投，华兴资本担任独家财务顾问。该轮融资为当前后市场电商最大单笔融资。

- 7月，小卡科技宣布旗下产品"养车点点"正式更名为"典典养车"，并已完成C轮6000万美元融资。另一旗下汽车保险服务平台"典典车险"将进入汽车金融领域，覆盖北京、上海、杭州、南京四个城市。

- 9月，阿里汽车事业部与12个全球知名汽配品牌参与合作，联合300余个城市20000多家门店提供线下同质件安装服务，推出"同质件"验证平台"阿里汽配城"。

- 9月，上汽集团推出连锁实体服务品牌"车享家"，布局汽车后市场。至此车享平台构建起覆盖汽车用户养车、用车、卖车以及车务服务的"全生命周期"线上业务体系。

- 10月，上门保养领域的弼马温、e保养、卡拉丁、摩卡爱车、携车网五家公司联合发起成立汽车后市场联盟，并发布《汽车上门保养服务公约》。

- 10月，继车8取消上门洗车业务之后，功夫洗车也停止了上门洗车业务，仅保留上门保养和上门救援业务。此前云洗车、嘀嗒洗车、e洗车、赶集易洗车等洗车O2O平台都已陆续取消洗车业务。

- 11月，途虎养车于"双十一"期间，正式推出旗下兄弟平台"汽配龙"，开始涉足B2B汽配服务领域。

- 12月，汽车上门保养O2O平台博湃养车于当月14日起全线停止业务。

- 12月，诸葛修车网以D轮60亿元的估值正式登陆新三板，成为中国汽车后市场第一股。

2016年

● 1月，车点点管家业务正式推出，旨在建设汽车后市场车主综合服务平台。

● 1月，车享家推出旗下专业汽车零配件品牌"车享配"，召开平拍发布会暨2016全国经销商大会。

● 1月，典典养车公布DCCP直控加盟计划，再次宣布将在杭州地区上线50家实体加盟店。

● 1月，养车无忧在上海正式推出互联网汽修服务连锁项目首批60家互联网汽修品牌授权店将正式运营。

● 3月，途虎养车与亚夏汽车达成战略合作，将在"途虎亚夏工厂店"进行连锁项目落地、合作建设汽车维修培训学校，并在汽车保险和汽车金融业务等方面进行深度合作。

● 4月，博湃养车正式宣布破产倒闭，剩余资产及相关资源由大师保养接管，京东、易车将继续在大师保养的发展中追加投资。

● 4月，典典养车与中驰车福宣布达成战略合作，中驰车福将成为典典养车配件平台的定向采购渠道，为典典养车的直控连锁门店提供配件供应保障。

● 5月，诸葛修车网挂牌半年被标ST，2015年年度报告显示，尽管公司通过三轮股权融资筹到3.26亿元，2015年营收达9577万元，但亏损6.4亿，负债总额5.53亿元。

● 6月，e保养汽车服务中心北京育新门店正式开业。2016年以来，e保养深入线下布局，推进"上门保养 + 中心店 + 连锁店"的业务模式。

● 6月，刘备修车网在河南郑州举办盛大的上线发布会暨全国首届招商会，并宣布获得金沙江创投领衔投资的A轮6000万元人民币。

● 7月，中驰车福获得中一资本4000万元人民币战略投资，进一步完善汽配用品供应链服务平台。

● 7月，途虎养车获得亚夏汽车1亿元D轮融资，融资后公司整体估值将达50亿元。途虎养车已完成VIE架构拆分。

● 9月，汽车超人全国首家线下体验店投入运营，上海店正式开业，

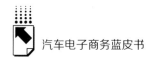

标志汽车超人从线上到线下自主探索实体店运营的开始。

• 9月，e保养完成C轮1.5亿元融资，继续建设线上+线下连锁+配件供应链模式。

• 11月，中驰车福与合众财险达成全面战略合作，共同开启深度结合的"互联网+"新场景。

• 11月，易道宣布成立"车主生态事业部"，探索汽车后市场商业变现。

• 12月，车享家获得A轮1亿元融资，继续深度布局线下社区店。

2017年

• 1月，车点点完成由和悦资本、网信基金、松柏资本等进行的7500万元B轮融资。

• 1月，二手车估值定价平台车300完成近2亿元B轮融资。

• 即时汽车问答平台车知了获1700万元天使轮融资，由越银资本领投，多位天使投资人跟投。

• 2月，养车平台车发发获得1亿元A轮融资，由盈信资本、量子资本投资。

• 4月，汽车电商服务平台汽车超人获得27亿元人民币定增融资，投资方为金固股份。

• 5月，汽车服务平台乐车邦获得3亿元B轮融资。

• 6月，汽配平台巴图鲁完成超1亿美元C轮融资，主要投资方为华平资本和钟鼎创投。

• 6月，二手车电商车置宝获得5亿元C+轮融资。

四　互联网出行市场电商行业大事记

2006年1月，至尊用车成立，依靠互联网技术为消费者提供代驾、接送、租车等服务，同月，一嗨租车成立，成为中国首家实现全程电子商务化管理的汽车租赁企业，标志着中国互联网出行市场的开启。2007年9月，神州租车在北京成立。2010 年易到用车成立，2011 年 e 代驾成立，2012 年滴滴打车上线，互联网出行逐步影响传统出行市场。2013 年到 2014 年，专车、快车的补贴大战快速催生了互联网市场，行业进入快速发展期。此后，伴随着共享经济的浪潮，特别是共享单车的出现，互联网出行市场继续蓬勃发展，同时出现了多种形态的商业模式。

2015 年

● 1 月，神州租车推出神州专车，主打高端市场。

● 2 月，快的打车与滴滴打车进行战略合并。新公司实施 Co-CEO 制度，滴滴打车 CEO 程维及快的打车 CEO 吕传伟同时担任联合 CEO。两家公司在人员架构上保持不变，业务继续平行发展，并将保留各自的品牌和业务独立性。

● 7 月，滴滴代驾业务上线，逐步拓展社交代驾、商务代驾、旅游代驾、汽车后市场等细分领域。

● 9 月，ofo 在校园上线。

● 9 月，滴滴更名为"滴滴出行"，进行全面品牌升级，依托移动互联网技术，构建大出行生态。

● 10 月，e 代驾与神州专车合并，代驾市场开始资源整合。

2016 年

● 1 月，凹凸共享租车首推试驾业务，拓展汽车后市场产业链布局。

● 4 月，戴姆勒旗下公共交通项目"即行 Car2Go"在重庆正式上线，首批投放约 400 辆奔驰 smart。

● 4 月 22 日地球日当天，摩拜单车在上海正式推出智能共享单车服务，以倡导绿色出行的方式给世界地球日"一份礼物"。

● 6 月，上汽车享网旗下的分时租赁公司 e 享天开与上海国际汽车城旗下的电动车租赁公司 EVCARD 整合，双方将合资成立注册资金 2 亿元的环球车享汽车租赁有限公司（环球车享），上汽集团占股 51%。

● 7 月，神州优车登陆新三板，神州专车成为专车第一股。作为内首家网约车概念股，神州优车同时成为新三板实业板块市值最大公司，成为新

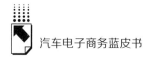

的"股王"。

● 8 月，滴滴出行与 Uber 全球达成战略协议，滴滴出行将收购优步在中国的品牌、业务、数据等全部资产在中国大陆运营。

● 10 月，易微行获得通用汽车战略投资，易微行将利用此次战略合作发挥自身技术优势，进一步满足消费者个性化出行需求，而易微行技术能力和创新实力将帮助通用为中国市场探索和定制更加高效及个性化的个人出行解决方案。

● 10 月，摩拜上海投放量达到 10 万辆。

● 11 月，首汽 Gofun 出行与大众汽车集团（中国）举行战略合作签约仪式，双方将在新能源分时租车领域展开合作，进一步挖掘市场潜力。

● 11 月，ofo 宣布正式开启城市服务，同时为了配合城市运营，推出新一代小黄车 ofo3.0，并启动"城市大共享"计划。

● 12 月，ofo 率先发布海外战略，从硅谷、伦敦等地切入，首批投放 2 万辆单车。

2017年

● 3 月，PP 租车进行品牌升级，正式更名为 START 共享有车生活平台。

● 3 月，摩拜单车携手百度云打造摩拜单车智能推荐停车点，进一步提升摩拜对车辆的管控能力。

● 3 月，成立不到 3 年，获得 3 次融资的友友用车官方宣布停止运营，退回所有用户账户存款，并称停运的直接原因是"之前签署的投资款项未如期到位"。

● 4 月，百度推出"Apollo 计划"，向汽车行业及自动驾驶领域的合作伙伴提供一个开放、完整、安全的软件平台，快速搭建一套属于自己的完整的自动驾驶系统。

● 6 月，悟空单车的运营方重庆战国科技有限公司宣布，由于公司战略发生调整，自 2017 年 6 月起，将正式终止对悟空单车提供支持服务，退出共享单车市场。

社会科学文献出版社

皮书系列

❖ 皮书起源 ❖

"皮书"起源于十七、十八世纪的英国，主要指官方或社会组织正式发表的重要文件或报告，多以"白皮书"命名。在中国，"皮书"这一概念被社会广泛接受，并被成功运作、发展成为一种全新的出版形态，则源于中国社会科学院社会科学文献出版社。

❖ 皮书定义 ❖

皮书是对中国与世界发展状况和热点问题进行年度监测，以专业的角度、专家的视野和实证研究方法，针对某一领域或区域现状与发展态势展开分析和预测，具备原创性、实证性、专业性、连续性、前沿性、时效性等特点的公开出版物，由一系列权威研究报告组成。

❖ 皮书作者 ❖

皮书系列的作者以中国社会科学院、著名高校、地方社会科学院的研究人员为主，多为国内一流研究机构的权威专家学者，他们的看法和观点代表了学界对中国与世界的现实和未来最高水平的解读与分析。

❖ 皮书荣誉 ❖

皮书系列已成为社会科学文献出版社的著名图书品牌和中国社会科学院的知名学术品牌。2016 年，皮书系列正式列入"十三五"国家重点出版规划项目；2012~2016 年，重点皮书列入中国社会科学院承担的国家哲学社会科学创新工程项目；2017 年，55 种院外皮书使用"中国社会科学院创新工程学术出版项目"标识。

权威报告·热点资讯·特色资源

皮书数据库
ANNUAL REPORT(YEARBOOK)
DATABASE

当代中国与世界发展高端智库平台

所获荣誉

- 2016年，入选"国家'十三五'电子出版物出版规划骨干工程"
- 2015年，荣获"搜索中国正能量 点赞2015""创新中国科技创新奖"
- 2013年，荣获"中国出版政府奖·网络出版物奖"提名奖
- 连续多年荣获中国数字出版博览会"数字出版·优秀品牌"奖

成为会员

通过网址www.pishu.com.cn或使用手机扫描二维码进入皮书数据库网站，进行手机号码验证或邮箱验证即可成为皮书数据库会员（建议通过手机号码快速验证注册）。

会员福利

- 使用手机号码首次注册会员可直接获得100元体验金，不需充值即可购买和查看数据库内容（仅限使用手机号码快速注册）。
- 已注册用户购书后可免费获赠100元皮书数据库充值卡。刮开充值卡涂层获取充值密码，登录并进入"会员中心"—"在线充值"—"充值卡充值"，充值成功后即可购买和查看数据库内容。

社会科学文献出版社 皮书系列
SOCIAL SCIENCES ACADEMIC PRESS (CHINA)

卡号：751772785111
密码：

数据库服务热线：400-008-6695
数据库服务QQ：2475522410
数据库服务邮箱：database@ssap.cn
图书销售热线：010-59367070/7028
图书服务QQ：1265056568
图书服务邮箱：duzhe@ssap.cn

皮书品牌20年
1997~2017
YEAR BOOKS

皮书系列

2017年

智库成果出版与传播平台

社会科学文献出版社
SOCIAL SCIENCES ACADEMIC PRESS (CHINA)

伴随着今冬的第一场雪，2017年很快就要到了。世界每天都在发生着让人眼花缭乱的变化，而唯一不变的，是面向未来无数的可能性。作为个体，如何获取专业信息以备不时之需？作为行政主体或企事业主体，如何提高决策的科学性让这个世界变得更好而不是更糟？原创、实证、专业、前沿、及时、持续，这是1997年"皮书系列"品牌创立的初衷。

1997～2017，从最初一个出版社的学术产品名称到媒体和公众使用频率极高的热点词语，从专业术语到大众话语，从官方文件到独特的出版型态，作为重要的智库成果，"皮书"始终致力于成为海量信息时代的信息过滤器，成为经济社会发展的记录仪，成为政策制定、评估、调整的智力源，社会科学研究的资料集成库。"皮书"的概念不断延展，"皮书"的种类更加丰富，"皮书"的功能日渐完善。

1997～2017，皮书及皮书数据库已成为中国新型智库建设不可或缺的抓手与平台，成为政府、企业和各类社会组织决策的利器，成为人文社科研究最基本的资料库，成为世界系统完整及时认知当代中国的窗口和通道！"皮书"所具有的凝聚力正在形成一种无形的力量，吸引着社会各界关注中国的发展，参与中国的发展。

二十年的"皮书"正值青春，愿每一位皮书人付出的年华与智慧不辜负这个时代！

社会科学文献出版社社长
中国社会学会秘书长

2016年11月

社会科学文献出版社简介

社会科学文献出版社成立于1985年，是直属于中国社会科学院的人文社会科学专业学术出版机构。

成立以来，社科文献依托于中国社会科学院丰厚的学术出版和专家学者资源，坚持"创社科经典，出传世文献"的出版理念和"权威、前沿、原创"的产品定位，逐步走上了智库产品与专业学术成果系列化、规模化、数字化、国际化、市场化发展的经营道路，取得了令人瞩目的成绩。

学术出版　社科文献先后策划出版了"皮书"系列、"列国志"、"社科文献精品译库"、"全球化译丛"、"全面深化改革研究书系"、"近世中国"、"甲骨文"、"中国史话"等一大批既有学术影响又有市场价值的图书品牌和学术品牌，形成了较强的学术出版能力和资源整合能力。2016年社科文献发稿5.5亿字，出版图书2000余种，承印发行中国社会科学院院属期刊72种。

数字出版　凭借着雄厚的出版资源整合能力，社科文献长期以来一直致力于从内容资源和数字平台两个方面实现传统出版的再造，并先后推出了皮书数据库、列国志数据库、中国田野调查数据库等一系列数字产品。2016年数字化加工图书近4000种，文字处理量达10亿字。数字出版已经初步形成了产品设计、内容开发、编辑标引、产品运营、技术支持、营销推广等全流程体系。

国际出版　社科文献通过学术交流和国际书展等方式积极参与国际学术和国际出版的交流合作，努力将中国优秀的人文社会科学研究成果推向世界，从构建国际话语体系的角度推动学术出版国际化。目前已与英、荷、法、德、美、日、韩等国及港澳台地区近40家出版和学术文化机构建立了长期稳定的合作关系。

融合发展　紧紧围绕融合发展战略，社科文献全面布局融合发展和数字化转型升级，成效显著。以核心资源和重点项目为主的社科文献数据库产品群和数字出版体系日臻成熟，"一带一路"系列研究成果与专题数据库、阿拉伯问题研究国别基础库及中阿文化交流数据库平台等项目开启了社科文献向专业知识服务商转型的新篇章，成为行业领先。

此外，社科文献充分利用网络媒体平台，积极与各类媒体合作，并联合大型书店、学术书店、机场书店、网络书店、图书馆，构建起强大的学术图书内容传播平台，学术图书的媒体曝光率居全国之首，图书馆藏率居于全国出版机构前十位。

有温度，有情怀，有视野，更有梦想。未来社科文献将继续坚持专业化学术出版之路不动摇，着力搭建最具影响力的智库产品整合及传播平台、学术资源共享平台，为实现"社科文献梦"奠定坚实基础。

经 济 类

经济类皮书涵盖宏观经济、城市经济、大区域经济，
提供权威、前沿的分析与预测

经济蓝皮书

2017年中国经济形势分析与预测

李扬 / 主编　2016年12月出版　定价：89.00元

◆　本书为总理基金项目，由著名经济学家李扬领衔，联合中国社会科学院等数十家科研机构、国家部委和高等院校的专家共同撰写，系统分析了2016年的中国经济形势并预测2017年我国经济运行情况。

中国省域竞争力蓝皮书

中国省域经济综合竞争力发展报告（2015～2016）

李建平　李闽榕　高燕京 / 主编　2017年2月出版　估价：198.00元

◆　本书融多学科的理论为一体，深入追踪研究了省域经济发展与中国国家竞争力的内在关系，为提升中国省域经济综合竞争力提供有价值的决策依据。

城市蓝皮书

中国城市发展报告 No.10

潘家华　单菁菁 / 主编　2017年9月出版　估价：89.00元

◆　本书是由中国社会科学院城市发展与环境研究中心编著的，多角度、全方位地立体展示了中国城市的发展状况，并对中国城市的未来发展提出了许多建议。该书有强烈的时代感，对中国城市发展实践有重要的参考价值。

人口与劳动绿皮书

中国人口与劳动问题报告 No.18

蔡昉　张车伟 / 主编　2017 年 10 月出版　估价：89.00 元

◆　本书为中国社科院人口与劳动经济研究所主编的年度报告，对当前中国人口与劳动形势做了比较全面和系统的深入讨论，为研究我国人口与劳动问题提供了一个专业性的视角。

世界经济黄皮书

2017 年世界经济形势分析与预测

张宇燕 / 主编　2016 年 12 月出版　定价：89.00 元

◆　本书由中国社会科学院世界经济与政治研究所的研究团队撰写，2016 年世界经济增速进一步放缓，就业增长放慢。世界经济面临许多重大挑战同时，地缘政治风险、难民危机、大国政治周期、恐怖主义等问题也仍然在影响世界经济的稳定与发展。预计 2017 年按 PPP 计算的世界 GDP 增长率约为 3.0%。

国际城市蓝皮书

国际城市发展报告（2017）

屠启宇 / 主编　2017 年 2 月出版　估价：89.00 元

◆　本书作者以上海社会科学院从事国际城市研究的学者团队为核心，汇集同济大学、华东师范大学、复旦大学、上海交通大学、南京大学、浙江大学相关城市研究专业学者。立足动态跟踪介绍国际城市发展时间中，最新出现的重大战略、重大理念、重大项目、重大报告和最佳案例。

金融蓝皮书

中国金融发展报告（2017）

李扬　王国刚 / 主编　2017 年 1 月出版　估价：89.00 元

◆　本书由中国社会科学院金融研究所组织编写，概括和分析了 2016 年中国金融发展和运行中的各方面情况，研讨和评论了 2016 年发生的主要金融事件，有利于读者了解掌握 2016 年中国的金融状况，把握 2017 年中国金融的走势。

农村绿皮书

中国农村经济形势分析与预测（2016～2017）

魏后凯　杜志雄　黄秉信／著　2017年4月出版　估价：89.00元

◆　本书描述了2016年中国农业农村经济发展的一些主要指标和变化，并对2017年中国农业农村经济形势的一些展望和预测，提出相应的政策建议。

西部蓝皮书

中国西部发展报告（2017）

姚慧琴　徐璋勇／主编　2017年9月出版　估价：89.00元

◆　本书由西北大学中国西部经济发展研究中心主编，汇集了源自西部本土以及国内研究西部问题的权威专家的第一手资料，对国家实施西部大开发战略进行年度动态跟踪，并对2017年西部经济、社会发展态势进行预测和展望。

经济蓝皮书·夏季号

中国经济增长报告（2016～2017）

李扬／主编　2017年9月出版　估价：98.00元

◆　中国经济增长报告主要探讨2016~2017年中国经济增长问题，以专业视角解读中国经济增长，力求将其打造成一个研究中国经济增长、服务宏微观各级决策的周期性、权威性读物。

就业蓝皮书

2017年中国本科生就业报告

麦可思研究院／编著　2017年6月出版　估价：98.00元

◆　本书基于大量的数据和调研，内容翔实，调查独到，分析到位，用数据说话，对我国大学生教育与发展起到了很好的建言献策作用。

社会政法类

社会政法类皮书聚焦社会发展领域的热点、难点问题，
提供权威、原创的资讯与视点

社会蓝皮书

2017年中国社会形势分析与预测

李培林　陈光金　张翼／主编　2016年12月出版　定价：89.00元

◆ 本书由中国社会科学院社会学研究所组织研究机构专家、高校学者和政府研究人员撰写，聚焦当下社会热点，对2016年中国社会发展的各个方面内容进行了权威解读，同时对2017年社会形势发展趋势进行了预测。

法治蓝皮书

中国法治发展报告 No.15（2017）

李林　田禾／主编　2017年3月出版　估价：118.00元

◆ 本年度法治蓝皮书回顾总结了2016年度中国法治发展取得的成就和存在的不足，并对2017年中国法治发展形势进行了预测和展望。

社会体制蓝皮书

中国社会体制改革报告 No.5（2017）

龚维斌／主编　2017年4月出版　估价：89.00元

◆ 本书由国家行政学院社会治理研究中心和北京师范大学中国社会管理研究院共同组织编写，主要对2016年社会体制改革情况进行回顾和总结，对2017年的改革走向进行分析，提出相关政策建议。

社会心态蓝皮书
中国社会心态研究报告（2017）

王俊秀　杨宜音／主编　2017 年 12 月出版　估价：89.00 元

◆　本书是中国社会科学院社会学研究所社会心理研究中心"社会心态蓝皮书课题组"的年度研究成果，运用社会心理学、社会学、经济学、传播学等多种学科的方法进行了调查和研究，对于目前我国社会心态状况有较广泛和深入的揭示。

生态城市绿皮书
中国生态城市建设发展报告（2017）

刘举科　孙伟平　胡文臻／主编　2017 年 7 月出版　估价：118.00 元

◆　报告以绿色发展、循环经济、低碳生活、民生宜居为理念，以更新民众观念、提供决策咨询、指导工程实践、引领绿色发展为宗旨，试图探索一条具有中国特色的城市生态文明建设新路。

城市生活质量蓝皮书
中国城市生活质量报告（2017）

中国经济实验研究院／主编　2017 年 7 月出版　估价：89.00 元

◆　本书对全国 35 个城市居民的生活质量主观满意度进行了电话调查，同时对 35 个城市居民的客观生活质量指数进行了计算，为我国城市居民生活质量的提升，提出了针对性的政策建议。

公共服务蓝皮书
中国城市基本公共服务力评价（2017）

钟君　吴正杲／主编　2017 年 12 月出版　估价：89.00 元

◆　中国社会科学院经济与社会建设研究室与华图政信调查组成联合课题组，从 2010 年开始对基本公共服务力进行研究，研创了基本公共服务力评价指标体系，为政府考核公共服务与社会管理工作提供了理论工具。

行 业 报 告 类

行业报告类皮书立足重点行业、新兴行业领域，
提供及时、前瞻的数据与信息

企业社会责任蓝皮书

中国企业社会责任研究报告（2017）

黄群慧　钟宏武　张蒽　翟利峰／著　2017年10月出版　估价：89.00元

◆　本书剖析了中国企业社会责任在2016~2017年度的最新
发展特征，详细解读了省域国有企业在社会责任方面的阶段性
特征，生动呈现了国内外优秀企业的社会责任实践。对了解
中国企业社会责任履行现状、未来发展，以及推动社会责任建
设有重要的参考价值。

新能源汽车蓝皮书

中国新能源汽车产业发展报告（2017）

黄中国汽车技术研究中心　日产（中国）投资有限公司

东风汽车有限公司／编著　·2017年7月出版　　估价：98.00元

◆　本书对我国2016年新能源汽车产业发展进行了全面系统
的分析，并介绍了国外的发展经验。有助于相关机构、行业和
社会公众等了解中国新能源汽车产业发展的最新动态，为政府
部门出台新能源汽车产业相关政策法规、企业制定相关战略规
划，提供必要的借鉴和参考。

杜仲产业绿皮书

中国杜仲橡胶资源与产业发展报告（2016~2017）

杜红岩　胡文臻　俞锐／主编　2017年1月出版　估价：85.00元

◆　本书对2016年来的杜仲产业的发展情况、研究团队在杜
仲研究方面取得的重要成果、部分地区杜仲产业发展的具体情
况、杜仲新标准的制定情况等进行了较为详细的分析与介绍，
使广大关心杜仲产业发展的读者能够及时跟踪产业最新进展。

企业蓝皮书
中国企业绿色发展报告No.2（2017）
李红玉　朱光辉/主编　2017年8月出版　估价：89.00元
◆　本书深入分析中国企业能源消费、资源利用、绿色金融、绿色产品、绿色管理、信息化、绿色发展政策及绿色文化方面的现状，并对目前存在的问题进行研究，剖析因果，谋划对策。为企业绿色发展提供借鉴，为我国生态文明建设提供支撑。

中国上市公司蓝皮书
中国上市公司发展报告（2017）
张平　王宏淼/主编　2017年10月出版　估价：98.00元
◆　本书由中国社会科学院上市公司研究中心组织编写的，着力于全面、真实、客观反映当前中国上市公司财务状况和价值评估的综合性年度报告。本书详尽分析了2016年中国上市公司情况，特别是现实中暴露出的制度性、基础性问题，并对资本市场改革进行了探讨。

资产管理蓝皮书
中国资产管理行业发展报告（2017）
智信资产管理研究院/编著　2017年6月出版　估价：89.00元
◆　中国资产管理行业刚刚兴起，未来将中国金融市场最有看点的行业。本书主要分析了2016年度资产管理行业的发展情况，同时对资产管理行业的未来发展做出科学的预测。

体育蓝皮书
中国体育产业发展报告（2017）
阮伟　钟秉枢/主编　2017年12月出版　估价：89.00元
◆　本书运用多种研究方法，在对于体育竞赛业、体育用品业、体育场馆业、体育传媒业等传统产业研究的基础上，紧紧围绕2016年体育领域内的各种热点事件进行研究和梳理，进一步拓宽了研究的广度、提升了研究的高度、挖掘了研究的深度。

国别与地区类

国别与地区类皮书关注全球重点国家与地区，
提供全面、独特的解读与研究

美国蓝皮书
美国研究报告（2017）

郑秉文 黄平 / 主编 2017年6月出版 估价：89.00元

◆ 本书是由中国社会科学院美国所主持完成的研究成果，它回顾了美国2016年的经济、政治形势与外交战略，对2017年以来美国内政外交发生的重大事件及重要政策进行了较为全面的回顾和梳理。

日本蓝皮书
日本研究报告（2017）

杨伯江 / 主编 2017年5月出版 估价：89.00元

◆ 本书对2016年拉丁美洲和加勒比地区诸国的政治、经济、社会、外交等方面的发展情况做了系统介绍，对该地区相关国家的热点及焦点问题进行了总结和分析，并在此基础上对该地区各国2017年的发展前景做出预测。

亚太蓝皮书
亚太地区发展报告（2017）

李向阳 / 主编 2017年3月出版 估价：89.00元

◆ 本书是中国社会科学院亚太与全球战略研究院的集体研究成果。2016年的"亚太蓝皮书"继续关注中国周边环境的变化。该书盘点了2016年亚太地区的焦点和热点问题，为深入了解2016年及未来中国与周边环境的复杂形势提供了重要参考。

德国蓝皮书

德国发展报告（2017）

郑春荣／主编　2017年6月出版　估价：89.00元

◆ 本报告由同济大学德国研究所组织编撰，由该领域的专家学者对德国的政治、经济、社会文化、外交等方面的形势发展情况，进行全面的阐述与分析。

日本经济蓝皮书

日本经济与中日经贸关系研究报告（2017）

王洛林　张季风／编著　2017年5月出版　估价：89.00元

◆ 本书系统、详细地介绍了2016年日本经济以及中日经贸关系发展情况，在进行了大量数据分析的基础上，对2017年日本经济以及中日经贸关系的大致发展趋势进行了分析与预测。

俄罗斯黄皮书

俄罗斯发展报告（2017）

李永全／编著　2017年7月出版　估价：89.00元

◆ 本书系统介绍了2016年俄罗斯经济政治情况，并对2016年该地区发生的焦点、热点问题进行了分析与回顾；在此基础上，对该地区2017年的发展前景进行了预测。

非洲黄皮书

非洲发展报告No.19（2016～2017）

张宏明／主编　2017年8月出版　估价：89.00元

◆ 本书是由中国社会科学院西亚非洲研究所组织编撰的非洲形势年度报告，比较全面、系统地分析了2016年非洲政治形势和热点问题，探讨了非洲经济形势和市场走向，剖析了大国对非洲关系的新动向；此外，还介绍了国内非洲研究的新成果。

地方发展类

地方发展类皮书关注中国各省份、经济区域，
提供科学、多元的预判与资政信息

北京蓝皮书

北京公共服务发展报告（2016~2017）

施昌奎 / 主编　2017 年 2 月出版　估价：89.00 元

◆ 本书是由北京市政府职能部门的领导、首都著名高校的教授、知名研究机构的专家共同完成的关于北京市公共服务发展与创新的研究成果。

河南蓝皮书

河南经济发展报告（2017）

张占仓 / 编著　2017 年 3 月出版　估价：89.00 元

◆ 本书以国内外经济发展环境和走向为背景，主要分析当前河南经济形势，预测未来发展趋势，全面反映河南经济发展的最新动态、热点和问题，为地方经济发展和领导决策提供参考。

广州蓝皮书

2017 年中国广州经济形势分析与预测

庚建设　陈浩钿　谢博能 / 主编　2017 年 7 月出版　估价：85.00 元

◆ 本书由广州大学与广州市委政策研究室、广州市统计局联合主编，汇集了广州科研团体、高等院校和政府部门诸多经济问题研究专家、学者和实际部门工作者的最新研究成果，是关于广州经济运行情况和相关专题分析、预测的重要参考资料。

文化传媒类

文化传媒类皮书透视文化领域、文化产业，
探索文化大繁荣、大发展的路径

新媒体蓝皮书

中国新媒体发展报告 No.8（2017）

唐绪军/主编　2017年6月出版　估价：89.00元

◆　本书是由中国社会科学院新闻与传播研究所组织编写的关于新媒体发展的最新年度报告，旨在全面分析中国新媒体的发展现状，解读新媒体的发展趋势，探析新媒体的深刻影响。

移动互联网蓝皮书

中国移动互联网发展报告（2017）

官建文/编著　2017年6月出版　估价：89.00元

◆　本书着眼于对中国移动互联网2016年度的发展情况做深入解析，对未来发展趋势进行预测，力求从不同视角、不同层面全面剖析中国移动互联网发展的现状、年度突破及热点趋势等。

传媒蓝皮书

中国传媒产业发展报告（2017）

崔保国/主编　2017年5月出版　估价：98.00元

◆　"传媒蓝皮书"连续十多年跟踪观察和系统研究中国传媒产业发展。本报告在对传媒产业总体以及各细分行业发展状况与趋势进行深入分析基础上，对年度发展热点进行跟踪，剖析新技术引领下的商业模式，对传媒各领域发展趋势、内体经营、传媒投资进行解析，为中国传媒产业正在发生的变革提供前瞻行参考。

经济类

"三农"互联网金融蓝皮书
中国"三农"互联网金融发展报告（2017）
著(编)者：李勇坚 王弢　2017年8月出版 / 估价：98.00元
PSN B-2016-561-1/1

G20国家创新竞争力黄皮书
二十国集团（G20）国家创新竞争力发展报告（2016~2017）
著(编)者：李建平 李闽榕 赵新力 周天勇
2017年8月出版 / 估价：158.00元
PSN Y-2011-229-1/1

产业蓝皮书
中国产业竞争力报告（2017）No.7
著(编)者：张其仔　2017年12月出版 / 估价：98.00元
PSN B-2010-175-1/1

城市创新蓝皮书
中国城市创新报告（2017）
著(编)者：周天勇 旷建伟　2017年11月出版 / 估价：89.00元
PSN B-2013-340-1/1

城市蓝皮书
中国城市发展报告 No.10
著(编)者：潘家华 单菁菁　2017年9月出版 / 估价：89.00元
PSN B-2007-091-1/1

城乡一体化蓝皮书
中国城乡一体化发展报告（2016~2017）
著(编)者：汝信 付崇兰　2017年7月出版 / 估价：85.00元
PSN B-2011-226-1/2

城镇化蓝皮书
中国新型城镇化健康发展报告（2017）
著(编)者：张占斌　2017年8月出版 / 估价：89.00元
PSN B-2014-396-1/1

创新蓝皮书
创新型国家建设报告（2016~2017）
著(编)者：詹正茂　2017年12月出版 / 估价：89.00元
PSN B-2009-140-1/1

创业蓝皮书
中国创业发展报告（2016~2017）
著(编)者：黄群慧 赵卫星 钟宏武等
2017年11月出版 / 估价：89.00元
PSN B-2016-578-1/1

低碳发展蓝皮书
中国低碳发展报告（2016~2017）
著(编)者：齐晔 张希良　2017年3月出版 / 估价：98.00元
PSN B-2011-223-1/1

低碳经济蓝皮书
中国低碳经济发展报告（2017）
著(编)者：薛进军 赵忠秀　2017年6月出版 / 估价：85.00元
PSN B-2011-194-1/1

东北蓝皮书
中国东北地区发展报告（2017）
著(编)者：朱宇 张新颖　2017年12月出版 / 估价：89.00元
PSN B-2006-067-1/1

发展与改革蓝皮书
中国经济发展和体制改革报告No.8
著(编)者：邹东涛 王再文　2017年1月出版 / 估价：98.00元
PSN B-2008-122-1/1

工业化蓝皮书
中国工业化进程报告（2017）
著(编)者：黄群慧　2017年12月出版 / 估价：158.00元
PSN B-2007-095-1/1

管理蓝皮书
中国管理发展报告（2017）
著(编)者：张晓东　2017年10月出版 / 估价：98.00元
PSN B-2014-416-1/1

国际城市蓝皮书
国际城市发展报告（2017）
著(编)者：屠启宇　2017年2月出版 / 估价：89.00元
PSN B-2012-260-1/1

国家创新蓝皮书
中国创新发展报告（2017）
著(编)者：陈劲　2017年12月出版 / 估价：89.00元
PSN B-2014-370-1/1

金融蓝皮书
中国金融发展报告（2017）
著(编)者：李扬 王国刚　2017年12月出版 / 估价：89.00元
PSN B-2004-031-1/6

京津冀金融蓝皮书
京津冀金融发展报告（2017）
著(编)者：王爱俭 李向前
2017年3月出版 / 估价：89.00元
PSN B-2016-528-1/1

京津冀蓝皮书
京津冀发展报告（2017）
著(编)者：文魁 祝尔娟　2017年4月出版 / 估价：89.00元
PSN B-2012-262-1/1

经济蓝皮书
2017年中国经济形势分析与预测
著(编)者：李扬　2016年12月出版 / 定价：89.00元
PSN B-1996-001-1/1

经济蓝皮书·春季号
2017年中国经济前景分析
著(编)者：李扬　2017年6月出版 / 估价：89.00元
PSN B-1999-008-1/1

经济蓝皮书·夏季号
中国经济增长报告（2016~2017）
著(编)者：李扬　2017年9月出版 / 估价：98.00元
PSN B-2010-176-1/1

经济信息绿皮书
中国与世界经济发展报告（2017）
著(编)者：杜平　2017年12月出版 / 估价：89.00元
PSN G-2003-023-1/1

就业蓝皮书
2017年中国本科生就业报告
著(编)者：麦可思研究院　2017年6月出版 / 估价：98.00元
PSN B-2009-146-1/2

就业蓝皮书
2017年中国高职高专生就业报告
著(编)者：麦可思研究院　2017年6月出版 / 估价：98.00元
PSN B-2015-472-2/2

科普能力蓝皮书
中国科普能力评价报告（2017）
著(编)者：李富 强李群　2017年8月出版 / 估价：89.00元
PSN B-2016-556-1/1

临空经济蓝皮书
中国临空经济发展报告（2017）
著(编)者：连玉明　2017年9月出版 / 估价：89.00元
PSN B-2014-421-1/1

农村绿皮书
中国农村经济形势分析与预测（2016~2017）
著(编)者：魏后凯 杜志雄 黄秉信
2017年4月出版 / 估价：89.00元
PSN G-1998-003-1/1

农业应对气候变化蓝皮书
气候变化对中国农业影响评估报告 No.3
著(编)者：矫梅燕　2017年8月出版 / 估价：98.00元
PSN B-2014-413-1/1

气候变化绿皮书
应对气候变化报告（2017）
著(编)者：王伟光 郑国光　2017年6月出版 / 估价：89.00元
PSN G-2009-144-1/1

区域蓝皮书
中国区域经济发展报告（2016~2017）
著(编)者：赵弘　2017年6月出版 / 估价：89.00元
PSN B-2004-034-1/1

全球环境竞争力绿皮书
全球环境竞争力报告（2017）
著(编)者：李建平 李闽榕 王金南
2017年12月出版 / 估价：198.00元
PSN G-2013-363-1/1

人口与劳动绿皮书
中国人口与劳动问题报告 No.18
著(编)者：蔡昉 张车伟　2017年11月出版 / 估价：89.00元
PSN G-2000-012-1/1

商务中心区蓝皮书
中国商务中心区发展报告 No.3（2016）
著(编)者：李国红 单菁菁　2017年1月出版 / 估价：89.00元
PSN B-2015-444-1/1

世界经济黄皮书
2017年世界经济形势分析与预测
著(编)者：张宇燕　2016年12月出版 / 定价：89.00元
PSN Y-1999-006-1/1

世界旅游城市绿皮书
世界旅游城市发展报告（2017）
著(编)者：宋宇　2017年1月出版 / 估价：128.00元
PSN B-2014-400-1/1

土地市场蓝皮书
中国农村土地市场发展报告（2016~2017）
著(编)者：李光荣　2017年3月出版 / 估价：89.00元
PSN B-2016-527-1/1

西北蓝皮书
中国西北发展报告（2017）
著(编)者：高建龙　2017年3月出版 / 估价：89.00元
PSN B-2012-261-1/1

西部蓝皮书
中国西部发展报告（2017）
著(编)者：姚慧琴 徐璋勇　2017年9月出版 / 估价：89.00元
PSN B-2005-039-1/1

新型城镇化蓝皮书
新型城镇化发展报告（2017）
著(编)者：李伟 宋敏 沈体雁　2017年3月出版 / 估价：98.00元
PSN B-2014-431-1/1

新兴经济体蓝皮书
金砖国家发展报告（2017）
著(编)者：林跃勤 周文　2017年12月出版 / 估价：89.00元
PSN B-2011-195-1/1

长三角蓝皮书
2017年新常态下深化一体化的长三角
著(编)者：王庆五　2017年12月出版 / 估价：88.00元
PSN B-2005-038-1/1

中部竞争力蓝皮书
中国中部经济社会竞争力报告（2017）
著(编)者：教育部人文社会科学重点研究基地
南昌大学中国中部经济社会发展研究中心
2017年12月出版 / 估价：89.00元
PSN B-2012-276-1/1

中部蓝皮书
中国中部地区发展报告（2017）
著(编)者：宋亚平　2017年12月出版 / 估价：88.00元
PSN B-2007-089-1/1

中国省域竞争力蓝皮书
中国省域经济综合竞争力发展报告（2017）
著(编)者：李建平 李闽榕 高燕京
2017年2月出版 / 估价：198.00元
PSN B-2007-088-1/1

中三角蓝皮书
长江中游城市群发展报告（2017）
著(编)者：秦尊文　2017年9月出版 / 估价：89.00元
PSN B-2014-417-1/1

中小城市绿皮书
中国中小城市发展报告（2017）
著(编)者：中国城市经济学会中小城市经济发展委员会
中国城镇化促进会中小城市发展委员会
《中国中小城市发展报告》编纂委员会
中小城市发展战略研究院
2017年11月出版 / 估价：128.00元
PSN G-2010-161-1/1

中原蓝皮书
中原经济区发展报告（2017）
著(编)者：李英杰　2017年6月出版 / 估价：88.00元
PSN B-2011-192-1/1

自贸区蓝皮书
中国自贸区发展报告（2017）
著(编)者：王力　2017年7月出版 / 估价：89.00元
PSN B-2016-559-1/1

社会政法类

北京蓝皮书
中国社区发展报告（2017）
著(编)者：于燕燕　　2017年2月出版 / 估价：89.00元
PSN B-2007-083-5/8

殡葬绿皮书
中国殡葬事业发展报告（2017）
著(编)者：李伯森　　2017年4月出版 / 估价：158.00元
PSN G-2010-180-1/1

城市管理蓝皮书
中国城市管理报告（2016~2017）
著(编)者：刘林 刘承水　2017年5月出版 / 估价：158.00元
PSN B-2013-336-1/1

城市生活质量蓝皮书
中国城市生活质量报告（2017）
著(编)者：中国经济实验研究院
2017年7月出版 / 估价：89.00元
PSN B-2013-326-1/1

城市政府能力蓝皮书
中国城市政府公共服务能力评估报告（2017）
著(编)者：何艳玲　　2017年4月出版 / 估价：89.00元
PSN B-2013-338-1/1

慈善蓝皮书
中国慈善发展报告（2017）
著(编)者：杨团　　2017年6月出版 / 估价：89.00元
PSN B-2009-142-1/1

党建蓝皮书
党的建设研究报告 No.2（2017）
著(编)者：崔建民 陈东平　2017年2月出版 / 估价：89.00元
PSN B-2016-524-1/1

地方法治蓝皮书
中国地方法治发展报告 No.3（2017）
著(编)者：李林 田禾　2017年3出版 / 估价：108.00元
PSN B-2015-442-1/1

法治蓝皮书
中国法治发展报告 No.15（2017）
著(编)者：李林 田禾　2017年3月出版 / 估价：118.00元
PSN B-2004-027-1/1

法治政府蓝皮书
中国法治政府发展报告（2017）
著(编)者：中国政法大学法治政府研究院
2017年2月出版 / 估价：98.00元
PSN B-2015-502-1/2

法治政府蓝皮书
中国法治政府评估报告（2017）
著(编)者：中国政法大学法治政府研究院
2016年11月出版 / 估价：98.00元
PSN B-2016-577-2/2

反腐倡廉蓝皮书
中国反腐倡廉建设报告 No.7
著(编)者：张英伟　　2017年12月出版 / 估价：89.00元
PSN B-2012-259-1/1

非传统安全蓝皮书
中国非传统安全研究报告（2016~2017）
著(编)者：余潇枫 魏志江　2017年6月出版 / 估价：89.00元
PSN B-2012-273-1/1

妇女发展蓝皮书
中国妇女发展报告 No.7
著(编)者：王金玲　　2017年9月出版 / 估价：148.00元
PSN B-2006-069-1/1

妇女教育蓝皮书
中国妇女教育发展报告 No.4
著(编)者：张李玺　　2017年10月出版 / 估价：78.00元
PSN B-2008-121-1/1

妇女绿皮书
中国性别平等与妇女发展报告（2017）
著(编)者：谭琳　　2017年12月出版 / 估价：99.00元
PSN G-2006-073-1/1

公共服务蓝皮书
中国城市基本公共服务力评价（2017）
著(编)者：钟君 吴正杲　2017年12月出版 / 估价：89.00元
PSN B-2011-214-1/1

公民科学素质蓝皮书
中国公民科学素质报告（2016~2017）
著(编)者：李群 陈雄 马宗文
2017年1月出版 / 估价：89.00元
PSN B-2014-379-1/1

公共关系蓝皮书
中国公共关系发展报告（2017）
著(编)者：柳斌杰　　2017年11月出版 / 估价：89.00元
PSN B-2016-580-1/1

公益蓝皮书
中国公益慈善发展报告（2017）
著(编)者：朱健刚　　2017年4月出版 / 估价：118.00元
PSN B-2012-283-1/1

国际人才蓝皮书
海外华侨华人专业人士报告（2017）
著(编)者：王辉耀 苗绿　2017年8月出版 / 估价：89.00元
PSN B-2014-409-4/4

国际人才蓝皮书
中国国际移民报告（2017）
著(编)者：王辉耀　　2017年2月出版 / 估价：89.00元
PSN B-2012-304-3/4

国际人才蓝皮书
中国留学发展报告（2017）No.5
著(编)者：王辉耀 苗绿　2017年10月出版 / 估价：89.00元
PSN B-2012-244-2/4

海洋社会蓝皮书
中国海洋社会发展报告（2017）
著(编)者：崔凤 宋宁而　2017年7月出版 / 估价：89.00元
PSN B-2015-478-1/1

行政改革蓝皮书
中国行政体制改革报告（2017）No.6
著(编)者：魏礼群　2017年5月出版／估价：98.00元
PSN B-2011-231-1/1

华侨华人蓝皮书
华侨华人研究报告（2017）
著(编)者：贾益民　2017年12月出版／估价：128.00元
PSN B-2011-204-1/1

环境竞争力绿皮书
中国省域环境竞争力发展报告（2017）
著(编)者：李建平　李闽榕　王金南
2017年11月出版／估价：198.00元
PSN G-2010-165-1/1

环境绿皮书
中国环境发展报告（2017）
著(编)者：刘鉴强　2017年11月出版／估价：89.00元
PSN G-2006-048-1/1

基金会蓝皮书
中国基金会发展报告（2016~2017）
著(编)者：中国基金会发展报告课题组
2017年4月出版／估价：85.00元
PSN B-2013-368-1/1

基金会绿皮书
中国基金会发展独立研究报告（2017）
著(编)者：基金会中心网　中央民族大学基金会研究中心
2017年6月出版／估价：88.00元
PSN G-2011-213-1/1

基金会透明度蓝皮书
中国基金会透明度发展研究报告（2017）
著(编)者：基金会中心网　清华大学廉政与治理研究中心
2017年12月出版／估价：89.00元
PSN B-2015-509-1/1

家庭蓝皮书
中国"创建幸福家庭活动"评估报告（2017）
国务院发展研究中心"创建幸福家庭活动评估"课题组著
2017年8月出版／估价：89.00元
PSN B-2012-261-1/1

健康城市蓝皮书
中国健康城市建设研究报告（2017）
著(编)者：王鸿春　解树江　盛继洪
2017年9月出版／估价：89.00元
PSN B-2016-565-2/2

教师蓝皮书
中国中小学教师发展报告（2017）
著(编)者：曾晓东　鱼霞　2017年6月出版／估价：89.00元
PSN B-2012-289-1/1

教育蓝皮书
中国教育发展报告（2017）
著(编)者：杨东平　2017年4月出版／估价：89.00元
PSN B-2006-047-1/1

科普蓝皮书
中国基层科普发展报告（2016~2017）
著(编)者：赵立　新陈玲　2017年9月出版／估价：89.00元
PSN B-2016-569-3/3

科普蓝皮书
中国科普基础设施发展报告（2017）
著(编)者：任福君　2017年6月出版／估价：89.00元
PSN B-2010-174-1/3

科普蓝皮书
中国科普人才发展报告（2017）
著(编)者：郑念　任嵘嵘　2017年4月出版／估价：98.00元
PSN B-2015-513-2/3

科学教育蓝皮书
中国科学教育发展报告（2017）
著(编)者：罗晖　王康友　2017年10月出版／估价：89.00元
PSN B-2015-487-1/1

劳动保障蓝皮书
中国劳动保障发展报告（2017）
著(编)者：刘燕斌　2017年9月出版／估价：188.00元
PSN B-2014-415-1/1

老龄蓝皮书
中国老年宜居环境发展报告（2017）
著(编)者：党俊武　周燕珉　2017年1月出版／估价：89.00元
PSN B-2013-320-1/1

连片特困区蓝皮书
中国连片特困区发展报告（2017）
著(编)者：游俊　冷志明　丁建军
2017年3月出版／估价：98.00元
PSN B-2013-321-1/1

民间组织蓝皮书
中国民间组织报告（2017）
著(编)者：黄晓勇　2017年12月出版／估价：89.00元
PSN B-2008-118-1/1

民调蓝皮书
中国民生调查报告（2017）
著(编)者：谢耘耕　2017年12月出版／估价：98.00元
PSN B-2014-398-1/1

民族发展蓝皮书
中国民族发展报告（2017）
著(编)者：郝时远　王延中　王希恩
2017年4月出版／估价：98.00元
PSN B-2006-070-1/1

女性生活蓝皮书
中国女性生活状况报告No.11（2017）
著(编)者：韩湘景　2017年10月出版／估价：98.00元
PSN B-2006-071-1/1

汽车社会蓝皮书
中国汽车社会发展报告（2017）
著(编)者：王俊秀　2017年1月出版／估价：89.00元
PSN B-2011-224-1/1

青年蓝皮书
中国青年发展报告（2017）No.3
著（编）者：廉思 等　2017年4月出版 / 估价：89.00元
PSN B-2013-333-1/1

青少年蓝皮书
中国未成年人互联网运用报告（2017）
著（编）者：李文革 沈杰 季为民
2017年11月出版 / 估价：89.00元
PSN B-2010-156-1/1

青少年体育蓝皮书
中国青少年体育发展报告（2017）
著（编）者：郭建军 杨桦　2017年9月出版 / 估价：89.00元
PSN B-2015-482-1/1

群众体育蓝皮书
中国群众体育发展报告（2017）
著（编）者：刘国永 杨桦　2017年12月出版 / 估价：89.00元
PSN B-2016-519-2/3

人权蓝皮书
中国人权事业发展报告 No.7（2017）
著（编）者：李君如　2017年9月出版 / 估价：98.00元
PSN B-2011-215-1/1

社会保障绿皮书
中国社会保障发展报告（2017）No.9
著（编）者：王延中　2017年4月出版 / 估价：89.00元
PSN G-2001-014-1/1

社会风险评估蓝皮书
风险评估与危机预警评估报告（2017）
著（编）者：唐钧　2017年8月出版 / 估价：85.00元
PSN B-2016-521-1/1

社会工作蓝皮书
中国社会工作发展报告（2017）
著（编）者：民政部社会工作研究中心
2017年8月出版 / 估价：89.00元
PSN B-2009-141-1/1

社会管理蓝皮书
中国社会管理创新报告 No.5
著（编）者：连玉明　2017年11月出版 / 估价：89.00元
PSN B-2012-300-1/1

社会蓝皮书
2017年中国社会形势分析与预测
著（编）者：李培林 陈光金 张翼
2016年12月出版 / 定价：89.00元
PSN B-1998-002-1/1

社会体制蓝皮书
中国社会体制改革报告No.5（2017）
著（编）者：龚维斌　2017年4月出版 / 估价：89.00元
PSN B-2013-330-1/1

社会心态蓝皮书
中国社会心态研究报告（2017）
著（编）者：王俊秀 杨宜音　2017年12月出版 / 估价：89.00元
PSN B-2011-199-1/1

社会组织蓝皮书
中国社会组织评估发展报告（2017）
著（编）者：徐家良 廖鸿　2017年12月出版 / 估价：89.00元
PSN B-2013-366-1/1

生态城市绿皮书
中国生态城市建设发展报告（2017）
著（编）者：刘举科 孙伟平 胡文臻
2017年9月出版 / 估价：118.00元
PSN G-2012-269-1/1

生态文明绿皮书
中国省域生态文明建设评价报告（ECI 2017）
著（编）者：严耕　2017年12月出版 / 估价：98.00元
PSN G-2010-170-1/1

体育蓝皮书
中国公共体育服务发展报告（2017）
著（编）者：戴健　2017年12月出版 / 估价：89.00元
PSN B-2013-367-2/4

土地整治蓝皮书
中国土地整治发展研究报告 No.4
著（编）者：国土资源部土地整治中心
2017年7月出版 / 估价：89.00元
PSN B-2014-401-1/1

土地政策蓝皮书
中国土地政策研究报告（2017）
著（编）者：高延利 李宪文
2017年12月出版 / 估价：89.00元
PSN B-2015-506-1/1

医改蓝皮书
中国医药卫生体制改革报告（2017）
著（编）者：文学国 房志武　2017年11月出版 / 估价：98.00元
PSN B-2014-432-1/1

医疗卫生绿皮书
中国医疗卫生发展报告 No.7（2017）
著（编）者：申宝忠 韩玉珍　2017年4月出版 / 估价：85.00元
PSN G-2004-033-1/1

应急管理蓝皮书
中国应急管理报告（2017）
著（编）者：宋英华　2017年9月出版 / 估价：98.00元
PSN B-2016-563-1/1

政治参与蓝皮书
中国政治参与报告（2017）
著（编）者：房宁　2017年9月出版 / 估价：118.00元
PSN B-2011-200-1/1

中国农村妇女发展蓝皮书
农村流动女性城市生活发展报告（2017）
著（编）者：谢丽华　2017年12月出版 / 估价：89.00元
PSN B-2014-434-1/1

宗教蓝皮书
中国宗教报告（2017）
著（编）者：邱永辉　2017年4月出版 / 估价：89.00元
PSN B-2008-117-1/1

行业报告类

SUV蓝皮书
中国SUV市场发展报告（2016~2017）
著(编)者：靳军　2017年9月出版 / 估价：89.00元
PSN B-2016-572-1/1

保健蓝皮书
中国保健服务产业发展报告 No.2
著(编)者：中国保健协会 中共中央党校
2017年7月出版 / 估价：198.00元
PSN B-2012-272-3/3

保健蓝皮书
中国保健食品产业发展报告 No.2
著(编)者：中国保健协会
　　　　中国社会科学院食品药品产业发展与监管研究中心
2017年7月出版 / 估价：198.00元
PSN B-2012-271-2/3

保健蓝皮书
中国保健用品产业发展报告 No.2
著(编)者：中国保健协会
　　　　国务院国有资产监督管理委员会研究中心
2017年3月出版 / 估价：198.00元
PSN B-2012-270-1/3

保险蓝皮书
中国保险业竞争力报告（2017）
著(编)者：项俊波　2017年12月出版 / 估价：99.00元
PSN B-2013-311-1/1

冰雪蓝皮书
中国滑雪产业发展报告（2017）
著(编)者：孙承华 伍斌 魏庆华 张鸿俊
2017年8月出版 / 估价：89.00元
PSN B-2016-560-1/1

彩票蓝皮书
中国彩票发展报告（2017）
著(编)者：益彩基金　2017年4月出版 / 估价：98.00元
PSN B-2015-462-1/1

餐饮产业蓝皮书
中国餐饮产业发展报告（2017）
著(编)者：邢颖　2017年6月出版 / 估价：98.00元
PSN B-2009-151-1/1

测绘地理信息蓝皮书
新常态下的测绘地理信息研究报告（2017）
著(编)者：库热西·买合苏提
2017年12月出版 / 估价：118.00元
PSN B-2009-145-1/1

茶业蓝皮书
中国茶产业发展报告（2017）
著(编)者：杨江帆 李闽榕　2017年10月出版 / 估价：88.00元
PSN B-2010-164-1/1

产权市场蓝皮书
中国产权市场发展报告（2016~2017）
著(编)者：曹和平　2017年5月出版 / 估价：89.00元
PSN B-2009-147-1/1

产业安全蓝皮书
中国出版传媒产业安全报告（2016~2017）
著(编)者：北京印刷学院文化产业安全研究院
2017年3月出版 / 估价：89.00元
PSN B-2014-384-13/14

产业安全蓝皮书
中国文化产业安全报告（2017）
著(编)者：北京印刷学院文化产业安全研究院
2017年12月出版 / 估价：89.00元
PSN B-2014-378-12/14

产业安全蓝皮书
中国新媒体产业安全报告（2017）
著(编)者：北京印刷学院文化产业安全研究院
2017年12月出版 / 估价：89.00元
PSN B-2015-500-14/14

城投蓝皮书
中国城投行业发展报告（2017）
著(编)者：王晨艳 丁伯康　2017年11月出版 / 估价：300.00元
PSN B-2016-514-1/1

电子政务蓝皮书
中国电子政务发展报告（2016~2017）
著(编)者：李季 杜平　2017年7月出版 / 估价：89.00元
PSN B-2003-022-1/1

杜仲产业绿皮书
中国杜仲橡胶资源与产业发展报告（2016~2017）
著(编)者：杜红岩 胡文臻 俞锐
2017年1月出版 / 估价：85.00元
PSN G-2013-350-1/1

房地产蓝皮书
中国房地产发展报告 No.14（2017）
著(编)者：李春华 王业强　2017年5月出版 / 估价：89.00元
PSN B-2004-028-1/1

服务外包蓝皮书
中国服务外包产业发展报告（2017）
著(编)者：王晓红 刘德军
2017年6月出版 / 估价：89.00元
PSN B-2013-331-2/2

服务外包蓝皮书
中国服务外包竞争力报告（2017）
著(编)者：王力 刘春生 黄育华
2017年11月出版 / 估价：85.00元
PSN B-2011-216-1/2

工业和信息化蓝皮书
世界网络安全发展报告（2016~2017）
著(编)者：洪京一　2017年4月出版 / 估价：89.00元
PSN B-2015-452-5/5

工业和信息化蓝皮书
世界信息化发展报告（2016~2017）
著(编)者：洪京一　2017年4月出版 / 估价：89.00元
PSN B-2015-451-4/5

工业和信息化蓝皮书
世界信息技术产业发展报告（2016~2017）
著(编)者: 洪京一　2017年4月出版 / 估价: 89.00元
PSN B-2015-449-2/5

工业和信息化蓝皮书
移动互联网产业发展报告（2016~2017）
著(编)者: 洪京一　2017年4月出版 / 估价: 89.00元
PSN B-2015-448-1/5

工业和信息化蓝皮书
战略性新兴产业发展报告（2016~2017）
著(编)者: 洪京一　2017年4月出版 / 估价: 89.00元
PSN B-2015-450-3/5

工业设计蓝皮书
中国工业设计发展报告（2017）
著(编)者: 王晓红 于炜 张立群
2017年9月出版 / 估价: 138.00元
PSN B-2014-420-1/1

黄金市场蓝皮书
中国商业银行黄金业务发展报告（2016~2017）
著(编)者: 平安银行　2017年3月出版 / 估价: 98.00元
PSN B-2016-525-1/1

互联网金融蓝皮书
中国互联网金融发展报告（2017）
著(编)者: 李东荣　2017年9月出版 / 估价: 128.00元
PSN B-2014-374-1/1

互联网医疗蓝皮书
中国互联网医疗发展报告（2017）
著(编)者: 宫晓东　2017年9月出版 / 估价: 89.00元
PSN B-2016-568-1/1

会展蓝皮书
中外会展业动态评估年度报告（2017）
著(编)者: 张敏　2017年1月出版 / 估价: 88.00元
PSN B-2013-327-1/1

金融监管蓝皮书
中国金融监管报告（2017）
著(编)者: 胡滨　2017年6月出版 / 估价: 89.00元
PSN B-2012-281-1/1

金融蓝皮书
中国金融中心发展报告（2017）
著(编)者: 王力 黄育华　2017年11月出版 / 估价: 85.00元
PSN B-2011-186-6/6

建筑装饰蓝皮书
中国建筑装饰行业发展报告（2017）
著(编)者: 刘晓一 葛顺道　2017年7月出版 / 估价: 198.00元
PSN B-2016-554-1/1

客车蓝皮书
中国客车产业发展报告（2016~2017）
著(编)者: 姚蔚　2017年10月出版 / 估价: 85.00元
PSN B-2013-361-1/1

旅游安全蓝皮书
中国旅游安全报告（2017）
著(编)者: 郑向敏 谢朝武　2017年5月出版 / 估价: 128.00元
PSN B-2012-280-1/1

旅游绿皮书
2016~2017年中国旅游发展分析与预测
著(编)者: 张广瑞 刘德谦　2017年4月出版 / 估价: 89.00元
PSN G-2002-018-1/1

煤炭蓝皮书
中国煤炭工业发展报告（2017）
著(编)者: 岳福斌　2017年12月出版 / 估价: 85.00元
PSN B-2008-123-1/1

民营企业社会责任蓝皮书
中国民营企业社会责任报告（2017）
著(编)者: 中华全国工商业联合会
2017年12月出版 / 估价: 89.00元
PSN B-2015-511-1/1

民营医院蓝皮书
中国民营医院发展报告（2017）
著(编)者: 庄一强　2017年10月出版 / 估价: 85.00元
PSN B-2012-299-1/1

闽商蓝皮书
闽商发展报告（2017）
著(编)者: 李闽榕 王日根 林琛
2017年12月出版 / 估价: 89.00元
PSN B-2012-298-1/1

能源蓝皮书
中国能源发展报告（2017）
著(编)者: 崔民选 王军生 陈义和
2017年10月出版 / 估价: 98.00元
PSN B-2006-049-1/1

农产品流通蓝皮书
中国农产品流通产业发展报告（2017）
著(编)者: 贾敬敦 张东科 张玉玺 张鹏毅 周伟
2017年1月出版 / 估价: 89.00元
PSN B-2012-288-1/1

企业公益蓝皮书
中国企业公益研究报告（2017）
著(编)者: 钟宏武 汪杰 顾一 黄晓娟 等
2017年12月出版 / 估价: 89.00元
PSN B-2015-501-1/1

企业国际化蓝皮书
中国企业国际化报告（2017）
著(编)者: 王辉耀　2017年11月出版 / 估价: 98.00元
PSN B-2014-427-1/1

企业蓝皮书
中国企业绿色发展报告No.2（2017）
著(编)者: 李红玉 朱光辉　2017年8月出版 / 估价: 89.00元
PSN B-2015-481-2/2

企业社会责任蓝皮书
中国企业社会责任研究报告（2017）
著(编)者: 黄群慧 钟宏武 张蒽 翟利峰
2017年11月出版 / 估价: 89.00元
PSN B-2009-149-1/1

汽车安全蓝皮书
中国汽车安全发展报告（2017）
著(编)者: 中国汽车技术研究中心
2017年7月出版 / 估价: 89.00元
PSN B-2014-385-1/1

汽车电子商务蓝皮书
中国汽车电子商务发展报告（2017）
著(编)者：中华全国工商业联合会汽车经销商商会
　　　　北京易观智库网络科技有限公司
2017年10月出版 / 估价：128.00元
PSN B-2015-485-1/1

汽车工业蓝皮书
中国汽车工业发展年度报告（2017）
著(编)者：中国汽车工业协会 中国汽车技术研究中心
　　　　丰田汽车（中国）投资有限公司
2017年4月出版 / 估价：128.00元
PSN B-2015-463-1/2

汽车工业蓝皮书
中国汽车零部件产业发展报告（2017）
著(编)者：中国汽车工业协会 中国汽车工程研究院
2017年10月出版 / 估价：98.00元
PSN B-2016-515-2/2

汽车蓝皮书
中国汽车产业发展报告（2017）
著(编)者：国务院发展研究中心产业经济研究部
　　　　中国汽车工程学会 大众汽车集团（中国）
2017年8月出版 / 估价：98.00元
PSN B-2008-124-1/1

人力资源蓝皮书
中国人力资源发展报告（2017）
著(编)者：余兴安　2017年11月出版 / 估价：89.00元
PSN B-2012-287-1/1

融资租赁蓝皮书
中国融资租赁业发展报告（2016～2017）
著(编)者：李光荣 王力　2017年8月出版 / 估价：89.00元
PSN B-2015-443-1/1

商会蓝皮书
中国商会发展报告No.5（2017）
著(编)者：王钦敏　2017年7月出版 / 估价：89.00元
PSN B-2008-125-1/1

输血服务蓝皮书
中国输血行业发展报告（2017）
著(编)者：朱永明 耿鸿武　2016年8月出版 / 估价：89.00元
PSN B-2016-583-1/1

上市公司蓝皮书
中国上市公司社会责任信息披露报告（2017）
著(编)者：张旺 张杨　2017年11月出版 / 估价：89.00元
PSN B-2011-234-1/2

社会责任管理蓝皮书
中国上市公司社会责任能力成熟度报告（2017）No.2
著(编)者：肖红军 王晓光 李伟阳
2017年12月出版 / 估价：98.00元
PSN B-2015-507-2/2

社会责任管理蓝皮书
中国企业公众透明度报告(2017)No.3
著(编)者：黄速建 熊梦 王晓光 肖红军
2017年1月出版 / 估价：98.00元
PSN B-2015-440-1/2

食品药品蓝皮书
食品药品安全与监管政策研究报告（2016～2017）
著(编)者：唐民皓　2017年6月出版 / 估价：89.00元
PSN B-2009-129-1/1

世界能源蓝皮书
世界能源发展报告（2017）
著(编)者：黄晓勇　2017年6月出版 / 估价：99.00元
PSN B-2013-349-1/1

水利风景区蓝皮书
中国水利风景区发展报告（2017）
著(编)者：谢婵才 兰思仁　2017年5月出版 / 估价：89.00元
PSN B-2015-480-1/1

私募市场蓝皮书
中国私募股权市场发展报告（2017）
著(编)者：曹和平　2017年12月出版 / 估价：89.00元
PSN B-2010-162-1/1

碳市场蓝皮书
中国碳市场报告（2017）
著(编)者：定金彪　2017年11月出版 / 估价：89.00元
PSN B-2014-430-1/1

体育蓝皮书
中国体育产业发展报告（2017）
著(编)者：阮伟 钟秉枢　2017年12月出版 / 估价：89.00元
PSN B-2010-179-1/4

网络空间安全蓝皮书
中国网络空间安全发展报告（2017）
著(编)者：惠志斌 唐涛　2017年4月出版 / 估价：89.00元
PSN B-2015-466-1/1

西部金融蓝皮书
中国西部金融发展报告（2017）
著(编)者：李忠民　2017年8月出版 / 估价：85.00元
PSN B-2010-160-1/1

协会商会蓝皮书
中国行业协会商会发展报告（2017）
著(编)者：景朝阳 李勇　2017年4月出版 / 估价：99.00元
PSN B-2015-461-1/1

新能源汽车蓝皮书
中国新能源汽车产业发展报告（2017）
著(编)者：中国汽车技术研究中心
　　　　日产（中国）投资有限公司 东风汽车有限公司
2017年7月出版 / 估价：98.00元
PSN B-2013-347-1/1

新三板蓝皮书
中国新三板市场发展报告（2017）
著(编)者：王力　2017年6月出版 / 估价：89.00元
PSN B-2016-534-1/1

信托市场蓝皮书
中国信托业市场报告（2016～2017）
著(编)者：用益信托工作室
2017年1月出版 / 估价：198.00元
PSN B-2014-371-1/1

信息化蓝皮书
中国信息化形势分析与预测（2016~2017）
著(编)者：周宏仁　2017年8月出版 / 估价：98.00元
PSN B-2010-168-1/1

信用蓝皮书
中国信用发展报告（2017）
著(编)者：章政 田侃　2017年4月出版 / 估价：99.00元
PSN B-2013-328-1/1

休闲绿皮书
2017年中国休闲发展报告
著(编)者：宋瑞　2017年10月出版 / 估价：89.00元
PSN G-2010-158-1/1

休闲体育蓝皮书
中国休闲体育发展报告（2016~2017）
著(编)者：李相如 钟炳枢　2017年10月出版 / 估价：89.00元
PSN G-2016-516-1/1

养老金融蓝皮书
中国养老金融发展报告（2017）
著(编)者：董克用 姚余栋
2017年6月出版 / 估价：89.00元
PSN B-2016-584-1/1

药品流通蓝皮书
中国药品流通行业发展报告（2017）
著(编)者：佘鲁林 温再兴　2017年8月出版 / 估价：158.00元
PSN B-2014-429-1/1

医院蓝皮书
中国医院竞争力报告（2017）
著(编)者：庄一强 曾益新　2017年3月出版 / 估价：128.00元
PSN B-2016-529-1/1

医药蓝皮书
中国中医药产业园战略发展报告（2017）
著(编)者：裴长洪 房书亭 吴滌心
2017年8月出版 / 估价：89.00元
PSN B-2012-305-1/1

邮轮绿皮书
中国邮轮产业发展报告（2017）
著(编)者：汪泓　2017年10月出版 / 估价：89.00元
PSN G-2014-419-1/1

智能养老蓝皮书
中国智能养老产业发展报告（2017）
著(编)者：朱勇　2017年10月出版 / 估价：89.00元
PSN B-2015-488-1/1

债券市场蓝皮书
中国债券市场发展报告（2016~2017）
著(编)者：杨农　2017年10月出版 / 估价：89.00元
PSN B-2016-573-1/1

中国节能汽车蓝皮书
中国节能汽车发展报告（2016~2017）
著(编)者：中国汽车工程研究院股份有限公司
2017年9月出版 / 估价：98.00元
PSN B-2016-566-1/1

中国上市公司蓝皮书
中国上市公司发展报告（2017）
著(编)者：张平 王宏淼
2017年10月出版 / 估价：98.00元
PSN B-2014-414-1/1

中国陶瓷产业蓝皮书
中国陶瓷产业发展报告（2017）
著(编)者：左和平 黄速建　2017年10月出版 / 估价：98.00元
PSN B-2016-574-1/1

中国总部经济蓝皮书
中国总部经济发展报告（2016~2017）
著(编)者：赵弘　2017年9月出版 / 估价：89.00元
PSN B-2005-036-1/1

中医文化蓝皮书
中国中医药文化传播发展报告（2017）
著(编)者：毛嘉陵　2017年7月出版 / 估价：89.00元
PSN B-2015-468-1/1

装备制造业蓝皮书
中国装备制造业发展报告（2017）
著(编)者：徐东华　2017年12月出版 / 估价：148.00元
PSN B-2015-505-1/1

资本市场蓝皮书
中国场外交易市场发展报告（2016~2017）
著(编)者：高峦　2017年3月出版 / 估价：89.00元
PSN B-2009-153-1/1

资产管理蓝皮书
中国资产管理行业发展报告（2017）
著(编)者：智信资产管理研究院
2017年6月出版 / 估价：89.00元
PSN B-2014-407-2/2

文化传媒类

传媒竞争力蓝皮书
中国传媒国际竞争力研究报告（2017）
著(编)者：李本乾 刘强
2017年11月出版 / 估价：148.00元
PSN B-2013-356-1/1

传媒蓝皮书
中国传媒产业发展报告（2017）
著(编)者：崔保国　2017年5月出版 / 估价：98.00元
PSN B-2005-035-1/1

传媒投资蓝皮书
中国传媒投资发展报告（2017）
著(编)者：张向东 谭云明
2017年6月出版 / 估价：128.00元
PSN B-2015-474-1/1

动漫蓝皮书
中国动漫产业发展报告（2017）
著(编)者：卢斌 郑玉明 牛兴侦
2017年9月出版 / 估价：89.00元
PSN B-2011-198-1/1

非物质文化遗产蓝皮书
中国非物质文化遗产发展报告（2017）
著(编)者：陈平　2017年5月出版 / 估价：98.00元
PSN B-2015-469-1/1

广电蓝皮书
中国广播电影电视发展报告（2017）
著(编)者：国家新闻出版广电总局发展研究中心
2017年7月出版 / 估价：98.00元
PSN B-2006-072-1/1

广告主蓝皮书
中国广告主营销传播趋势报告 No.9
著(编)者：黄升民 杜国清 邵华冬 等
2017年10月出版 / 估价：148.00元
PSN B-2005-041-1/1

国际传播蓝皮书
中国国际传播发展报告（2017）
著(编)者：胡正荣 李继东 姬德强
2017年11月出版 / 估价：89.00元
PSN B-2014-408-1/1

纪录片蓝皮书
中国纪录片发展报告（2017）
著(编)者：何苏六　2017年9月出版 / 估价：89.00元
PSN B-2011-222-1/1

科学传播蓝皮书
中国科学传播报告（2017）
著(编)者：詹正茂　2017年7月出版 / 估价：89.00元
PSN B-2008-120-1/1

两岸创意经济蓝皮书
两岸创意经济研究报告（2017）
著(编)者：罗昌智 林咏能
2017年10月出版 / 估价：98.00元
PSN B-2014-437-1/1

两岸文化蓝皮书
两岸文化产业合作发展报告（2017）
著(编)者：胡惠林 李保宗　2017年7月出版 / 估价：89.00元
PSN B-2012-285-1/1

媒介与女性蓝皮书
中国媒介与女性发展报告(2016~2017)
著(编)者：刘利群　2017年9月出版 / 估价：118.00元
PSN B-2013-345-1/1

媒体融合蓝皮书
中国媒体融合发展报告（2017）
著(编)者：梅宁华 宋awards建武　2017年7月出版 / 估价：89.00元
PSN B-2015-479-1/1

全球传媒蓝皮书
全球传媒发展报告（2017）
著(编)者：胡正荣 李继东 唐晓芬
2017年11月出版 / 估价：89.00元
PSN B-2012-237-1/1

少数民族非遗蓝皮书
中国少数民族非物质文化遗产发展报告（2017）
著(编)者：肖远平（彝） 柴立（满）
2017年8月出版 / 估价：98.00元
PSN B-2015-467-1/1

视听新媒体蓝皮书
中国视听新媒体发展报告（2017）
著(编)者：国家新闻出版广电总局发展研究中心
2017年7月出版 / 估价：98.00元
PSN B-2011-184-1/1

文化创新蓝皮书
中国文化创新报告（2017）No.7
著(编)者：于平 傅才武　2017年7月出版 / 估价：98.00元
PSN B-2009-143-1/1

文化建设蓝皮书
中国文化发展报告（2016~2017）
著(编)者：江畅 孙伟平 戴茂堂
2017年6月出版 / 估价：116.00元
PSN B-2014-392-1/1

文化科技蓝皮书
文化科技创新发展报告（2017）
著(编)者：于平 李凤亮　2017年11月出版 / 估价：89.00元
PSN B-2013-342-1/1

文化蓝皮书
中国公共文化服务发展报告（2017）
著(编)者：刘新成 张永新 张旭
2017年12月出版 / 估价：98.00元
PSN B-2007-093-2/10

文化蓝皮书
中国公共文化投入增长测评报告（2017）
著(编)者：王亚南　2017年4月出版 / 估价：89.00元
PSN B-2014-435-10/10

文化蓝皮书
中国少数民族文化发展报告（2016~2017）
著(编)者：武翠英 张晓明 仁乌晶
2017年9月出版 / 估价：89.00元
PSN B-2013-369-9/10

文化蓝皮书
中国文化产业发展报告（2016~2017）
著(编)者：张晓明 王家新 章建刚
2017年2月出版 / 估价：89.00元
PSN B-2002-019-1/10

文化蓝皮书
中国文化产业供需协调检测报告（2017）
著(编)者：王亚南 2017年2月出版 / 估价：89.00元
PSN B-2013-323-8/10

文化蓝皮书
中国文化消费需求景气评价报告（2017）
著(编)者：王亚南 2017年4月出版 / 估价：89.00元
PSN B-2011-236-4/10

文化品牌蓝皮书
中国文化品牌发展报告（2017）
著(编)者：欧阳友权 2017年5月出版 / 估价：98.00元
PSN B-2012-277-1/1

文化遗产蓝皮书
中国文化遗产事业发展报告（2017）
著(编)者：苏杨 张颖岚 王宇飞
2017年8月出版 / 估价：98.00元
PSN B-2008-119-1/1

文学蓝皮书
中国文情报告（2016~2017）
著(编)者：白烨 2017年5月出版 / 估价：49.00元
PSN B-2011-221-1/1

新媒体蓝皮书
中国新媒体发展报告No.8（2017）
著(编)者：唐绪军 2017年6月出版 / 估价：89.00元
PSN B-2010-169-1/1

新媒体社会责任蓝皮书
中国新媒体社会责任研究报告（2017）
著(编)者：钟瑛 2017年11月出版 / 估价：89.00元
PSN B-2014-423-1/1

移动互联网蓝皮书
中国移动互联网发展报告（2017）
著(编)者：官建文 2017年6月出版 / 估价：89.00元
PSN B-2012-282-1/1

舆情蓝皮书
中国社会舆情与危机管理报告（2017）
著(编)者：谢耘耕 2017年9月出版 / 估价：128.00元
PSN B-2011-235-1/1

影视风控蓝皮书
中国影视舆情与风控报告（2017）
著(编)者：司若 2017年4月出版 / 估价：138.00元
PSN B-2016-530-1/1

地方发展类

安徽经济蓝皮书
合芜蚌国家自主创新综合示范区研究报告（2016~2017）
著(编)者：王开玉 2017年11月出版 / 估价：89.00元
PSN B-2014-383-1/1

安徽蓝皮书
安徽社会发展报告（2017）
著(编)者：程桦 2017年4月出版 / 估价：89.00元
PSN B-2013-325-1/1

安徽社会建设蓝皮书
安徽社会建设分析报告（2016~2017）
著(编)者：黄家海 王开玉 蔡宪
2016年4月出版 / 估价：89.00元
PSN B-2013-322-1/1

澳门蓝皮书
澳门经济社会发展报告（2016~2017）
著(编)者：吴志良 郝雨凡 2017年6月出版 / 估价：98.00元
PSN B-2009-138-1/1

北京蓝皮书
北京公共服务发展报告（2016~2017）
著(编)者：施昌奎 2017年2月出版 / 估价：89.00元
PSN B-2008-103-7/8

北京蓝皮书
北京经济发展报告（2016~2017）
著(编)者：杨松 2017年6月出版 / 估价：89.00元
PSN B-2006-054-2/8

北京蓝皮书
北京社会发展报告（2016~2017）
著(编)者：李伟东 2017年6月出版 / 估价：89.00元
PSN B-2006-055-3/8

北京蓝皮书
北京社会治理发展报告（2016~2017）
著(编)者：殷星辰 2017年5月出版 / 估价：89.00元
PSN B-2014-391-8/8

北京蓝皮书
北京文化发展报告（2016~2017）
著(编)者：李建盛 2017年4月出版 / 估价：89.00元
PSN B-2007-082-4/8

北京律师绿皮书
北京律师发展报告No.3（2017）
著(编)者：王隽 2017年7月出版 / 估价：88.00元
PSN G-2012-301-1/1

北京旅游蓝皮书
北京旅游发展报告（2017）
著(编)者：北京旅游学会　2017年1月出版 / 估价：88.00元
PSN B-2011-217-1/1

北京人才蓝皮书
北京人才发展报告（2017）
著(编)者：于淼　2017年12月出版 / 估价：128.00元
PSN B-2011-201-1/1

北京社会心态蓝皮书
北京社会心态分析报告（2016～2017）
著(编)者：北京社会心理研究所
2017年8月出版 / 估价：89.00元
PSN B-2014-422-1/1

北京社会组织管理蓝皮书
北京社会组织发展与管理（2016～2017）
著(编)者：黄江松　2017年4月出版 / 估价：88.00元
PSN B-2015-446-1/1

北京体育蓝皮书
北京体育产业发展报告（2016～2017）
著(编)者：钟秉枢 陈杰 杨铁黎
2017年9月出版 / 估价：89.00元
PSN B-2015-475-1/1

北京养老产业蓝皮书
北京养老产业发展报告（2017）
著(编)者：周明明 冯喜良　2017年8月出版 / 估价：89.00元
PSN B-2015-465-1/1

滨海金融蓝皮书
滨海新区金融发展报告（2017）
著(编)者：王爱俭 张锐钢　2017年12月出版 / 估价：89.00元
PSN B-2014-424-1/1

城乡一体化蓝皮书
中国城乡一体化发展报告·北京卷（2016～2017）
著(编)者：张宝秀 黄序　2017年5月出版 / 估价：89.00元
PSN B-2012-258-2/2

创意城市蓝皮书
北京文化创意产业发展报告（2017）
著(编)者：张京成 王国华　2017年10月出版 / 估价：89.00元
PSN B-2012-263-1/7

创意城市蓝皮书
青岛文化创意产业发展报告（2017）
著(编)者：马达 张丹妮　2017年8月出版 / 估价：89.00元
PSN B-2011-235-1/1

创意城市蓝皮书
天津文化创意产业发展报告（2016～2017）
著(编)者：谢思全　2017年6月出版 / 估价：89.00元
PSN B-2016-537-7/7

创意城市蓝皮书
无锡文化创意产业发展报告（2017）
著(编)者：谭军 吴鸣年　2017年10月出版 / 估价：89.00元
PSN B-2013-346-3/7

创意城市蓝皮书
武汉文化创意产业发展报告（2017）
著(编)者：黄永林 陈汉桥　2017年9月出版 / 估价：99.00元
PSN B-2013-354-4/7

创意上海蓝皮书
上海文化创意产业发展报告（2016～2017）
著(编)者：王慧敏 王兴全　2017年8月出版 / 估价：89.00元
PSN B-2016-562-1/1

福建妇女发展蓝皮书
福建省妇女发展报告（2017）
著(编)者：刘群英　2017年11月出版 / 估价：88.00元
PSN B-2011-220-1/1

福建自贸区蓝皮书
中国（福建）自由贸易实验区发展报告（2016～2017）
著(编)者：黄茂兴　2017年4月出版 / 估价：108.00元
PSN B-2017-532-1/1

甘肃蓝皮书
甘肃经济发展分析与预测（2017）
著(编)者：朱智文 罗哲　2017年1月出版 / 估价：89.00元
PSN B-2013-312-1/6

甘肃蓝皮书
甘肃社会发展分析与预测（2017）
著(编)者：安文华 包晓霞 谢增虎
2017年1月出版 / 估价：89.00元
PSN B-2013-313-2/6

甘肃蓝皮书
甘肃文化发展分析与预测（2017）
著(编)者：安文华 周小华　2017年1月出版 / 估价：89.00元
PSN B-2013-314-3/6

甘肃蓝皮书
甘肃县域和农村发展报告（2017）
著(编)者：刘进军 柳民 王建兵
2017年1月出版 / 估价：89.00元
PSN B-2013-316-5/6

甘肃蓝皮书
甘肃舆情分析与预测（2017）
著(编)者：陈双梅 郝树声　2017年1月出版 / 估价：89.00元
PSN B-2013-315-4/6

甘肃蓝皮书
甘肃商贸流通发展报告（2017）
著(编)者：杨志武 王福生 王晓芳
2017年1月出版 / 估价：89.00元
PSN B-2016-523-6/6

广东蓝皮书
广东全面深化改革发展报告（2017）
著(编)者：周林生 涂成林　2017年12月出版 / 估价：89.00元
PSN B-2015-504-3/3

广东蓝皮书
广东社会工作发展报告（2017）
著(编)者：罗观翠　2017年6月出版 / 估价：89.00元
PSN B-2014-402-2/3

广东蓝皮书
广东省电子商务发展报告（2017）
著(编)者：程晓 邓顺国　2017年7月出版 / 估价：89.00元
PSN B-2013-360-1/3

广东社会建设蓝皮书
广东省社会建设发展报告（2017）
著(编)者：广东省社会工作委员会
2017年12月出版 / 估价：99.00元
PSN B-2014-436-1/1

广东外经贸蓝皮书
广东对外经济贸易发展研究报告（2016~2017）
著(编)者：陈万灵 2017年8月出版 估价：98.00元
PSN B-2012-286-1/1

广西北部湾经济区蓝皮书
广西北部湾经济区开放开发报告（2017）
著(编)者：广西北部湾经济区规划建设管理委员会办公室
　　　　　广西社会科学院广西北部湾发展研究院
2017年2月出版 / 估价：89.00元
PSN B-2010-181-1/1

巩义蓝皮书
巩义经济社会发展报告（2017）
著(编)者：丁同民 朱军 2017年4月出版 / 估价：58.00元
PSN B-2016-533-1/1

广州蓝皮书
2017年中国广州经济形势分析与预测
著(编)者：庾建设 陈浩钿 谢博能
2017年7月出版 / 估价：85.00元
PSN B-2011-185-9/14

广州蓝皮书
2017年中国广州社会形势分析与预测
著(编)者：张强 陈怡霓 杨秦 2017年6月出版 / 估价：85.00元
PSN B-2008-110-5/14

广州蓝皮书
广州城市国际化发展报告（2017）
著(编)者：朱名宏 2017年8月出版 / 估价：79.00元
PSN B-2012-246-11/14

广州蓝皮书
广州创新型城市发展报告（2017）
著(编)者：尹涛 2017年7月出版 / 估价：79.00元
PSN B-2012-247-12/14

广州蓝皮书
广州经济发展报告（2017）
著(编)者：朱名宏 2017年7月出版 / 估价：79.00元
PSN B-2005-040-1/14

广州蓝皮书
广州农村发展报告（2017）
著(编)者：朱名宏 2017年8月出版 / 估价：79.00元
PSN B-2010-167-8/14

广州蓝皮书
广州汽车产业发展报告（2017）
著(编)者：杨再高 冯兴亚 2017年7月出版 / 估价：79.00元
PSN B-2006-066-3/14

广州蓝皮书
广州青年发展报告（2016~2017）
著(编)者：徐柳 张强 2017年9月出版 / 估价：79.00元
PSN B-2013-352-13/14

广州蓝皮书
广州商贸业发展报告（2017）
著(编)者：李江涛 肖振宇 荀振英
2017年7月山版 / 估价：79.00元
PSN B-2012-245-10/14

广州蓝皮书
广州社会保障发展报告（2017）
著(编)者：蔡国萱 2017年8月出版 / 估价：79.00元
PSN B-2014-425-14/14

广州蓝皮书
广州文化创意产业发展报告（2017）
著(编)者：徐咏虹 2017年7月出版 / 估价：79.00元
PSN B-2008-111-6/14

广州蓝皮书
中国广州城市建设与管理发展报告（2017）
著(编)者：董皞 陈小钢 李江涛
2017年7月出版 / 估价：85.00元
PSN B-2007-087-4/14

广州蓝皮书
中国广州科技创新发展报告（2017）
著(编)者：邹采荣 马正勇 陈爽
2017年7月出版 / 估价：79.00元
PSN B-2006-065-2/14

广州蓝皮书
中国广州文化发展报告（2017）
著(编)者：徐俊忠 陆志强 顾涧清
2017年7月出版 / 估价：79.00元
PSN B-2009-134-7/14

贵阳蓝皮书
贵阳城市创新发展报告No.2（白云篇）
著(编)者：连玉明 2017年10月出版 / 估价：89.00元
PSN B-2015-491-3/10

贵阳蓝皮书
贵阳城市创新发展报告No.2（观山湖篇）
著(编)者：连玉明 2017年10月出版 / 估价：89.00元
PSN B-2011-235-1/1

贵阳蓝皮书
贵阳城市创新发展报告No.2（花溪篇）
著(编)者：连玉明 2017年10月出版 / 估价：89.00元
PSN B-2015-490-2/10

贵阳蓝皮书
贵阳城市创新发展报告No.2（开阳篇）
著(编)者：连玉明 2017年10月出版 / 估价：89.00元
PSN B-2015-492-4/10

贵阳蓝皮书
贵阳城市创新发展报告No.2（南明篇）
著(编)者：连玉明 2017年10月出版 / 估价：89.00元
PSN B-2015-496-8/10

贵阳蓝皮书
贵阳城市创新发展报告No.2（清镇篇）
著(编)者：连玉明 2017年10月出版 / 估价：89.00元
PSN B-2015-489-1/10

贵阳蓝皮书
贵阳城市创新发展报告No.2（乌当篇）
著(编)者：连玉明　2017年10月出版 / 估价：89.00元
PSN B-2015-495-7/10

贵阳蓝皮书
贵阳城市创新发展报告No.2（息烽篇）
著(编)者：连玉明　2017年10月出版 / 估价：89.00元
PSN B-2015-493-5/10

贵阳蓝皮书
贵阳城市创新发展报告No.2（修文篇）
著(编)者：连玉明　2017年10月出版 / 估价：89.00元
PSN B-2015-494-6/10

贵阳蓝皮书
贵阳城市创新发展报告No.2（云岩篇）
著(编)者：连玉明　2017年10月出版 / 估价：89.00元
PSN B-2015-498-10/10

贵州房地产蓝皮书
贵州房地产发展报告No.4（2017）
著(编)者：武廷方　2017年7月出版 / 估价：89.00元
PSN B-2014-426-1/1

贵州蓝皮书
贵州册亨经济社会发展报告(2017)
著(编)者：黄德林　2017年3月出版 / 估价：89.00元
PSN B-2016-526-8/9

贵州蓝皮书
贵安新区发展报告（2016~2017）
著(编)者：马长青 吴大华　2017年6月出版 / 估价：89.00元
PSN B-2015-459-4/9

贵州蓝皮书
贵州法治发展报告（2017）
著(编)者：吴大华　2017年5月出版 / 估价：89.00元
PSN B-2012-254-2/9

贵州蓝皮书
贵州国有企业社会责任发展报告（2016～2017）
著(编)者：郭丽 周航 万强
2017年12月出版 / 估价：89.00元
PSN B-2015-512-6/9

贵州蓝皮书
贵州民航业发展报告（2017）
著(编)者：申振东 吴大华　2017年10月出版 / 估价：89.00元
PSN B-2015-471-5/9

贵州蓝皮书
贵州民营经济发展报告（2017）
著(编)者：杨静 吴大华　2017年3月出版 / 估价：89.00元
PSN B-2015-531-9/9

贵州蓝皮书
贵州人才发展报告（2017）
著(编)者：于杰 吴大华　2017年9月出版 / 估价：89.00元
PSN B-2014-382-3/9

贵州蓝皮书
贵州社会发展报告（2017）
著(编)者：王兴骥　2017年6月出版 / 估价：89.00元
PSN B-2010-166-1/9

贵州蓝皮书
贵州国家级开放创新平台发展报告（2017）
著(编)者：申晓庆 吴大华 李泓
2017年6月出版 / 估价：89.00元
PSN B-2016-518-1/9

海淀蓝皮书
海淀区文化和科技融合发展报告（2017）
著(编)者：陈名杰 孟景伟　2017年5月出版 / 估价：85.00元
PSN B-2013-329-1/1

杭州都市圈蓝皮书
杭州都市圈发展报告（2017）
著(编)者：沈翔 戚建国　2017年5月出版 / 估价：128.00元
PSN B-2012-302-1/1

杭州蓝皮书
杭州妇女发展报告（2017）
著(编)者：魏颖　2017年6月出版 / 估价：89.00元
PSN B-2014-403-1/1

河北经济蓝皮书
河北省经济发展报告（2017）
著(编)者：马树强 金浩 张贵
2017年4月出版 / 估价：89.00元
PSN B-2014-380-1/1

河北蓝皮书
河北经济社会发展报告（2017）
著(编)者：郭金平　2017年1月出版 / 估价：89.00元
PSN B-2014-372-1/1

河北食品药品安全蓝皮书
河北食品药品安全研究报告（2017）
著(编)者：丁锦霞　2017年6月出版 / 估价：89.00元
PSN B-2015-473-1/1

河南经济蓝皮书
2017年河南经济形势分析与预测
著(编)者：胡五岳　2017年2月出版 / 估价：89.00元
PSN B-2007-086-1/1

河南蓝皮书
2017年河南社会形势分析与预测
著(编)者：刘道兴 牛苏林　2017年4月出版 / 估价89.00元
PSN B-2005-043-1/8

河南蓝皮书
河南城市发展报告（2017）
著(编)者：张占仓 王建国　2017年5月出版 / 估价：89.00元
PSN B-2009-131-3/8

河南蓝皮书
河南法治发展报告（2017）
著(编)者：丁同民 张林海　2017年5月出版 / 估价：89.00元
PSN B-2014-376-6/8

河南蓝皮书
河南工业发展报告（2017）
著(编)者：张占仓 丁同民　2017年5月出版 / 估价：89.00元
PSN B-2013-317-5/8

河南蓝皮书
河南金融发展报告（2017）
著(编)者：河南省社会科学院
2017年6月出版 / 估价：89.00元
PSN B-2014-390-7/8

河南蓝皮书
河南经济发展报告（2017）
著(编)者: 张占仓   2017年3月出版 / 估价: 89.00元
PSN B-2010-157-4/8

河南蓝皮书
河南农业农村发展报告（2017）
著(编)者: 吴海峰   2017年4月出版 / 估价: 89.00元
PSN B-2015-445-8/8

河南蓝皮书
河南文化发展报告（2017）
著(编)者: 卫绍生   2017年3月出版 / 估价: 88.00元
PSN B-2008-106-2/8

河南商务蓝皮书
河南商务发展报告（2017）
著(编)者: 焦锦淼 穆荣国 2017年6月出版 / 估价: 88.00元
PSN B-2014-399-1/1

黑龙江蓝皮书
黑龙江经济发展报告（2017）
著(编)者: 朱宇   2017年1月出版 / 估价: 89.00元
PSN B-2011-190-2/2

黑龙江蓝皮书
黑龙江社会发展报告（2017）
著(编)者: 谢宝禄   2017年1月出版 / 估价: 89.00元
PSN B-2011-189-1/2

湖北文化蓝皮书
湖北文化发展报告（2017）
著(编)者: 吴成国   2017年10月出版 / 估价: 95.00元
PSN B-2016-567-1/1

湖南城市蓝皮书
区域城市群整合
著(编)者: 童中贤 韩未名
2017年12月出版 / 估价: 89.00元
PSN B-2006-064-1/1

湖南蓝皮书
2017年湖南产业发展报告
著(编)者: 梁志峰   2017年5月出版 / 估价: 128.00元
PSN B-2011-207-2/8

湖南蓝皮书
2017年湖南电子政务发展报告
著(编)者: 梁志峰   2017年5月出版 / 估价: 128.00元
PSN B-2014-394-6/8

湖南蓝皮书
2017年湖南经济展望
著(编)者: 梁志峰   2017年5月出版 / 估价: 128.00元
PSN B-2011-206-1/8

湖南蓝皮书
2017年湖南两型社会与生态文明发展报告
著(编)者: 梁志峰   2017年5月出版 / 估价: 128.00元
PSN B-2011-208-3/8

湖南蓝皮书
2017年湖南社会发展报告
著(编)者: 梁志峰   2017年5月出版 / 估价: 128.00元
PSN B-2014-393-5/8

湖南蓝皮书
2017年湖南县域经济社会发展报告
著(编)者: 梁志峰   2017年5月出版 / 估价: 128.00元
PSN B-2014-395-7/8

湖南蓝皮书
湖南城乡一体化发展报告（2017）
著(编)者: 陈文胜 王文强 陆福兴 邝奕轩
2017年6月出版 / 估价: 89.00元
PSN B-2015-477-8/8

湖南县域绿皮书
湖南县域发展报告 No.3
著(编)者: 袁准 周小毛 2017年9月出版 / 估价: 89.00元
PSN G-2012-274-1/1

沪港蓝皮书
沪港发展报告（2017）
著(编)者: 尤安山   2017年9月出版 / 估价: 89.00元
PSN B-2013-362-1/1

吉林蓝皮书
2017年吉林经济社会形势分析与预测
著(编)者: 马克   2017年12月出版 / 估价: 89.00元
PSN B-2013-319-1/1

吉林省城市竞争力蓝皮书
吉林省城市竞争力报告（2017）
著(编)者: 崔岳春 张磊   2017年3月出版 / 估价: 89.00元
PSN B-2015-508-1/1

济源蓝皮书
济源经济社会发展报告（2017）
著(编)者: 喻新安   2017年4月出版 / 估价: 89.00元
PSN B-2014-387-1/1

健康城市蓝皮书
北京健康城市建设研究报告（2017）
著(编)者: 王鸿春   2017年8月出版 / 估价: 89.00元
PSN B-2015-460-1/2

江苏法治蓝皮书
江苏法治发展报告 No.6（2017）
著(编)者: 蔡道通 龚廷泰   2017年8月出版 / 估价: 98.00元
PSN B-2012-290-1/1

江西蓝皮书
江西经济社会发展报告（2017）
著(编)者: 张勇 姜玮 梁勇   2017年10月出版 / 估价: 89.00元
PSN B-2015-484-1/2

江西蓝皮书
江西设区市发展报告（2017）
著(编)者: 姜玮 梁勇   2017年10月出版 / 估价: 79.00元
PSN B-2016-517-2/2

江西文化蓝皮书
江西文化产业发展报告（2017）
著(编)者: 张圣才 汪春翔
2017年10月出版 / 估价: 128.00元
PSN B-2015-499-1/1

街道蓝皮书
北京街道发展报告No.2（白纸坊篇）
著(编)者：连玉明　2017年8月出版 / 估价：98.00元
PSN B-2016-544-7/15

街道蓝皮书
北京街道发展报告No.2（椿树篇）
著(编)者：连玉明　2017年8月出版 / 估价：98.00元
PSN B-2016-548-11/15

街道蓝皮书
北京街道发展报告No.2（大栅栏篇）
著(编)者：连玉明　2017年8月出版 / 估价：98.00元
PSN B-2016-552-15/15

街道蓝皮书
北京街道发展报告No.2（德胜篇）
著(编)者：连玉明　2017年8月出版 / 估价：98.00元
PSN B-2016-551-14/15

街道蓝皮书
北京街道发展报告No.2（广安门内篇）
著(编)者：连玉明　2017年8月出版 / 估价：98.00元
PSN B-2016-540-3/15

街道蓝皮书
北京街道发展报告No.2（广安门外篇）
著(编)者：连玉明　2017年8月出版 / 估价：98.00元
PSN B-2016-547-10/15

街道蓝皮书
北京街道发展报告No.2（金融街篇）
著(编)者：连玉明　2017年8月出版 / 估价：98.00元
PSN B-2016-538-1/15

街道蓝皮书
北京街道发展报告No.2（牛街篇）
著(编)者：连玉明　2017年8月出版 / 估价：98.00元
PSN B-2016-545-8/15

街道蓝皮书
北京街道发展报告No.2（什刹海篇）
著(编)者：连玉明　2017年8月出版 / 估价：98.00元
PSN B-2016-546-9/15

街道蓝皮书
北京街道发展报告No.2（陶然亭篇）
著(编)者：连玉明　2017年8月出版 / 估价：98.00元
PSN B-2016-542-5/15

街道蓝皮书
北京街道发展报告No.2（天桥篇）
著(编)者：连玉明　2017年8月出版 / 估价：98.00元
PSN B-2016-549-12/15

街道蓝皮书
北京街道发展报告No.2（西长安街篇）
著(编)者：连玉明　2017年8月出版 / 估价：98.00元
PSN B-2016-543-6/15

街道蓝皮书
北京街道发展报告No.2（新街口篇）
著(编)者：连玉明　2017年8月出版 / 估价：98.00元
PSN B-2016-541-4/15

街道蓝皮书
北京街道发展报告No.2（月坛篇）
著(编)者：连玉明　2017年8月出版 / 估价：98.00元
PSN B-2016-539-2/15

街道蓝皮书
北京街道发展报告No.2（展览路篇）
著(编)者：连玉明　2017年8月出版 / 估价：98.00元
PSN B-2016-550-13/15

经济特区蓝皮书
中国经济特区发展报告（2017）
著(编)者：陶一桃　2017年12月出版 / 估价：98.00元
PSN B-2009-139-1/1

辽宁蓝皮书
2017年辽宁经济社会形势分析与预测
著(编)者：曹晓峰　梁启东
2017年1月出版 / 估价：79.00元
PSN B-2006-053-1/1

洛阳蓝皮书
洛阳文化发展报告（2017）
著(编)者：刘福兴　陈启明　2017年7月出版 / 估价：89.00元
PSN B-2015-476-1/1

南京蓝皮书
南京文化发展报告（2017）
著(编)者：徐宁　2017年10月出版 / 估价：89.00元
PSN B-2014-439-1/1

南宁蓝皮书
南宁经济发展报告（2017）
著(编)者：胡建华　2017年9月出版 / 估价：79.00元
PSN B-2016-570-2/3

南宁蓝皮书
南宁社会发展报告（2017）
著(编)者：胡建华　2017年9月出版 / 估价：79.00元
PSN B-2016-571-3/3

内蒙古蓝皮书
内蒙古反腐倡廉建设报告 No.2
著(编)者：张志华　无极　2017年12月出版 / 估价：79.00元
PSN B-2013-365-1/1

浦东新区蓝皮书
上海浦东经济发展报告（2017）
著(编)者：沈开艳　周奇　2017年1月出版 / 估价：89.00元
PSN B-2011-225-1/1

青海蓝皮书
2017年青海经济社会形势分析与预测
著(编)者：陈玮　2015年12月出版 / 估价：79.00元
PSN B-2012-275-1/1

人口与健康蓝皮书
深圳人口与健康发展报告（2017）
著(编)者：陆杰华　罗乐宣　苏杨
2017年11月出版 / 估价：89.00元
PSN B-2011-228-1/1

山东蓝皮书
山东经济形势分析与预测（2017）
著(编)者：李广东　2017年7月出版 / 估价：09.00元
PSN B-2014-404-1/4

山东蓝皮书
山东社会形势分析与预测（2017）
著(编)者：张华 唐洲雁　2017年6月出版 / 估价：89.00元
PSN B-2014-405-2/4

山东蓝皮书
山东文化发展报告（2017）
著(编)者：涂可国　2017年11月出版 / 估价：98.00元
PSN B-2014-406-3/4

山西蓝皮书
山西资源型经济转型发展报告（2017）
著(编)者：李志强　2017年7月出版 / 估价：89.00元
PSN B-2011-197-1/1

陕西蓝皮书
陕西经济发展报告（2017）
著(编)者：任宗哲 白宽犁 裴成荣
2015年12月出版 / 估价：89.00元
PSN B-2009-135-1/5

陕西蓝皮书
陕西社会发展报告（2017）
著(编)者：任宗哲 白宽犁 牛昉
2015年12月出版 / 估价：89.00元
PSN B-2009-136-2/5

陕西蓝皮书
陕西文化发展报告（2017）
著(编)者：任宗哲 白宽犁 王长寿
2015年12月出版 / 估价：89.00元
PSN B-2009-137-3/5

上海蓝皮书
上海传媒发展报告（2017）
著(编)者：强荧 焦雨虹　2017年1月出版 / 估价：89.00元
PSN B-2012-295-5/7

上海蓝皮书
上海法治发展报告（2017）
著(编)者：叶青　2017年6月出版 / 估价：89.00元
PSN B-2012-296-6/7

上海蓝皮书
上海经济发展报告（2017）
著(编)者：沈开艳　2017年1月出版 / 估价：89.00元
PSN B-2006-057-1/7

上海蓝皮书
上海社会发展报告（2017）
著(编)者：杨雄 周海旺　2017年1月出版 / 估价：89.00元
PSN B-2006-058-2/7

上海蓝皮书
上海文化发展报告（2017）
著(编)者：荣跃明　2017年1月出版 / 估价：89.00元
PSN B-2006-059-3/7

上海蓝皮书
上海文学发展报告（2017）
著(编)者：陈圣来　2017年6月出版 / 估价：89.00元
PSN B-2012-297-7/7

上海蓝皮书
上海资源环境发展报告（2017）
著(编)者：周冯琦 汤庆合 任文伟
2017年1月出版 / 估价：89.00元
PSN B-2006-060-4/7

社会建设蓝皮书
2017年北京社会建设分析报告
著(编)者：宋贵伦 冯虹　2017年10月出版 / 估价：89.00元
PSN B-2010-173-1/1

深圳蓝皮书
深圳法治发展报告（2017）
著(编)者：张骁儒　2017年6月出版 / 估价：89.00元
PSN B-2015-470-6/7

深圳蓝皮书
深圳经济发展报告（2017）
著(编)者：张骁儒　2017年7月出版 / 估价：89.00元
PSN B-2008-112-3/7

深圳蓝皮书
深圳劳动关系发展报告（2017）
著(编)者：汤庭芬　2017年6月出版 / 估价：89.00元
PSN B-2007-097-2/7

深圳蓝皮书
深圳社会建设与发展报告（2017）
著(编)者：张骁儒 陈东平　2017年7月出版 / 估价：89.00元
PSN B-2008-113-4/7

深圳蓝皮书
深圳文化发展报告(2017)
著(编)者：张骁儒　2017年7月出版 / 估价：89.00元
PSN B-2016-555-7/7

四川法治蓝皮书
丝绸之路经济带发展报告（2016～2017）
著(编)者：任宗哲 白宽犁 谷孟宾
2017年12月出版 / 估价：85.00元
PSN B-2014-410-1/1

四川法治蓝皮书
四川依法治省年度报告 No.3（2017）
著(编)者：李林 杨天宗 田禾
2017年3月出版 / 估价：108.00元
PSN B-2015-447-1/1

四川蓝皮书
2017年四川经济形势分析与预测
著(编)者：杨钢　2017年1月出版 / 估价：98.00元
PSN B-2007-098-2/7

四川蓝皮书
四川城镇化发展报告（2017）
著(编)者：侯水平 陈炜　2017年4月出版 / 估价：85.00元
PSN B-2015-456-7/7

四川蓝皮书
四川法治发展报告（2017）
著(编)者：郑泰安　2017年1月出版 / 估价：89.00元
PSN B-2015-441-5/7

四川蓝皮书
四川企业社会责任研究报告（2016～2017）
著(编)者：侯水平 盛毅 翟刚
2017年4月出版 / 估价：89.00元
PSN B-2014-386-4/7

四川蓝皮书
四川社会发展报告（2017）
著(编)者：李羚　2017年5月出版 / 估价：89.00元
PSN B-2008-127-3/7

四川蓝皮书
四川生态建设报告（2017）
著(编)者：李晟之　2017年4月出版 / 估价：85.00元
PSN B-2015-455-6/7

四川蓝皮书
四川文化产业发展报告（2017）
著(编)者：向宝云 张立伟
2017年4月出版 / 估价：89.00元
PSN B-2006-074-1/7

体育蓝皮书
上海体育产业发展报告（2016～2017）
著(编)者：张林 黄海燕
2017年10月出版 / 估价：89.00元
PSN B-2015-454-4/4

体育蓝皮书
长三角地区体育产业发展报告（2016～2017）
著(编)者：张林　2017年4月出版 / 估价：89.00元
PSN B-2015-453-3/4

天津金融蓝皮书
天津金融发展报告（2017）
著(编)者：王爱俭 孔德昌
2017年12月出版 / 估价：98.00元
PSN B-2014-418-1/1

图们江区域合作蓝皮书
图们江区域合作发展报告（2017）
著(编)者：李铁　2017年6月出版 / 估价：98.00元
PSN B-2015-464-1/1

温州蓝皮书
2017年温州经济社会形势分析与预测
著(编)者：潘忠强 王春光 金浩
2017年4月出版 / 估价：89.00元
PSN B-2008-105-1/1

西咸新区蓝皮书
西咸新区发展报告（2016~2017）
著(编)者：李扬 王军　2017年6月出版 / 估价：89.00元
PSN B-2016-535-1/1

扬州蓝皮书
扬州经济社会发展报告（2017）
著(编)者：丁纯　2017年12月出版 / 估价：98.00元
PSN B-2011-191-1/1

长株潭城市群蓝皮书
长株潭城市群发展报告（2017）
著(编)者：张萍　2017年12月出版 / 估价：89.00元
PSN B-2008-109-1/1

中医文化蓝皮书
北京中医文化传播发展报告（2017）
著(编)者：毛嘉陵　2017年5月出版 / 估价：79.00元
PSN B-2015-468-1/2

珠三角流通蓝皮书
珠三角商圈发展研究报告（2017）
著(编)者：王先庆 林至颖
2017年7月出版 / 估价：98.00元
PSN B-2012-292-1/1

遵义蓝皮书
遵义发展报告（2017）
著(编)者：曾征 龚永育 雍思强
2017年12月出版 / 估价：89.00元
PSN B-2014-433-1/1

国际问题类

"一带一路"跨境通道蓝皮书
"一带一路"跨境通道建设研究报告（2017）
著(编)者：郭业洲　2017年8月出版 / 估价：89.00元
PSN B-2016-558-1/1

"一带一路"蓝皮书
"一带一路"建设发展报告（2017）
著(编)者：孔丹 李永全　2017年7月出版 / 估价：89.00元
PSN B-2015-553-1/1

阿拉伯黄皮书
阿拉伯发展报告（2016～2017）
著(编)者：罗林　2017年11月出版 / 估价：89.00元
PSN Y-2014-381-1/1

北部湾蓝皮书
泛北部湾合作发展报告（2017）
著(编)者：吕余生　2017年12月出版 / 估价：85.00元
PSN B-2008-114-1/1

大湄公河次区域蓝皮书
大湄公河次区域合作发展报告（2017）
著(编)者：刘稚　2017年8月出版 / 估价：89.00元
PSN B-2011-196-1/1

大洋洲蓝皮书
大洋洲发展报告（2017）
著(编)者：喻常森　2017年10月出版 / 估价：89.00元
PSN B-2013-341-1/1

德国蓝皮书
德国发展报告（2017）
著(编)者：郑春荣   2017年6月出版 / 估价：89.00元
PSN B-2012-278 1/1

东盟黄皮书
东盟发展报告（2017）
著(编)者：杨晓强 庄国土
2017年3月出版 / 估价：89.00元
PSN Y-2012-303-1/1

东南亚蓝皮书
东南亚地区发展报告（2016～2017）
著(编)者：厦门大学东南亚研究中心   王勤
2017年12月出版 / 估价：89.00元
PSN B-2012-240-1/1

俄罗斯黄皮书
俄罗斯发展报告（2017）
著(编)者：李永全   2017年7月出版 / 估价：89.00元
PSN Y-2006-061-1/1

非洲黄皮书
非洲发展报告 No.19（2016～2017）
著(编)者：张宏明   2017年8月出版 / 估价：89.00元
PSN Y-2012-239-1/1

公共外交蓝皮书
中国公共外交发展报告（2017）
著(编)者：赵启正 雷蔚真
2017年4月出版 / 估价：89.00元
PSN B-2015-457-1/1

国际安全蓝皮书
中国国际安全研究报告(2017)
著(编)者：刘慧   2017年7月出版 / 估价：98.00元
PSN B-2016-522-1/1

国际形势黄皮书
全球政治与安全报告（2017）
著(编)者：李慎明 张宇燕
2016年12月出版 / 估价：89.00元
PSN Y-2001-016-1/1

韩国蓝皮书
韩国发展报告（2017）
著(编)者：牛林杰 刘宝全
2017年11月出版 / 估价：89.00元
PSN B-2010-155-1/1

加拿大蓝皮书
加拿大发展报告（2017）
著(编)者：仲伟合   2017年9月出版 / 估价：89.00元
PSN B-2014-389-1/1

拉美黄皮书
拉丁美洲和加勒比发展报告（2016～2017）
著(编)者：吴白乙   2017年6月出版 / 估价：89.00元
PSN Y-1999-007-1/1

美国蓝皮书
美国研究报告（2017）
著(编)者：郑秉文 黄平   2017年6月出版 / 估价：89.00元
PSN B-2011-210-1/1

缅甸蓝皮书
缅甸国情报告（2017）
著(编)者：李晨阳   2017年12月出版 / 估价：86.00元
PSN B-2013-343-1/1

欧洲蓝皮书
欧洲发展报告（2016～2017）
著(编)者：黄平 周弘 江时学
2017年6月出版 / 估价：89.00元
PSN B-1999-009-1/1

葡语国家蓝皮书
葡语国家发展报告（2017）
著(编)者：王成安 张敏   2017年12月出版 / 估价：89.00元
PSN B-2015-503-1/2

葡语国家蓝皮书
中国与葡语国家关系发展报告·巴西（2017）
著(编)者：张曙光   2017年8月出版 / 估价：89.00元
PSN B-2016-564-2/2

日本经济蓝皮书
日本经济与中日经贸关系研究报告（2017）
著(编)者：张季风   2017年5月出版 / 估价：89.00元
PSN B-2008-102-1/1

日本蓝皮书
日本研究报告（2017）
著(编)者：杨柏江   2017年5月出版 / 估价：89.00元
PSN B-2002-020-1/1

上海合作组织黄皮书
上海合作组织发展报告（2017）
著(编)者：李进峰 吴宏伟 李少捷
2017年6月出版 / 估价：89.00元
PSN Y-2009-130-1/1

世界创新竞争力黄皮书
世界创新竞争力发展报告（2017）
著(编)者：李闽榕 李建平 赵新力
2017年1月出版 / 估价：148.00元
PSN Y-2013-318-1/1

泰国蓝皮书
泰国研究报告（2017）
著(编)者：庄国土 张禹东
2017年8月出版 / 估价：118.00元
PSN B-2016-557-1/1

土耳其蓝皮书
土耳其发展报告（2017）
著(编)者：郭长刚 刘义   2017年9月出版 / 估价：89.00元
PSN B-2014-412-1/1

亚太蓝皮书
亚太地区发展报告（2017）
著(编)者：李向阳   2017年3月出版 / 估价：89.00元
PSN B-2001-015-1/1

印度蓝皮书
印度国情报告（2017）
著(编)者：吕昭义   2017年12月出版 / 估价：89.00元
PSN B-2012-241-1/1

印度洋地区蓝皮书
印度洋地区发展报告（2017）
著(编)者：汪戎　　2017年6月出版 / 估价：89.00元
PSN B-2013-334-1/1

英国蓝皮书
英国发展报告（2016～2017）
著(编)者：王展鹏　　2017年11月出版 / 估价：89.00元
PSN B-2015-486-1/1

越南蓝皮书
越南国情报告（2017）
著(编)者：广西社会科学院 罗梅 李碧华
2017年12月出版 / 估价：89.00元
PSN B-2006-056-1/1

以色列蓝皮书
以色列发展报告（2017）
著(编)者：张倩红　　2017年8月出版 / 估价：89.00元
PSN B-2015-483-1/1

伊朗蓝皮书
伊朗发展报告（2017）
著(编)者：冀开远　　2017年10月出版 / 估价：89.00元
PSN B-2016-575-1/1

中东黄皮书
中东发展报告 No.19（2016～2017）
著(编)者：杨光　　2017年10月出版 / 估价：89.00元
PSN Y-1998-004-1/1

中亚黄皮书
中亚国家发展报告（2017）
著(编)者：孙力 吴宏伟　　2017年7月出版 / 估价：98.00元
PSN Y-2012-238-1/1

　　皮书序列号是社会科学文献出版社专门为识别皮书、管理皮书而设计的编号。皮书序列号是出版皮书的许可证号，是区别皮书与其他图书的重要标志。

　　它由一个前缀和四部分构成。这四部分之间用连字符"–"连接。前缀和这四部分之间空半个汉字（见示例）。

《国际人才蓝皮书：中国留学发展报告》序列号示例

　　从示例中可以看出，《国际人才蓝皮书：中国留学发展报告》的首次出版年份是2012年，是社科文献出版社出版的第244个皮书品种，是"国际人才蓝皮书"系列的第2个品种（共4个品种）。

❖ 皮书起源 ❖

"皮书"起源于十七、十八世纪的英国，主要指官方或社会组织正式发表的重要文件或报告，多以"白皮书"命名。在中国，"皮书"这一概念被社会广泛接受，并被成功运作、发展成为一种全新的出版形态，则源于中国社会科学院社会科学文献出版社。

❖ 皮书定义 ❖

皮书是对中国与世界发展状况和热点问题进行年度监测，以专业的角度、专家的视野和实证研究方法，针对某一领域或区域现状与发展态势展开分析和预测，具备原创性、实证性、专业性、连续性、前沿性、时效性等特点的公开出版物，由一系列权威研究报告组成。

❖ 皮书作者 ❖

皮书系列的作者以中国社会科学院、著名高校、地方社会科学院的研究人员为主，多为国内一流研究机构的权威专家学者，他们的看法和观点代表了学界对中国与世界的现实和未来最高水平的解读与分析。

❖ 皮书荣誉 ❖

皮书系列已成为社会科学文献出版社的著名图书品牌和中国社会科学院的知名学术品牌。2016年，皮书系列正式列入"十三五"国家重点出版规划项目；2012~2016年，重点皮书列入中国社会科学院承担的国家哲学社会科学创新工程项目；2017年，55种院外皮书使用"中国社会科学院创新工程学术出版项目"标识。

中国皮书网

www.pishu.cn

发布皮书研创资讯，传播皮书精彩内容
引领皮书出版潮流，打造皮书服务平台

栏目设置

关于皮书：何谓皮书、皮书分类、皮书大事记、皮书荣誉、
　　　　　皮书出版第一人、皮书编辑部

最新资讯：通知公告、新闻动态、媒体聚焦、网站专题、视频直播、下载专区

皮书研创：皮书规范、皮书选题、皮书出版、皮书研究、研创团队

皮书评奖评价：指标体系、皮书评价、皮书评奖

互动专区：皮书说、皮书智库、皮书微博、数据库微博

所获荣誉

　　2008 年、2011 年，中国皮书网均在全
国新闻出版业网站荣誉评选中获得"最具商
业价值网站"称号；

　　2012 年,获得"出版业网站百强"称号。

网库合一

　　2014 年，中国皮书网与皮书数据库端
口合一，实现资源共享。更多详情请登录
www.pishu.cn。

S 子库介绍
Sub-Database Introduction

中国经济发展数据库

涵盖宏观经济、农业经济、工业经济、产业经济、财政金融、交通旅游、商业贸易、劳动经济、企业经济、房地产经济、城市经济、区域经济等领域，为用户实时了解经济运行态势、把握经济发展规律、洞察经济形势、做出经济决策提供参考和依据。

中国社会发展数据库

全面整合国内外有关中国社会发展的统计数据、深度分析报告、专家解读和热点资讯构建而成的专业学术数据库。涉及宗教、社会、人口、政治、外交、法律、文化、教育、体育、文学艺术、医药卫生、资源环境等多个领域。

中国行业发展数据库

以中国国民经济行业分类为依据，跟踪分析国民经济各行业市场运行状况和政策导向，提供行业发展最前沿的资讯，为用户投资、从业及各种经济决策提供理论基础和实践指导。内容涵盖农业，能源与矿产业，交通运输业，制造业，金融业，房地产业，租赁和商务服务业，科学研究，环境和公共设施管理，居民服务业，教育，卫生和社会保障，文化、体育和娱乐业等100余个行业。

中国区域发展数据库

对特定区域内的经济、社会、文化、法治、资源环境等领域的现状与发展情况进行分析和预测。涵盖中部、西部、东北、西北等地区，长三角、珠三角、黄三角、京津冀、环渤海、合肥经济圈、长株潭城市群、关中—天水经济区、海峡经济区等区域经济体和城市圈，北京、上海、浙江、河南、陕西等34个省份及中国台湾地区。

中国文化传媒数据库

包括文化事业、文化产业、宗教、群众文化、图书馆事业、博物馆事业、档案事业、语言文字、文学、历史地理、新闻传播、广播电视、出版事业、艺术、电影、娱乐等多个子库。

世界经济与国际关系数据库

以皮书系列中涉及世界经济与国际关系的研究成果为基础，全面整合国内外有关世界经济与国际关系的统计数据、深度分析报告、专家解读和热点资讯构建而成的专业学术数据库。包括世界经济、国际政治、世界文化与科技、全球性问题、国际组织与国际法、区域研究等多个子库。

法 律 声 明